KB190952

성경 아람어:
성경 히브리어도 함께 익힐 수 있는

권성달 지음

성경 아람어:
성경 히브리어도 함께 익힐 수 있는

지음 권성달
편집 김덕원

발행처 감은사
발행인 이영욱
전화 070-8614-2206
팩스 050-7091-2206
주소 서울특별시 강동구 암사동 아리수로 66, 401호
이메일 editor@gameun.co.kr

종이책
초판발행 2023.12.31.
ISBN 9791193155318
정가 24,800원

전자책
초판발행 2023.12.31.
ISBN 9791193155325
정가 19,800원

Biblical Aramaic

Sung-Dal Kwon

© 감은사 2023

이 책의 저작권은 감은사에 있습니다. 신 저작권법에 의하여 한국 내에서 보호받는 저작물이므로 무단 전재와 무단 복제를 금합니다.

머리말

아람어는 세계 4대 문명 중 가장 오래된 두 문명인 메소포타미아 문명과 이집트 문명을 모두 포함하는 고대 근동에서 500년 동안이나 국제어로서의 역할을 감당했다. 이 사실 하나만으로도 아람어는 그 위상을 자랑하기에 충분하다. 아람어는 신약 시대의 예수님과 제자들도 사용했을 가능성이 있는 언어이기도 하다.

지금도 비록 소수이기는 하지만 시리아, 레바논, 예루살렘 등에서 아람어는 여전히 사용되고 있다. 필자가 유대인 가이드들과 함께 가이드 연장 교육을 받을 때 예루살렘 구 시가지에 있는 한 교회를 방문한 적이 있었는데, 그 교회 성도들은 모두 아람어를 사용하고 있었으며 성경, 찬송 및 모든 문서들이 아람어로 적혀 있어서 적지 않게 놀란 적이 있었다.

필자가 이스라엘에서 오랜 기간 유학 생활을 마치고 한국에 귀국해서 보니 성경 아람어를 필수과목으로 채택하고 있는 신학교는 매우 드물었다. 지금도 신학과가 있는 대학교 학부는 물론 신학대학원 목회학과를 포함하여 심지어 신학석사, 신학박사 과정에서도 성경 아람어는 필수가 아닌 경우가 대부분인 것이 현실이다.

실제로 구약 성경을 살펴보면 히브리어에 비해 아람어가 차지하는 비율은 약 1.2%, 즉 총 23,145절 중 268절로 매우 낮은 편이다. 그러다 보니 성경 아람어는 늘 찬밥 신세이다. 성경 히브리어조차도 환영을 받지 못하고 있는 구약학계의 현실에서 성경 아람어까지 관심을 기울일 여력이 없는 것은 어찌보면 당연한 듯하다.

그러나 구약 성경을 이해함에 있어서 268절은 결코 무시할 수 없는 양이다. 특히 에스라서와 다니엘서는 상당 부분이 아람어로 기록되어 있으므로 아람어에 대한 해독 능력이 없으면 이 부분들을 올바로 이해하는 데에 많은 어려움을 겪게 된다. 따라서 성경 아람어를 익히는 것은 매우 중요하다고 할 수 있다.

또한 성경 아람어는 고대 아람어 역본들과도 아주 밀접한 관련이 있다. 고대 아람어 역본인 '타르굼 옹켈로스', '타르굼 요나탄', '타르굼 네오피티' 등과 아람어와 거의 흡사한 시리아어 '페쉬타' 역본 등은 성경 원문을 보다 잘 이해할 수 있도록 도와주는 역할을 한다. 따라서 성경 아람어를 익힌다면 이러한 문헌들을 해석할 수 있는 능력을 갖추게 되며, 이를 통해 보다 깊은 구약 연구의 세계로 들어갈 수 있게 될 것이다.

필자가 이 책을 쓰면서 가장 염두에 둔 부분은 성경 아람어를 통해 성경 히브리어까지 함께 섭렵할 수 있도록 돕자는 것이었다. 성경 아람어와 성경 히브리어는 모두 북서부 셈어를 기반으로 하며 어휘와 문법에 있어서 80% 이상이 동일하다고 할 수 있다. 그래서 이 책에서는 단어, 문법, 문장 해석은 물론 회화에서도 아람어와 히브리어를 서로 대조하여 함께 다루었다. 그러므로 성경 아람어는 물론 성경 히브리어라는 두 마리 토끼를 함께 잡을 수 있는 좋은 기회가 되리라 확신한다.

이 책의 또 다른 특징은 성경 아람어로 된 찬양을 접할 수 있다는 것이다. 필자는 오랫동안 신학교에서 성경 히브리어를 가르치면서 찬양을 통한 접근이 언어 습득에 매우 효과적이었음을 경험했다. 하지만 아람어로 된 찬양곡은 입수하기가 어려워 유대 기독교인들이 부르는 히브리어 찬양곡 중 일부를 아람어로 번역하여 실었다. 이를 통해 성경 아람어를 좀 더 쉽고 친근하게 접근할 수 있기를 바란다.

기나긴 유학 생활부터 지금에 이르기까지 줄곧 인생의 좋은 파트너로서 동고동락하며 집필 과정에서도 늘 꼼꼼하고 빈틈없는 교정과 윤문 작업으로 아낌없이 도움을 주는 아내에게 고마움을 표한다. 통찰력 깊은 양질의 도서로 신학계에 좋은 영향력을 끼치고 있는 감은사의 이영욱 대표님께도 깊은 감사의 말씀을 드린다.

2023년 9월 안양에서

| 목차 |

서론:
아람어의 역사

아람어는 '셈어'에 속한다. 셈어의 분류에 대해서는 학자들마다 약간의 차이가 있으나 대략 다음과 같이 지역을 중심으로 분류한다.

    (1) 동부 셈어: 아카드어, 바벨론어, 앗수르어.
    (2) 북서부 셈어: 우가릿어, 페니키아어, 히브리어, 아람어, 아모리어, 모압어, 암몬어, 에돔어.
    (3) 남부 셈어: 아랍어, 이디오피아어.

아람어는 히브리어와 함께 셈어 중 북서부 셈어에 속하는 언어이기 때문에 두 언어의 관계는 매우 밀접하다. 아람어는 처음에 시리아 북부 지방에 있는 아람 부족들만의 언어였으나 점차적으로 메소포타미아와 시리아와 이스라엘 지역으로 확대되어 사용됐다. 고대 아람어 문서들은 이들 세 지역에만 국한되지 않고 소아시아, 인도, 이집트, 아라비아반도 등 매우 광범위한 지역에서 발견됐는데 이는 고대 근동 지역에서 아람어의 영향력이 얼마나 컸었는지를 보여준다.

    아람어의 역사는 3000년 가량 된다. 주전 10세기경에 처음 사용된 아람어는 오늘날까지 구어로 사용되고 있다. 일반적으로 아람어의 역사는 다음과 같이 다섯 시대로 나눈다.

(1) 고대 아람어: 주전 1000년-700년

(2) 공식 아람어: 주전 700년-200년

(3) 중기 아람어: 주전 200년-주후 200년

(4) 후기 아람어: 주후 200년-1000년

(5) 현대 아람어: 주후 1000년-현대

고대 아람어는 가장 초기 단계의 아람어로 아람어가 발생하기 시작한 주전 1000년부터 고대 근동 지역의 공식 언어로 채택됐던 주전 700년까지의 아람어를 말한다. 고대 아람어는 지역적으로 상부 메소포타미아와 북 시리아, 그리고 이스라엘의 북부 지역에서 사용됐던 언어이다.

　공식 아람어는 앗수르, 바벨론, 페르시아 제국의 영향으로 고대 근동 전 지역에서 약500년간 국제 공용어(Lingua Franca)로 사용된 아람어로 성경 아람어는 이 공식 아람어에 속한다. 북왕국 이스라엘이 멸망하여 앗수르로 유배를 갔을 때(주전 722년)는 아직 아람어가 국제어로 채택되기 전이었으나 남왕국 유다가 바벨론으로 유배를 간 주전 586년에는 이미 아람어가 국제어로 공인되어 활발하게 사용되고 있었다.

　주전 200년에서 주후 200년까지 약 400년간 사용된 아람어를 중기 아람어라 하는데 그리스, 로마 시대를 거치면서 공식 언어가 더 이상 아람어가 아닌 헬라어, 로마어로 채택이 되기는 했으나 아람어가 500년 동안 국제어로 사용된 영향으로 이스라엘에서 아람어는 여전히 많은 사람들이 사용하는 언어로 자리잡고 있었다. 아람어로 된 다양한 역본들(타르굼 옹켈로스, 타르굼 요나탄, 타르굼 네오피티 등)이 이 시기에 나타났다. 아람어는 주후 7세기 중엽 아랍이 이스라엘을 지배하면서 아랍어의 영향권으로 들어가기 전까지 유대인들의 일상 생활과 밀접한 관련을 맺고 있었다. 유대인들의 중요한 경전인 '탈무드' 역시 아람어로 기록되어 있다.

　구약에서 아람어로 기록된 본문은 에스라 4:8-6:18, 7:12-26, 다니엘 2:4b-7:28, 예레미야 10:11, 그리고 창세기 31:47의 일부분(여갈사하두다, יְגַר שָׂהֲדוּתָא)이며 신약에는 부분적으로 기록되어 있다.

제1과
자음과 모음

1.1 아람어/히브리어 자음

음가		한글	영어	아람어 알파벳
영어	한글			
없음	ㅇ	알레프	alef	א
b, v	ㅂ	베트	bet	בּ בֿ
g	ㄱ	기멜	gimel	גּ גֿ
d	ㄷ	달레트	dalet	דּ דֿ
h	ㅎ	헤이	hey	ה
v	ㅂ	바브	vav	ו
z	ㅈ	자인	zayin	ז
ḥ	ㅎ̣	헤트	ḥet	ח
t	ㅌ	테트	tet	ט
y	이	요드	yod	י
k, ḥ	ㅋ ㅎ̣	카프	kaf	ךּ ךֿ כּ
l	ㄹ	라메드	lamed	ל
m	ㅁ	멤	mem	ם מ
n	ㄴ	눈	nun	ן נ
ss	ㅆ	싸메흐	sameḥ	ס
없음	ㅇ	아인	ayin	ע
p, f	ㅍ	페	pe	ףּ פּ פֿ
ts	ㅉ	짜디	tsadi	ץ צ
k	ㅋ	쿠프	kuf	ק
r	ㄹ	레쉬	resh	ר
sh	슈	쉰	shin	שׁ
ss	ㅆ	씬	sin	שׂ
t	ㅌ	타브	tav	תּ תֿ

1. 아람어와 히브리어 자음

아람어와 히브리어는 자음이 동일하다. 사실 우리가 알고 있는 히브리어 자음은 아람어 자음에서 빌려온 것으로 아람어 자음이다. 아람어 서체는 한자와 같이 소위 정방형 문자로 간편하기 때문에 히브리어 사용자들이 바벨론 유수 이후 차용하여 쓰게 된 것이다. 따라서 히브리어 자음을 이미 알고 있다면 아람어 자음을 따로 외울 필요가 없다.

2. 발음 문제

성경 히브리어는 물론 성경 아람어의 발음을 제대로 재현한다는 것은 쉬운 일이 아니다. 정확한 발음을 파악하기 힘든 것도 있으며 정확한 발음을 안다고 하더라도 발음하기 힘든 것들이 있다. 따라서 본서는 '현대 아람어/히브리어'의 발음을 따르고자 한다. 알파벳 명칭 중 다음은 두 가지 발음을 모두 허용한다.

아람어/히브리어	발음 1	발음 2
ג	기멜 gimel	김멜 gimmel
ה	헤이 hey	헤 he
י	요드 yod	유드 yud
פ	페이 pey	페 pe
ק	쿠프 kuf	코프 kof

3. 자음 문자 안의 점

아람어/히브리어 자음 중 6개는 단어 처음이나 폐음절 다음에 올 때 점이 붙고 개음절 다음에 올 때는 점이 붙지 않는다. 폐음절과 개음절에 대해서는 1.2항 모음 부분에 설명되어 있다. 성경 아람어/히브리어 시대에 점의 유무에 따라 발음의 차이가 있었던 것은 다음 6개이다.

ב / בּ (v / b), כ / כּ (ḥ / k), פ / פּ (f / p), ג / גּ (gh / g), ד / דּ (ð / d), ת / תּ (θ / t)

그러나 현대 아람어/히브리어에서 차이가 있는 것은 다음 3개뿐이므로 잘 기억하자.

> ב / בּ (v / b), כ / כּ (ḥ / k), פ / פּ (f / p)

4. 동일한 발음

현대 영어에서 k와 q가 동일한 발음인 것처럼 아람어/히브리어 자음에서 발음이 동일한 것은 다음 6개이다. 문자 안에 있는 점의 유무를 주의 깊게 살피자.

> שׂ = ס, כּ = כ, ק = כּ, ת = ט, ו = בּ, ע = א

5. 단어 끝에 오는 문자

다음 5개의 알파벳은 단어 끝에 올 때 모양이 달라진다.

> כ → ך, מ → ם, נ → ן, פ → ף, צ → ץ

단, 단어 끝에 כ(카프)가 올 때 ד(달레트)와 구분하기 위해 ךְ로 표시한다.

6. 후음문자

아람어/히브리어 자음 중 목에서 나오는 'א(알레프), ה(헤이), ח(헤트), ע(아인)' 4개의 문자를 후음문자(guttural letter)라 한다. 이 후음문자들은 음의 특이한 성질로 인해 문자 안에 점(다게쉬)을 찍을 수 없으며 이 문자들과 함께 오는 모음이나 주변의 모음에 약간의 변화를 준다. 문자 ר(레쉬)의 경우는 후음은 아니지만 비교적 목과 가까운 부분에서 발음이 되므로 후음문자와 비슷하게 취급한다.

ה(헤이)와 ח(헤트)는 자체 음가가 있으나 א(알레프)와 ע(아인)은 한글의 자음 '이응'(ㅇ)과 같이 자체 음가가 없으므로 반드시 모음과 함께 할 때만 소리가 난다.

7. 비슷한 문자들

자음의 모양이 비슷하여 혼동하기 쉬운 문자들은 다음과 같다.

ן / ו, ן / י, ם / ס, ג / נ, כ / ב, ך / ר / ד, ו / ז |

1.2 아람어/히브리어 모음

발음	모양				보기
아	אָ	אַ	אֲ	אָה	לָא עַל אֲרַע מָה 마 아라 알 라
에	אֵ	אֶ	אֲ / אֱ	אֵה	מֶלֶךְ חֵלֶם אֱנָשׁ בְּ 베 에나쉬 헬렘 멜레흐
이		אִ		אִי	מִן דִּי 디 민
오	אָ	אֹ	אֳ	אוֹ / אֹה	כָּל יוֹם חָכְמָה קֳבֵל 코벨 호흐마 욤 콜
우		אֻ		אוּ	אֻמָּה יְרוּשְׁלֶם 예루슐렘 우마
묵음	אְ				יִשְׂרָאֵל 이쓰라엘

1. 모음의 발음

아람어와 히브리어는 자음은 물론 모음도 동일하다. 히브리어 모음을 이미 알고 있다면 아람어 모음 역시 따로 외울 필요가 없다. 성경 아람어/히브리어 모음기호 는 표에서 보는 바와 같이 10가지 이상으로 구성되어 있으나 발음은 현재 6가지 로 간소화됐다. 모든 아람어/히브리어 모음에는 고유의 명칭이 있으나 본서에서 는 슈바(ְ)만 그 명칭을 사용하기로 한다.

2. 이중 모음(diphthong)

발음	모양	보기	
에이	אֵי / אֶי	הֵיכָל 헤이할	בֵּית 베이트
아이	אַי / אָי	יְהוּדִי 예후다이	אִיתַי 이타이

이중 모음은 '에'나 '아' 모음 뒤에 '요드'(ֵ)가 붙어서 '에이', '아이' 등으로 발음되는 것을 말한다. 그러나 '요드' 다음에 모음이 올 경우에는 '예', '야', '요', '유' 등과 같이 다음에 오는 모음과 합쳐서 발음을 해야 한다.[1]

3. 개음절과 폐음절

개음절이란 모음으로 끝나는 음절을 말하며 폐음절이란 자음으로 끝나는 음절을 말한다. 폐음절이 단어 중간에 올 때는 무성 슈바(◌ְ)를 붙이며 모음에 대한 발음은 하지 않는다. 단어 끝에 올 때 הּ를 제외한 나머지는 무성 슈바를 붙이지 않는다.

- בָּבֶל 바벨 = בָּ (바, 개음절) + בֶל (벨, 폐음절)
- יִשְׂרָאֵל 이쓰라엘 = יִשְׂ (이쓰, 폐음절) + רָ (라, 개음절) + אֵל (엘, 개음절)

폐음절의 발음에서 조심해야 할 것은 음절이 끝나는 곳에서 ל, ם, ן, 3개의 문자가 올 경우 우리말의 받침으로 발음되지만 그 외의 경우는 모두 보조모음 'ㅡ'를 붙여서 발음해야 한다.

- כֹּל 콜('코르'가 아님), יוֹם 욤('요므'가 아님), מִן 민('미느'가 아님)
- בַּת 바트('밧'이 아님), אָב 아브('압'이 아님), דַּר 다르('달'이 아님)

---

1. 이중 모음 중 '오이'(וֹי)는 히브리어에는 있지만 성경 아람어에서는 발견되지 않는다.

4. 동일한 모양, 다른 발음

1) ֳ ('아' 혹은 '오')

대부분의 경우 '아'로 발음되나 강세 없는 폐음절에서 '오'로 발음된다.

- חָכְמָה 호흐마 *ḥoḥma* (지혜). 그러나 דָּת 다트 *dat* (율법, 칙령)

각 음절에서 강세의 유무는 악센트 기호의 유무에 따라 결정된다. 즉, 악센트 기호가 있는 곳에 강세가 있다.[2]

2) ְ (유성슈바와 무성슈바)

모음의 한 종류인 슈바(ְ)는 '에' 소리로 날 때가 있고 묵음인 경우가 있다.

① 슈바가 폐음절에 붙을 경우에는 대개 무성(묵음)이다.

- אַרְבַּע 아르-바 *ar-ba* (넷)
- יִשְׂרָאֵל 이쓰-라-엘 *is-ra-el* (이스라엘)

단어 중간에 슈바가 단독으로 올 때 그 슈바는 무성슈바이며 그 슈바가 있는 음절이 폐음절이다.

그러나 음절이 끝나는 곳에 슈바가 오더라도 동일한 자음이 두 번 연속으로 올 때(슈바가 있는 자음과 그다음 자음)는 '에'로 발음된다.

- לְבָבֶךָ 리베바흐 *li-be-baḥ* (당신의 마음)
- עַמְמַיָּא 아메마야 *a-me-ma-ya* (그 백성들)

② 단어 중간에 2개의 슈바가 연속으로 나란히 올 때 첫 번째 것은 무성이고 두 번째 것은 유성 '에'로 발음된다.

---

2. 악센트란 자음과 모음을 제외한 특별한 기호를 가리키는 것으로 각 어절에 하나씩의 악센트 기호가 있는데, 총 26개의 종류가 있으며 성경 아람어 악센트는 성경 히브리어 악센트와 동일하다. 보다 자세한 내용은 본인의 책(『성경 히브리어 울판』) 제8장이나 '성경 히브리어 악센트에 대한 고찰', 『성경원문연구』 제23호(2008.10) 103-121을 보라.

• יִנְתְּנוּן 인테눈 *in-te-nun* (그들이 줄 것이다)

③ 단어 처음에 오는 슈바는 유성 '에'로 발음하기도 하며 무성으로 발음하는 경우도 있다.

i) 접속사(וְ)와 전치사 בְּ, לְ, כְּ가 슈바와 함께 올 때는 항상 '에'로 발음한다.

• וְיֵשׁוּעַ 베예슈아 *ve-ye-shu-a* (그리고 예수아)

• בְּיַד 베야드 *be-yad* (손에)

• לְמֶלֶךְ 레멜레흐 *le-mel-leḥ* (왕에게)

ii) 앞으로 배우게 될 동사의 유형 중 '파엘'과 '하펠'의 접두동사나 분사 형태에서 가장 처음에 오는 슈바는 항상 유성 '에'로 발음한다.

• מְהַלֵּךְ 메할레흐 *me-hal- leḥ* (거니는)

• יְהוֹדְעוּן 예호드운 *ye-hod-un* (그들이 알릴 것이다)

iii) 그 외의 경우 단어 처음에 슈바가 올 때 그 슈바가 유성('에' 모음)이냐 무성('으' 모음)이냐를 결정짓는 것은 어려운 문제이나 발음의 난이도를 주의 깊게 살펴본다면 해결이 가능하다.

예를 들어 영어에서 'spring'이란 단어를 발음할 때 s와 p 사이(**스프**), 그리고 p와 r 사이(**프르**)에는 모음이 없어도 발음하는 데 어려움을 느끼지 않는다. 그러나 만일 그 둘의 순서가 바뀌어 p와 s(**프스**), r과 p(**르프**)가 된다면 그 둘 사이에 모음이 없이는 발음이 매우 어려워진다. ('으'가 우리말에서는 모음이지만 영어와 아람어/히브리어에서는 모음이 아님을 명심하자.)

아람어/히브리어에서도 마찬가지이다. 'בְּנֵי'(-의 아들들)라는 단어를 발음할 때 첫 번째 슈바가 유성('에' 모음)인지 무성('으' 모음)인지를 구분하기 위해 첫 번째와 두 번째 자음을 '으' 모음을 넣고 그 발음의 난이도를 비교해 본다. 이 단어에서는 '**브느**'와 '**느브**' 중 '**브느**'의 발음이 보다 더 쉽

기 때문에 이곳의 슈바는 무성 슈바로 발음하여 '**베네이**'가 아닌 '**브네이**'
라고 하면 된다.

◈ 단어 처음에 오는 슈바가 무성인 경우
• דְּנָה 드나(이것), שְׁמַיִן 슈마인(하늘), גְּבַר 그바르(남자, 사람)

◈ 단어 처음에 오는 슈바가 유성인 경우
• נְהַר 네하르(강), נְחָשׁ 네하쉬(청동)

5. 모음문자

아람어/히브리어 자음 중 ה (헤이), ו (바브), י (요드), 세 문자는 원래 자음이었으
나 후에 모음으로도 사용이 됐다. י (요드)는 '이'와 '에' 소리를, ו (바브)는 '오'와 '
우' 소리를, ה (헤이)는 '아', '에', '오' 소리를 나타내기 위해 사용됐다. י (요드)와 ו
(바브)의 경우 그 문자들을 모음으로 쓰는 경우를 완전서법(완전철자법, *scriptio
plena*)이라 하고 그 문자 없이 모음을 사용하는 것을 불완전서법(불완전철자법,
scriptio defectiva)이라 한다. 성경 히브리어에서는 이 둘을 병행하여 사용하며 특
히 후기 성경 히브리어(바벨론 유수 이후의 성경 히브리어)로 가면서 완전서법을
쓰는 경향이 나타난다. 그러나 성경 아람어는 이 두 가지 서법의 병행적 사용이 매
우 드물게 나타난다.

서법	모음	아람어	히브리어		
완전서법	י ו י	יְבַהֲלֻנֵּהּ 예바할루네	הוּקַם 후캄	קוֹדֶשׁ 코데쉬	דָּוִיד 다비드
불완전서법	ֻ ֹ ִ	יְבַהֲלֻנֵּהּ 예바할루네	הֻקַם 후캄	קֹדֶשׁ 코데쉬	דָּוִד 다비드

ה (헤이)가 단어 끝에 오면서 모음으로 사용될 때는 발음하지 않는다.

- הַמָּ 마 *ma* ('마흐'가 아님)
- מֹשֶׁה 모쉐 *mo-she* ('모쉐흐'가 아님)

6. 조심해야 할 발음

① 후음문자 중 ה가 단어 끝에서 모음 ◌ַ와 함께 올 때는 모음을 후음문자보다 먼저 발음한다.

- רֵיחַ 레이아흐 *rei-aḥ* (냄새), רוּחַ 루아흐 *ru-aḥ* (영, 바람)

② 자음 ו (바브 vav)가 וֹ, וּ와 같이 모음으로 사용된 것처럼 보이더라도 바로 앞에 다른 모음이 올 경우(무성슈바를 포함) '보 *vo*'나 '부 *vu*'로 발음한다.

- לִהְיֹון 레헤본 *le-he-von* (to be)

1.3 아람어와 히브리어의 대응 문자와 어근

원시 셈어의 알파벳은 모두 29개였으나 아람어와 히브리어는 22개의 알파벳을 가지고 있다. 그러므로 아람어와 히브리어의 어근을 파악하려면 사라진(혹은 동화된) 7개를 찾아야 한다. 아람어는 고전 아람어와 현대 아람어가 모두 28개의 알파벳을 가지고 있으므로 어근을 파악하는 데 있어 아람어는 매우 중요한 역할을 한다고 볼 수 있다. 가령, 영어의 'thing'라는 단어의 소리를 우리말로 옮겨 적을 때 사람들에 따라 '싱', '팅', '씽', '띵', '딩' 등 여러 가지로 표현할 수 있겠지만 어느 것도 정확한 발음이라 할 수 없다. 이는 영어의 'thing'에서의 'th'를 정확하게 표현할 수 있는 우리말 알파벳이 없기 때문이다. 성경 아람어와 성경 히브리어가 사용되던 시기에는 국제적으로 통용되는 외래어 표기법과 같은 규칙이 없었기 때문에 22개의 알파벳으로 29개의 알파벳 발음을 표기하기 위한 방법이 두 언어에서 서로 다르게 표현된 경우도 있고 동일하게 표현된 경우도 있다. 원시 셈어와 성경 아람어, 성경 히브리어, 그리고 아랍어에 대응하는 알파벳을 살펴보면 다음과 같다.

<아람어와 히브리어가 동일한 경우>

원시 셈어	아람어	히브리어	아랍어
t	תּ בּית	תּ בּית	ت بيت
d	ד עבד	ד עבד	د عبد
z	ז זמר	ז זמר	ز زمر
ṭ	ט טב	ט טוב	ط طيب
š	שׁ שׁלם	שׁ שׁלום	س سلام
ṣ	צ צלח	צ צלח	ص صلح
ʿ	ע טעם	ע טעם	ع طعم
ġ	ע בעא	ע בעה	غ بغا
ḥ	ח חד	ח אחד	ح واحد
ḫ	ח חטי	ח חטא	خ خطا

아람어와 히브리어의 알파벳이 동일한 경우는 대부분 아랍어에서도 동일한 알파

벳을 가지는데 그 경우 원시 셈어도 동일한 알파벳을 가지므로 어근이 동일하다고 볼 수 있다. 그러나 위의 표에서와 같이 아람어와 히브리어에서 아인(ע)이나 헤트(ח)를 포함하는 단어의 경우 아랍어와 원시 셈어와 비교해 볼 때 동일한 어근이거나 그렇지 않을 수 있다.

<아람어와 히브리어가 다른 경우>

원시 셈어	아람어	히브리어	아랍어
ṯ	תָּלָת תְּלָת	שָׁ שָׁלוֹשׁ	ث ثلاث
ḏ	דַ דְהַב	זָ זָהָב	ذ ذهب
ṭ (ẓ)	טַ קַיְט	צַ קַיְץ	ظ قيظ
ḍ	עַ אֲרַע	צַ אֶרֶץ	ض أرض

위의 표에서와 같이 아람어와 히브리어의 대응 단어에서 알파벳이 다른 경우 아람어나 히브리어에 표면적으로 나타난 것이 아닌 다른 문자에서 어근을 찾아야 한다.

따라서 표면적으로 나타난 문자만을 보고 어근을 추측하는 것은 매우 위험한 일임을 알 수 있다. 성서 언어학자들은 그것을 구분하기 위해 ד1, ד2 등으로 부른다. 그와 같은 문자들은 다음과 같다.[3]

- 성경 아람어: ד1, ד2, ח1, ח2, ט1, ט2, ע1, ע2, ע3, ת1, ת2
- 성경 히브리어: ז1, ז2, ח1, ח2, ע1, ע2, צ1, צ2, צ3, שׂ1, שׂ2

---

3. 여기서 숫자 1은 표면적인 문자가 원래의 어근이며 숫자 2와 3은 표면적으로 나타나 있는 문자가 원래의 어근이 아닌 다른 문자가 어근임을 나타내는 것이다. 한 단어의 어근을 파악하는 일은 위의 표에서 나타난 것 외에 다른 셈어들과의 보다 정밀한 비교와 형태 분석 등의 과정을 거쳐야 하므로 '어근'을 다룰 때에는 매우 신중해야 한다.

연습문제

1. 다음 아람어 문장에서 모음은 무시하고 자음 알파벳 명칭만을 말하라.

רְחוּם בְּעֵל־טְעֵם וְשִׁמְשַׁי סָפְרָא כְּתַבוּ אִגְּרָה חֲדָה עַל־

יְרוּשְׁלֶם לְאַרְתַּחְשַׁשְׁתְּא מַלְכָּא כְּנֵמָא (스 4:8)

כָּל־קֳבֵל דְּנָה מַלְכָּא בְּנַס וּקְצַף שַׂגִּיא וַאֲמַר לְהוֹבָדָה לְכֹל

חַכִּימֵי בָבֶל (단 2:12)

2. 다음을 읽어보라.

1. שֶׁ	2. גַּ	3. דַ	4. לְ
5. מָ	6. הֶ	7. תָ	8. נְ
9. כֵ	10. בְ	11. סֶ	12. עָ
13. רִי	14. וְ	15. זָ	16. שׁוֹ
17. בּוֹ	18. לִי	19. תֶ	20. אוּ
21. ד	22. קוֹ	23. נֵי	24. חָ
25. ס	26. צ	27. ט	28. יָ
29. יוֹ	30. יוּ	31. יְ	32. שׁ
33. עִי	34. פ	35. אֶ	36. בָה
37. לוֹ	38. שֶׁה	39. רָא	40. נָא
41. אַל	42. עַם	43. כֹל	44. מִן
45. שֵׁב	46. קַף	47. בּוּשׁ	48. הֵל
49. כֵּן	50. טֶר	51. אֵל	52. חָד
53. עַז	54. הֵשׁ	55. הֲלוֹ	56. אִיתַי
57. לֵוִי	58. גְּלוֹ	59. בַּיִת	60. קֳדָם

3. 다음 단어들을 읽어보라.

(1) 인명, 지명

יֵשׁוּעַ, כּוֹרֶשׁ, בָּבֶל, אַרְיוֹךְ, חַגַּי, פָּרַס, יְרוּשָׁלֵם, זְרֻבָּבֶל,

שְׁאַלְתִּיאֵל, דָּנִיֵּאל, עֶזְרָא, עִדּוֹא, דָּרְיָוֶשׁ, נְבוּכַדְנֶצַּר, שַׁדְרַךְ,

מֵישַׁךְ, עֲבֵד נְגוֹ, בֵּלְשַׁאצַּר, אַרְתַּחְשַׁשְׂתָּא

(2) 단어[4]

아람어	히브리어	뜻	아람어	히브리어	뜻
אַ-◌	הַ-	그(정관사)	לָא	לֹא	않다
וְ	וְ	그리고	הֲוָה	הָיָה	이다, 있다
דִּי	אֲשֶׁר / שֶׁ-	관계대명사	אֲמַר	אמר	말하다
לְ	לְ	에게	דְּנָה	זֶה	이(것)
בְּ	בְּ	(안)에	אֱדַיִן	אָז	그때
מֶלֶךְ	מֶלֶךְ	왕	מַלְכוּ	מַלְכוּת	왕위, 왕국
מִן	מִן	-로 부터	דָּנִיֵּאל	דָּנִיֵּאל	다니엘
כֹּל	כֹּל	모든	ידע	ידע	알다
עַל	עַל	위에	בַּיִת	בַּיִת	집
אֱלָה	אֱלֹהִים	하나님, 신	קֳדָם	קֶדֶם	앞에

---

4. 본서에서의 단어는 품사를 무시하고 빈도수에 따라 소개한 것이다. 단어 중 동사의 경우 제2바브(요드)동사 외에는 모음 표기를 하지 않았는데 제1자음과 제2자음에 '아'(a) 모음을 넣어 הֲוָה אֲמַר와 같이 발음하면 된다.

제2과
당신은 누구십니까?

מִן אַנְתְּ?

아람어	히브리어	해석
שְׁלָם? מַן אַנְתְּ?	שָׁלוֹם? מִי אַתָּה?	안녕하세요? 당신은 누구십니까?
אֲנָה מֹשֶׁה וְאַנְתְּ?	אֲנִי מֹשֶׁה וְאַתָּה?	저는 모세입니다. 당신은요?
אֲנָה יוֹסֵף. מַן הוּא?	אֲנִי יוֹסֵף. מִי הוּא?	저는 요셉입니다. 그는 누구입니까?
הוּא בִּנְיָמִין. הוּא רַב.	הוּא בִּנְיָמִין. הוּא גָּדוֹל.	그는 베냐민입니다. 그는 큽니다.
מָה דְנָה?	מָה זֶה?	이것은 무엇입니까?
דְּנָה בַּיִת.	זֶה בַּיִת.	이것은 집입니다.
מַן דְּנָה?	מִי זֶה?	이 사람은 누구입니까?
דְּנָה מֶלֶךְ.	זֶה מֶלֶךְ.	이 사람은 왕입니다.

2.1 정관사

아람어와 히브리어에는 부정관사가 없고 정관사만 있다.

아람어에서 정관사는 명사나 형용사 뒤에 항상 '$א \circ$---'의 형태로 붙는다. **아람어 정관사**의 예는 다음과 같다.

- מַלְכָּא = א$\circ$--- + מֶלֶךְ 그 왕
- אַרְעָא 그 땅, רֵאשָׁא 그 머리, בַּיְתָא 그 집

히브리어에서 정관사는 명사나 형용사 바로 앞에 위치하며 기본 형태는 הַ이며 바로 뒤에 오는 문자에 점(다게쉬)을 추가시킨다. 그러나 정관사 다음에 오는 단어의 첫 문자가 점(다게쉬)을 취하기 힘든 후음문자(א, ה, ח, ע)나 ר가 올 때 정관사는 הָ나 הֶ가 되기도 한다. **히브리어 정관사**의 예는 다음과 같다.

- הַמֶּלֶךְ = הַ + מֶלֶךְ 그 왕
- הָאָרֶץ 그 땅, הָעִיר 그 도시, הָרֹאשׁ 그 머리, הֶהָרִים 그 산들

모든 단어의 출현 빈도수를 비교해 보면 히브리어에서는 접속사 'ו'가 가장 많은 49,612회이고 정관사는 그다음으로 접속사의 절반에도 못 미치는 23,948회이지만 아람어에서는 정관사가 851회로 가장 많이 차지하고 그다음으로 접속사 'ו'(728회)가 사용된다. 이는 아람어에서는 특별한 경우가 아니면 거의 모든 명사에 정관사를 사용하려는 언어적 특성 때문이다.[1]

---

1.   여기서 특별한 경우란 앞으로 배우게 될 명사의 연계형이나 명사 뒤에 대명사 접미사가 붙는 경우를 말한다. 아람어나 히브리어를 막론하고 고유명사에는 정관사를 붙이지 않는데 이는 고유명사는 그 특성상 이미 정관사를 내포한 개념이기 때문이다.

2.2 의문불변사

의문사 없는 의문문, 즉 '예'와 '아니오'로 대답할 수 있는 의문문(yes-no 의문문)에는 의문불변사가 문장 처음에 붙는데 의문불변사의 기본 형태는 아람어와 히브리어 모두 'הֲ'이다. 그다음에 후음이 오거나 특별한 경우에는 הַ 등으로 바뀌기도 한다.

- 아람어:　　　הֲלָא גֻבְרִין תְּלָתָא (단 3:24) 세 남자들이 아닌가?
- 히브리어:　　הֲיֵשׁ דָּבָר (렘 37:17) 말씀이 있는가?

　　　　　　　　　הַאַתָּה הָאִישׁ (삿 13:11) 너는 그 사람인가?

> ◆ 정관사와 의문불변사는 히브리어에서는 자음이 동일하므로 문장의 구조와 형태를 잘 살펴 구분해야 하지만 아람어에서는 정관사와 의문불변사가 형태와 위치에 있어서 뚜렷이 구분되므로 혼동할 염려가 없다.

2.3 전치사

전치사는 성, 수, 인칭 등에 따라 자음의 형태가 변하지 않는 불변사(particle)에 속하며 명사나 대명사 접미사 앞에 온다. 명사 앞에 오는 전치사 중에는 명사 바로 앞에 붙여서 쓰는 '비분리 전치사'가 있고 명사와 분리하여 쓰는 '분리 전치사'가 있다.

1. 비분리 전치사
아람어와 히브리어에서 대표적인 비분리 전치사는 다음 3개이다:
- בְּ (안)에, 로
- לְ 에게, 위하여
- כְּ 처럼, 같이

위 세 전치사는 다른 명사와 붙여서 사용되므로 '비분리 전치사'로 부르며 다음과 같이 모음이 변한다.

① **기본 모음은 슈바(◌)이다.**

> • 아람어: לְעֶזְרָא 에스라에게, בְּיַד 손으로
> • 히브리어: בְּעִיר 도시에서, כְּמֶלֶךְ 왕처럼, לְאִישׁ 사람에게

② **뒤에 모음 슈바(◌)와 함께 올 때 '이'(◌)로 바뀐다. 즉 ◌ ◌ → ◌ ◌**

> • 아람어: בְּטְעֵם → בִּטְעֵם 칙령으로
> • 히브리어: לְשְׁמוּאֵל → לִשְׁמוּאֵל 사무엘에게

그러나 모음 슈바(◌)가 자음 요드(י) 와 함께 올 때 요드(י)의 모음은 생략된다.

> • 아람어: לְיְרוּשְׁלֶם → לִירוּשְׁלֶם 예루살렘으로
> • 히브리어: לְיְהוּדָה → לִיהוּדָה 유다에게, 유다를 위하여

③ **뒤에 후음자음과 복합모음이 올 때는 다음과 같이 바뀐다.**

◌ ◌ → ◌ ◌, ◌ ◌ → ◌ ◌, ◌ ◌ → ◌ ◌

> • 아람어: בַּחֲשׁוֹכָא 그 어두움에, לֶאֱלָהּ 하나님께
> • 히브리어: בַּחֲלוֹם 꿈에, בֶּאֱמֶת 진실로, בָּאֳהָלִים 장막들에서

그러나 아람어 אֱדַיִן, אֱלָהּ, 히브리어 אֱלֹהִים, אֱמֹר, אֲדֹנָי 등이 올 때 알레프의 모음이 생략되기도 한다.

> • 아람어: בֵּאדַיִן 그때에, לֵאלָהֵי דַהֲבָא 금으로 된 신들에게
> • 히브리어: בֵּאלֹהִים 하나님 안에, לֵאמֹר 말하기를, לַאדֹנָי 주께

④ 아람어는 히브리어와는 달리 비분리 전치사가 정관사와 함께 쓰이더라도 기본 모음에서 다른 변화가 일어나지 않는다.

- 아람어: לְמַלְכָּא 그 왕에게
- 히브리어: לְמֶלֶךְ 그 왕에게

2. 분리 전치사

전치사 다음에 오는 명사와 결합하지 않고 분리하여 쓰는 전치사로 앞에 소개한 비분리 전치사 3개를 제외한 거의 대부분의 전치사가 여기에 속한다. 아람어에서 가장 많이 쓰이는 대표적인 분리 전치사를 빈도수의 순서대로 소개하면 다음과 같다.

아람어	히브리어	뜻
מִן	מִן	-로부터 from
עַל	עַל	- 위에, 대하여 on, about
קֳדָם	קֶדֶם / לִפְנֵי	- 앞에 before
עַד	עַד	-까지 until
קֳבֵל	קָבֵל / מִפְּנֵי	- 앞에, 때문에 before, because
עִם	עִם	- 함께 with

3. 전치사 מִן

전치사 מִן (-로부터 from)은 분리 전치사와 비분리 전치사로 모두 사용된다. 이 전치사가 분리 전치사로 사용될 때는 모음과 자음에 변화가 없다.

- 아람어: מִן-כּוֹרֶשׁ מַלְכָּא (스 5:17) 고레스 왕으로부터
- 히브리어: מִן-הַמֶּלֶךְ (삼하 18:13) 그 왕으로부터

그러나 비분리 전치사로 사용될 때는 전치사에 속해 있는 자음 눈(ן)은 다음에 오

는 자음에 동화되거나 없어진다.

- 아람어: מִטּוּרָא 그 산에서부터
- 히브리어: מִמֶּלֶךְ 왕으로부터

2.4 인칭대명사

인칭, 성, 수		아람어	히브리어
단수	1인칭	אֲנָה	אֲנִי / אָנֹכִי
	2인칭남성	אַנְתְּ (אַנְתָּה)	אַתָּה
	2인칭여성	-	אַתְּ
	3인칭남성	הוּא	הוּא
	3인칭여성	הִיא	הִיא / הִוא
복수	1인칭	אֲנַחְנָה / אֲנַחְנָא	אֲנַחְנוּ / נַחְנוּ
	2인칭남성	אַנְתּוּן	אַתֶּם
	2인칭여성	-	אַתֵּן
	3인칭남성	הִמּוֹ / הִמּוֹן / אִנּוּן	הֵם / הֵמָּה
	3인칭여성	אִנִּין	הֵנָּה

① 이곳의 인칭대명사는 독립된 형태로 사용되므로 '독립 인칭대명사'라고도 한다. 인칭대명사는 앞에 접속사 ו와만 결합하여 사용하는 것을 허용하며 그 외에 어떤 단어도 함께 결합하여 사용하지 않는다.

② 성경 아람어에서 인칭대명사는 총 75회 출현하는데, 2인칭여성단수와 2인칭여성복수에서는 전혀 출현하지 않는다. 타르굼 아람어에서는 אַתְּ(אַנְתְּ), אַנְתִּין 등으로 사용된다.

③ 2인칭남성단수는 '**אַנְתְּ**'이나 에스라서에 단 한 차례 출현하고 다니엘서에서는 모두 '**אַנְתָּה**'로 나타나는데(14회) 모두 '크티브'로 나타나고 '크레'는 '**אַנְתְּ**'이다.

④ 1인칭복수에서는 '**אֲנַחְנָה**'(2회)와 '**אֲנַחְנָא**'(2회)가 동일한 비율로 나타난다.

⑤ 3인칭남성복수 형태는 세 가지로 나타나는데 빈도수가 가장 많은 '**הִמּוֹ**'(9회)는 에스라서에서만 출현하는 반면 '**הִמּוֹן**'(3회)은 다니엘서에서만 나타나고 '**אִנּוּן**'(3회)은 에스라서와 다니엘서에 모두 다 출현한다.

2.5 지시대명사

인칭 / 성, 수		아람어	히브리어
이것 this	남성단수	דְּנָה	זֶה
	여성단수	דָּא	זֹאת
	복수	אֵלֶּךְ / אִלֵּין / אֵלֶּה / אֵל	אֵלֶּה
저것, 그것 that	남성단수	דֵּךְ / דִּכֵּן	הוּא
	여성단수	דָּךְ / דִּכֵּן	הִיא
	남성복수	אִלֵּךְ	הֵם הֵמָּה
	여성복수		הֵנָּה

지시대명사는 독립인칭대명사와 같이 문장에서 다양한 기능을 한다. 인칭대명사와 다른 점은 동사의 목적어로 사용된다는 것, 전치사와 함께 결합하여 사용된다는 것, 명사와 함께 지시형용사로도 사용된다는 것 등이다.

지시대명사가 지시형용사로 사용될 때는 명사와 함께 명사를 한정시켜 주는

데 히브리어의 경우 명사의 뒤에서 사용되며 정관사와 함께 사용되는 데 반해 아람어에서는 명사의 뒤에서 사용될 뿐 아니라 명사의 앞에서도 사용되며 정관사 없이 사용된다.

- 아람어: דָּנִיֵּאל דְּנָה 이 다니엘, הֲנָה חֶלְמָא 이 꿈
- 히브리어: הַיּוֹם הַזֶּה 이 날

2.6 의문대명사

뜻	아람어	히브리어
무엇 what	מָה	מָה
누구 who	מַן	מִי

① 의문대명사는 문장에서 주어, 술어, 목적어 등의 역할을 한다.

② 의문대명사는 앞으로 배우게 될 관계대명사 דִּי와 함께 '-하는 것'(מַה־דִּי), '-하는 자'(מַן־דִּי)와 같이 사용된다.

③ 의문대명사는 전치사와 함께 (의문)부사, 감탄사처럼 사용된다.
- עַל־מָה / לְמָה 왜, כְּמָה 어떻게/얼마나

2.7 명사문장

모든 셈어가 그렇듯이 히브리어의 중요한 특징 중 하나는 명사(혹은 동사 이외의 다른 품사)만을 나열하여 매우 단순한 문장을 만들 수 있다는 것이다. 그러한 문장

을 '명사문장'(nominal sentence) 혹은 동사 없는 문장(verbless sentence)이라 부른다.[2] 명사문장에는 명사를 포함하여 대명사(인칭대명사, 지시대명사, 의문대명사), 형용사, 부사, 수사, 전치사구 등 다양한 구성성분이 올 수 있다.

명사문장을 영어나 한글로 해석할 때 히브리어에는 없는 단어를 추가하여 해석해야 하는데 영어에서는 주로 'be'를 사용하며 한글에서는 '이다', '있다', 혹은 '되다' 세 종류로 해석된다.[3]

---

2. 많은 학자들이 명사문장을 '동사 없는 문장'이라 부르나 이는 정확한 말이 아니며 'הָיָה'(히브리어 הָיָה, 영어 be)가 생략된 문장이므로 'הָיָה 없는 문장'이라 해야 한다.
3. 많은 학자들이 명사문장에서 3인칭대명사(הִמּוֹ, הוּא 등)를 '계사'(copula)로 부르며 영어에서의 'is'와 같은 역할을 하는 것으로 보는데(예, אֱלָהֲכוֹן הוּא אֱלָהּ אֱלָהִין 단 2:47 너의 하나님은 신들 중의 신이시다) 3인칭대명사와 함께한 명사문장보다 단순한 명사문장이 훨씬 더 많이 출현하므로 그러한 시각은 잘못된 견해이며 명사문장에서 등장하는 인칭대명사는 '강조'와 같은 특별한 역할을 하는 것으로 보아야 한다.

제2과 단어

아람어	히브리어	뜻	아람어	히브리어	뜻
כְּ	כְּ	처럼	עֲבַד	עֲבַד / עשׂה	행하다, 만들다[4]
שְׁמַיִן	שָׁמַיִם	하늘	אֱנָשׁ	אִישׁ	사람, 남자
עַד	עַד	까지	יְרוּשְׁלֶם	יְרוּשָׁלַם	예루살렘
קוּם	קוּם	일어나다	פִּתְרוֹן	פֵּשֶׁר	해석, 설명
חזה	חזה	보다	בָּבֶל	בָּבֶל	바벨론
נְבוּכַדְנֶצַּר	נְבוּכַדְנֶצַּר	느부갓네살	שִׂים	שִׂים	두다
טְעֵם	טַעַם	칙령, 맛	דְּהַב	זָהָב	금
קֳבֵל	קָבַל	앞에, 때문에[5]	מִלָּה	מִלָּה	(낱)말, 것
יהב	יהב	주다	רַב	רַב	큰, 위대한
ענה	ענה	대답하다	בְּנָה	בָּנָה	짓다

연습문제

1. 다음 문장을 읽으라.

וְהִתְנַבִּי חַגַּי נְבִיָּא וּזְכַרְיָה בַר־עִדּוֹא נְבִיַּא עַל־יְהוּדָיֵא דִּי

---

4. 어근 'עבד'는 성경 아람어와 성경 히브리어에서 모두 사용되나 동사로 사용될 때는 아람어에 대응되는 히브리어 단어가 'עשׂה'이다.

5. 성경 히브리어에서 이 단어는 주로 '공성퇴'라는 뜻의 명사로 쓰이나 드물게 '앞에서'라는 전치사의 의미로 쓰이는 경우가 있다(예, 왕하 15:10).

בִּיהוּד וּבִירוּשְׁלֶם בְּשֻׁם אֱלָהּ יִשְׂרָאֵל עֲלֵיהוֹן׃ (스 5:1)

2. 다음 전치사구를 해석하라.

(1) לְמַלְכָּא	(2) קֳדָם אֱלָהּ
(3) בַּיְתָא עַד	(4) מִן-אֲנָשָׁא
(5) עַל-דְּנָה	(6) בְּבָבֶל
(7) כִּדְהַב	(8) מִן-מַלְכָּא
(9) עַל-יְרוּשְׁלֶם	(10) לִנְבוּכַדְנֶצַּר
(11) כֶּאֱנָשׁ	(12) בְּבַיְתָא
(13) בֵּאלָהּ	(14) עַל-פִּשְׁרָא
(15) עִם-דָּנִיֵּאל	(16) בִּדְהֲבָא
(17) בְּבָבֶל עַד	(18) קֳבֵל אֲנָשָׁא
(19) עִם-מַלְכָּא	(20) בִּירוּשְׁלֶם

3. 다음 명사문장을 해석하라.

(1) מַן דְּנָה?

(2) מַן מַלְכָּא?

(3) מָה אֱלָה?

(4) מַן בְּבַיְתָא?

(5) לְמָה הוּא בְּבָבֶל?

(6) דְּנָה מֶלֶךְ.

(7) דְּנָה לָא דְהַב.

(8) אֲנָשָׁא רַב.

(9) דָּנִיֵּאל קֳדָם אֱלָה.

(10) הֲאַנְתְּ מִן־יְרוּשְׁלֶם?

מָה שְׁלוֹמְךָ?

아람어	히브리어	해석
מָה שְׁלָמָד?	מַה שְׁלוֹמְךָ?	당신의 평안은 어떻습니까? (평안하십니까?)
טָב. וְאַנְתְּ?	טוֹב. וְאַתָּה?	좋습니다(평안합니다). 당신은요?
תּוֹדָה לֶאֱלָה. שְׁלָמִי טָב. מָה שְׁלָם אֲבוּךְ?	תּוֹדָה לָאֵל. שְׁלוֹמִי טוֹב. מַה שְׁלוֹם אָבִיךָ?	하나님께 감사합니다. 저의 평안은 좋습니다. 당신의 아버지의 평안은 어떤가요?
הוּא בְּבֵיתָא. שְׁלָמֵהּ לָא טָב.	הוּא בַּבַּיִת. שְׁלוֹמוֹ לֹא טוֹב.	그는 집에 있습니다. 그의 평안은 좋지 않습니다.
לְמָה? מָה אִיתַי לֵהּ?	לָמָּה? מַה יֵּשׁ לוֹ?	왜요? 그에게 무엇이 있나요?
רֵאשֵׁהּ לָא טָב.	רֹאשׁוֹ לֹא טוֹב.	그의 머리가 좋지 않습니다.

3.1 명사와 형용사의 성과 수

명사의 성과 수는 다음과 같다.

성, 수	아람어		히브리어	뜻
	한정	비한정		
남성단수	סוּסָא	סוּס	סוּס	숫말
여성단수	סוּסְתָּא	סוּסָה	סוּסָה	암말
남성복수	סוּסַיָּא	סוּסִין	סוּסִים	숫말들
여성복수	סוּסָתָא	סוּסָן	סוּסוֹת	암말들
남성쌍수	סוּסַיָּא	סוּסִין	סוּסַיִם	두 마리의 숫말들
여성쌍수			סוּסָתַיִם	두 마리의 암말들

① 아람어/히브리어 명사와 형용사에는 남성과 여성 둘만 있으며 중성은 없다. 위의 표에 나타난 것처럼 동일한 어원을 가진 명사가 남성과 여성을 동시에 가지는 것은 주로 사람이나 동물을 나타내는 단어에서 나타난다. 성경 아람어에서 말(horse, סוּס)을 나타내는 단어는 출현하지 않으며 타르굼 아람어에서만 출현하고 히브리어의 경우 남성단수/복수를 제외하면 빈도수가 높지 않다. 그러나 이 단어로 표를 만든 이유는 성과 수에 따라 어근의 모음이 변하지 않기 때문이다.

② 일반적으로 남성복수에 붙는 어미는 ◌ִים-, 여성복수는 ◌וֹן-, 그리고 쌍수에 붙는 어미는 ◌ַיִם-이다. 2.1항에서 언급한 바와 같이 아람어에서는 대부분의 명사에 정관사를 붙여 사용하므로 한정명사의 형태를 잘 파악할 필요가 있다. 이러한 어미들이나 여성단수 어미가 붙을 때 명사의 모음이 변하는 경우가 대부분이다. 하지만 그러한 복잡한 모음의 변화를 기억할 필요는 없다.

- 아람어: מֶ֫לֶךְ 왕 / מַלְכִין 왕들 / מַלְכַיָּא 그 왕들

  חֵ֫לֶם 꿈 / חֶלְמִין 꿈들 / חֶלְמַיָּא 그 꿈들

- 히브리어: מֶ֫לֶךְ 왕 / מְלָכִים 왕들, חֲלוֹם 꿈 / חֲלֹמוֹת 꿈들

③ 모든 명사가 다 쌍수 형태를 갖는 것은 아니며 쌍으로 표시할 수 있는 것만 쌍수를 갖는다. 그러나 성경 아람어에서 쌍수는 무시해도 좋을 만큼 빈도수가 매우 낮다.

- יְדַ֫יִן 두 손들

형용사의 성과 수는 다음과 같다.

성, 수	아람어		히브리어	뜻
	한정	비한정		
남성단수	טָבָא	טָב	טוֹב	좋은
여성단수	טָבְתָּא	טָבָה	טוֹבָה	좋은
남성복수	טָבַיָּא	טָבִין	טוֹבִים	좋은
여성복수	טָבָתָא	טָבָן	טוֹבוֹת / טֹבוֹת	좋은

형용사의 용법

① 형용사의 용법은 크게 두 가지로 관형적 용법(구)과 서술적 용법(절)이다.

   i) 관형적 용법으로 사용될 때는 단어의 순서가 중요한데 항상 명사 뒤에서 앞에 나온 명사를 꾸며 주며 문장이 아닌 구를 형성한다. 즉 명사+형용사의 순서이다.

   - מֶ֫לֶךְ רַב 위대한 왕

   정관사가 올 때는 명사와 형용사 모두 정관사를 붙여야 한다.

- מַלְכָּא רַבָּא 그 위대한 왕

ii) 서술적 용법으로 사용될 때는 단어 순서가 자유로우며 주로 한정명사가 사용된다.

- מַלְכָּא רַב 혹은 רַב מַלְכָּא 그 왕은 위대하다.

② 형용사의 성과 수는 명사와 일치해야 한다.

- סוּסָא טָבָא 그 좋은 숫말, סוּסְתָּא טָבְתָּא 그 좋은 암말,

  סוּסַיָּא טָבַיָּא 그 좋은 숫말들, סוּסָתָא טָבְתָא 그 좋은 암말들

3.2 비교급

아람어/히브리어 형용사에는 비교급을 표현하는 특별한 형태가 없다. 비교급을 표현할 때는 전치사 מִן (–보다)을 사용한다.

- חֶזְוַהּ רַב מִן-חַבְרָתַהּ (단 7:20) 그의 모양이 그의 동류보다 더 크다.

◆ 명사와 형용사의 연습: 모음의 변화는 무시하라. 형용사의 형태를 보고 명사의 성과 수를 짐작할 수 있다. 고유명사는 한정명사와 동일하게 취급됨을 조심하라.

- 형용사: טָב (좋은), רַב (큰, 위대한), קַדִּישׁ (거룩한), חַד (하나의)

(1) בַּיְתָא רַבָּא   (2) עַם קַדִּישׁ

(3) שְׁמַיָּא טָבַיָּא   (4) דַּהֲבָא חַדָא

(5) רַבִין מַלְכַיָּא   (6) אֱלָהָא טָבָא

(7) יְרוּשְׁלֶם קַדִּישׁ   (8) יְדָא רַבְּתָא

(9) חֶלְמָא חַד   (10) חֵיוְתָא רַבְּתָא

(11) אֱנָשָׁא קַדִּישָׁא   (12) דָּנִיֵּאל קַדִּישׁ

(13) צַלְמָא רַבָּא   (14) יוֹמַיָּא קַדִּישַׁיָּא

(15) רַב אֱנָשָׁא   (16) חֶלְמַיָּא קַדִּישַׁיָּא

(17) אֱלָהַיָּא לָא טָבִין   (18) חֵיוָתָא טָבָה

(19) בִּידַיִן טָבָן   (20) לְבֵיתָא טָבָא

3.3 명사의 연계형

아랍어, 독일어, 헬라어 등에는 지금도 명사의 격이 남아 있으나 성경 아람어와 히브리어의 경우 명사의 격이 없다. 따라서 격 표시는 다른 방법으로 하는데 속격을 표시하는 방법이 바로 절대형과 연계형 개념이다. 2개 이상의 명사를 연속적으로 표현하고자 할 때 여러 개의 명사만을 나열하는데 가장 뒤에 오는 명사가 '절대형'이며 그 앞에 오는 명사가 '연계형'이다. 연계형의 형태는 다음과 같다.

형태 \ 성, 수		단수		복수	
		남성	여성	남성	여성
절대형	아람어	סוּס	סוּסָה	סוּסִין	סוּסָן
	히브리어	סוּס	סוּסָה	סוּסִים	סוּסוֹת
	뜻	숫말	암말	숫말들	암말들
연계형	아람어	סוּס	סוּסַת	סוּסֵי	סוּסָת
	히브리어	סוּס	סוּסַת	סוּסֵי	סוּסוֹת
	뜻	-의 숫말	-의 암말	-의 숫말들	-의 암말들

① 표에서 보는 바와 같이 남성단수와 여성복수에서는 절대형과 연계형 사이에 아무런 차이가 없고 여성단수와 남성복수에서만 차이가 있다. 강세의 이동으로 인해 연계형 명사에 모음의 변화가 있을 수 있으나 특별히 기억할 필요는 없다. 아람어와 히브리어 연계형 형태는 여성복수에서만 차이가 있으므로 '여성복수'를 잘 기억하자.

② 정관사와 함께 올 때 정관사는 절대형에만 붙는다. 연계형의 수가 아무리 많더라도 가장 끝에 오는 절대형에만 정관사를 붙이면 된다.

- 아람어: בֵּית אֱלָהּ שְׁמַיָּא 하늘의 하나님의 집
- 히브리어: לֵב רָאשֵׁי עַם-הָאָרֶץ (욥 12:24) 그 땅의 백성의 두령들의 마음

③ 연계형에서 아람어와 히브리어의 가장 큰 차이는 히브리어의 경우 우리말의 '의'나 영어의 'of'에 해당되는 단어를 넣지 않고 연계형 명사만을 사용하지만 아람어의 경우 'דִי'(-의)라는 단어를 사용하기도 한다는 것이다.[1]

'그 왕의 집'이라는 구를 표현하는 방법이 히브리어는 'בֵּית הַמֶּלֶךְ'으로 한 가지 방법밖에는 없으나 아람어는 다음 세 가지가 가능하다.[2]

- בֵּית מַלְכָּא
- בֵּית דִּי מַלְכָּא
- בֵּיתֵהּ דִּי מַלְכָּא

---

1. 아람어에서 'דִי'는 속격을 표현하는 불변사 뿐 아니라 앞으로 배우게 될 '관계대명사'의 기능도 한다.
2. 세 번째 방법, 즉 'בֵּיתֵהּ דִּי מַלְכָּא'는 앞으로 배우게 될 대명사 접미사를 통해 이중소유격을 사용하는 방법인데 영어로 표현하면 'his house of the king'이다.

④ 아람어에서 조심해야 할 불규칙 연계형은 다음과 같다.

- אַב → אֲבוּ (아버지 → -의 아버지)
- מַלְכוּת → מַלְכוּ (왕국 → -의 왕국)
- בַּר → בְּנֵי (아들 → -의 아들들)
- עַם → עַמְמֵי (백성 → -의 백성들)
- שֻׁם → שְׁמָהָת (이름 → -의 이름들)

3.4 대명사 접미사

1. 명사 뒤에 붙는 대명사 접미사

수	인칭		단수명사 + 접미사		복수명사 + 접미사	
			아람어	히브리어	아람어	히브리어
단수	1인칭	אֲנָה	ִי-	ִי-	ַי- / ָי-	ַי-
	2인칭남성	אַנְתְּ	ָךְ-	ְךָ-	ָיךְ-	ֶיךָ-
	2인칭여성	-	-	ֵךְ-	-	ַיִךְ-
	3인칭남성	הוּא	ֵהּ-	וֹ-	וֹהִי-	ָיו-
	3인칭여성	הִיא	ַהּ-	ָהּ-	ַהַ-	ֶיהָ-
복수	1인칭	אֲנַחְנָא	ָנָא-	ֵנוּ-	ֵינָא-	ֵינוּ-
	2인칭남성	אַנְתּוּן	כוֹן-	ְכֶם-	ֵיכוֹן-	ֵיכֶם-
	2인칭여성	-	-	ְכֶן-	-	ֵיכֶן-
	3인칭남성	הִמּוֹ	הוֹן-	ָם-	ֵיהוֹן-	ֵיהֶם-
	3인칭여성	אִנִּין	הֵין-	ָן-	ֵיהֵן-	ֵיהֶן-

① 명사 뒤에 붙는 대명사 접미사는 소유격으로 '나의', '너의', '그의' 등으로 해석한다. 대명사 접미사를 붙일 때에는 명사의 절대형이 아닌 연계형 다음에 붙여

야 한다.

- מַלְכְּתֵהּ 그의 여왕
- בְּנֵינָא 우리의 아들들

② 복수명사 뒤에 붙는 3인칭여성단수 대명사 접미사의 형태는 ◌ָה 대신 ◌ֶיהָ -가 오기도 하며 3인칭남성복수에서 הֶם-, ◌ֵיהֶם-이 오기도 한다.

③ 대명사 접미사 앞에 오는 명사가 단수인가 복수인가를 구분하는 방법은 접미사 앞에 요드(י)의 여부이다. 즉, 접미사 앞에 요드가 없으면 단수이고 요드가 있으면 복수이다. 그러나 1인칭단수 대명사 접미사의 경우는 단수, 복수명사 모두 뒤에 요드(י)가 있으므로 반드시 모음으로 구분해야 한다. 그리고 아람어에서 복수명사 뒤에 붙는 3인칭남성단수는 요드가 없이 'וֹהִי-'의 형태로 오므로 잘 기억해야 한다.

대명사 접미사가 붙는 중요한 명사들을 살펴보면 다음과 같다.

수	인칭	아버지		손		아들	
		아람어	히브리어	아람어	히브리어	아람어	히브리어
		אַב	אָב	יַד	יָד	בַּר	בֵּן
단수명사	1단	אַבִי	אָבִי	יְדִי	יָדִי	בְּרִי	בְּנִי
	2남단	אֲבוּךְ	אָבִיךָ	יְדָךְ	יָדְךָ	בְּרָךְ	בְּנְךָ
	3남단	אֲבוּהִי	אָבִיו	יְדֵהּ	יָדוֹ	בְּרֵהּ	בְּנוֹ
	1복	אֲבוּנָא	אָבִינוּ	יְדַנָא	יָדֵנוּ	בַּרְנָא	בְּנֵנוּ
	3남복	אֲבוּהוֹן	אֲבִיהֶם	יַדְהוֹן	יָדָם	בַּרְהוֹן	בְּנָם
복수명사	1단	אֲבָהָתִי	אֲבֹתַי	יְדַי	יָדַי	בְּנַי	בָּנַי
	3남단	אֲבָהָתֵהּ	אֲבֹתָיו	יְדוֹהִי	יָדָיו	בְּנוֹהִי	בָּנָיו
	3남복	אֲבָהָתְהוֹן	אֲבֹתָם	יְדֵיהוֹן	יְדֵיהֶם	בְּנֵיהוֹן	בְּנֵיהֶם

수	인칭	이름		집		왕국	
		아람어	히브리어	아람어	히브리어	아람어	히브리어
		שֵׁם	שֵׁם	בַּיִת	בַּיִת	מַלְכוּ	מַלְכוּת
단수명사	1단	שְׁמִי	שְׁמִי	בֵּיתִי	בֵּיתִי	מַלְכוּתִי	מַלְכוּתִי
	2남단	שְׁמָךְ	שִׁמְךָ	בֵּיתָךְ	בֵּיתְךָ	מַלְכוּתָךְ	מַלְכוּתְךָ
	3남단	שְׁמֵהּ	שְׁמוֹ	בֵּיתֵהּ	בֵּיתוֹ	מַלְכוּתֵהּ	מַלְכוּתוֹ
	1복	שְׁמַנָא	שְׁמֵנוּ	בֵּיתַנָא	בֵּיתֵנוּ	מַלְכוּתַנָא	מַלְכוּתֵנוּ
	3남복	שְׁמְהוֹן	שְׁמָם	בֵּיתְהוֹן	בֵּיתָם	מַלְכוּתְהוֹן	מַלְכוּתָם
복수명사	1단	שְׁמָהָתִי	שְׁמֹתַי	בָּתַּי	בָּתַּי	מַלְכְוָתִי	מַלְכוּיָתִי
	3남단	שְׁמָהָתֵהּ	שְׁמֹתָיו	בָּתּוֹהִי	בָּתָּיו	מַלְכְוָתֵהּ	מַלְכוּיָתָיו
	3남복	שְׁמָהָתְהוֹן	שְׁמֹתָם	בָּתֵּיהוֹן	בָּתֵּיהֶם	מַלְכְוָתְהוֹן	מַלְכוּיָתֵיהֶם

2. 전치사에 붙는 대명사 접미사

전치사 뒤에 붙는 대명사 접미사도 명사 뒤에 붙는 것과 같다. 단지 전치사의 종류에 따라 단수명사에 붙는 것과 복수명사에 붙는 것으로 나뉜다.

1) 단수명사에 붙는 대명사 접미사를 따라가는 전치사들

수	인칭		-에게		-안에	
			아람어	히브리어	아람어	히브리어
			לְ	לְ	בְּ	בְּ
단수	1인칭	אֲנָה	לִי	לִי	בִּי	בִּי
	2인칭남성	אַנְתְּ	לָךְ	לְךָ	בָּךְ	בְּךָ
	2인칭여성	-	-	לָךְ	-	בָּךְ
	3인칭남성	הוּא	לֵהּ	לוֹ	בֵּהּ	בּוֹ
	3인칭여성	הִיא	לַהּ	לָהּ	בַּהּ	בָּהּ
복수	1인칭	אֲנַחְנָא	לַנָא	לָנוּ	-	בָּנוּ
	2인칭남성	אַנְתּוּן	לְכֹם	לָכֶם	-	בָּכֶם
	2인칭여성	-	-	לָכֶן		בָּכֶן
	3인칭남성	הִמּוֹ	לְהוֹן	לָהֶם	בְּהוֹן	בָּהֶם
	3인칭여성	אִנִּין	-	לָהֶן	-	בָּהֶן

수	인칭		-함께		-부터	
			아람어	히브리어	아람어	히브리어
			עִם	עִם	מִן	מִן
단수	1인칭	אֲנָה	עִמִּי	עִמִּי	מִנִּי	מִמֶּנִּי
	2인칭남성	אַנְתְּ	עִמָּךְ	עִמְּךָ	מִנָּךְ	מִמְּךָ
	2인칭여성	-	-	עִמָּךְ	-	מִמֵּךְ
	3인칭남성	הוּא	עִמֵּהּ	עִמּוֹ	מִנֵּהּ	מִמֶּנּוּ
	3인칭여성	הִיא	עִמַּהּ	עִמָּהּ	מִנַּהּ	מִמֶּנָּה
복수	1인칭	אֲנַחְנָא	עִמְנָא	עִמָּנוּ	מִנַּנָא	מִמֶּנּוּ
	2인칭남성	אַנְתּוּן	עִמְכוֹן	עִמָּכֶם	מִנְּכוֹן	מִכֶּם
	2인칭여성	-	-	עִמָּכֶן	-	-
	3인칭남성	הִמּוֹ	עִמְהוֹן	עִמָּם	מִנְּהוֹן	מֵהֶם
	3인칭여성	אִנִּין	עִמְהֵין	עִמָּן	מִנְּהֵין	מֵהֶן

2) 복수명사에 붙는 대명사 접미사를 따라가는 전치사들

수	인칭		-위에		-앞에	
			아람어	히브리어	아람어	히브리어
			עַל	עַל	קְדָם	לִפְנֵי
단수	1인칭	אֲנָה	עֲלַי	עָלַי	קָדָמַי	לְפָנַי
	2인칭남성	אַנְתְּ	עֲלָיִךְ	עָלֶיךָ	קָדָמָיךְ	לְפָנֶיךָ
	2인칭여성	-	-	עָלַיִךְ	-	לְפָנַיִךְ
	3인칭남성	הוּא	עֲלוֹהִי	עָלָיו	קָדָמוֹהִי	לְפָנָיו
	3인칭여성	הִיא	עֲלַיַּהּ	עָלֶיהָ	קָדָמַיַהּ	לְפָנֶיהָ
복수	1인칭	אֲנַחְנָא	עֲלַינָא	עָלֵינוּ	קָדָמַינָא	לְפָנֵינוּ
	2인칭남성	אַנְתּוּן	עֲלֵיכֹם	עֲלֵיכֶם	קָדָמֵיכוֹן	לִפְנֵיכֶם
	2인칭여성	-	-	עֲלֵיכֶן	-	לִפְנֵיכֶן
	3인칭남성	הִמּוֹ	עֲלֵיהוֹן	עֲלֵיהֶם	קָדָמֵיהוֹן	לִפְנֵיהֶם
	3인칭여성	אִנִּין	עֲלֵיהֵין	עֲלֵיהֶן	קָדָמֵיהֵין	לִפְנֵיהֶן

① ‘לְכֹם’ 대신에 ‘לְכוֹן’이 사용되기도 하며 ‘לְהוֹן’ 대신에 ‘לְהֹם’이 사용되기도 한다.

② 단수명사에 붙는 대명사 접미사를 따라가는 전치사들은 위의 표에 있는 것들 외에 קֳבֵל (앞에, 때문에), בָּאתַר (후에) 등이 있으며 복수명사에 붙는 대명사 접미사를 따라가는 전치사들은 תְּחוֹת (-아래), בֵּין (-사이에), אַתַר (-후에) 등이 있다.

◆ 대명사 접미사와 함께 오는 명사는 그것이 단수명사인가 복수명사인가를 파악해야 할 필요가 있지만 대명사 접미사와 함께 오는 전치사가 단수명사를 따라가는가 혹은 복수명사를 따라가는가 하는 것을 굳이 외울 필요는 없다.

3) 이중 전치사

전치사 מִן (-로부터)이 다른 전치사와 함께 이중으로 사용되는 경우가 가끔 있다. 그 경우 앞에 나타나는 전치사 מִן과 그 뒤에 연속으로 나타나는 전치사의 해석 여부는 문맥으로 결정한다.

- מִן-תְּחוֹת שְׁמַיָּא אֵלֶּה (렘 10:11) 이 하늘 아래(에서부터)
- מִן-קֳדָמַי (단 2:6) 내 앞에서(부터)

3.5 이타이(אִיתַי, 있다)와 라 이타이(לָא אִיתַי, 없다)

성경 아람어와 히브리어에는 영어의 'to have'에 해당하는 단어가 없고 '**이타이**'(있다)와 '**라 이타이**'(없다), '**예쉬**'(יֵשׁ, 있다)와 '**에인**'(אַיִן, 없다)으로 존재나 소유에 대한 표현을 한다. 그 경우 전치사 לְ와 בְּ가 함께 사용되기도 한다.

- 아람어: אִיתַי בִּי מִן-כָּל-חַיַּיָּא (단 2:30) 모든 다른 생명들보다 나에게 더 있다
　　　　חֲלָק לָא אִיתַי לָךְ (스 4:16) 당신께는 영토가 없습니다
- 히브리어: יֶשׁ-לִי-כֹל (창 33:11) 나에게 모든 것이 있다
　　　　אֵין לָהּ אָב וָאֵם (에 2:7) 그녀에게는 부모가 없다

3.6 접속사 וְ

① 접속사 וְ는 기본적으로 '그리고'의 뜻이지만 문맥에 따라 '그러나', '혹은'의 뜻을 가지기도 하며 어떤 경우는 해석을 하지 않는 것이 매끄러울 때도 있다.

② 기본적인 모음은 וְ이지만 경우에 따라 וָ, וַ, וֹ, וּ 등으로 바뀐다.

> ◈ 기억하지 말자! 접속사에 붙는 다양한 모음의 종류와 어떤 경우에 모음이 변화하는지는 기억할 필요가 없다. 모음이 바뀐다고 해서 접속사로 파악하지 못하는 것이 아니기 때문이다.

제3과 단어

아람어	히브리어	뜻	아람어	히브리어	뜻
פַּרְזֶל	בַּרְזֶל	철, 쇠	יַד	יָד	손
אֲרַע	אֶרֶץ	땅	נוּר	נְהָרָה	불
גְּבַר	גֶּבֶר	남자	צְלֵם	צֶלֶם	형상, 상
שְׁנָא	שָׁנָה	바꾸다	קַדִּישׁ	קָדוֹשׁ	거룩한
חֵיוָא	חַיָּה	짐승	יוֹם	יוֹם	날
בַּר	בֵּן	아들	דָּרְיָוֶשׁ	דָּרְיָוֶשׁ	다리오
עָלַם	עוֹלָם	영원	נְהַר	נָהָר	강
חֵלֶם	חֲלוֹם	꿈	עַם	עַם	백성
שְׁכַח	שָׁכַח	발견하다[3]	דָּת	דָּת	법, 명령
אִיתַי	יֵשׁ	있다	חַד	אֶחָד	하나의

연습문제

1. 다음 문장을 읽으라.

בֵּאדַ֗יִן קָ֡מוּ זְרֻבָּבֶ֣ל בַּר־שְׁאַלְתִּיאֵ֗ל וְיֵשׁ֙וּעַ בַּר־יֽוֹצָדָ֔ק וְשָׁרִ֣יו

לְמִבְנֵ֕א בֵּ֥ית אֱלָהָ֖א דִּ֣י בִירוּשְׁלֶ֑ם וְעִמְּה֛וֹן נְבִיַּ֥יָּא דִֽי־אֱלָהָ֖א

מְסָעֲדִ֥ין לְה֖וֹן: (스 5:2)

---

3. '**שׁכח**'는 아람어에서는 '발견하다'의 뜻이지만 히브리어에서는 '잊다'의 뜻으로 사용된다. 빈번하지는 않지만 동일한 단어가 아람어와 히브리어에서 전혀 다른 뜻으로 사용되는 경우가 있다.

נְבוּכַדְנֶצַּר מַלְכָּא עֲבַד צְלֵם דִּי־דְהַב רוּמֵהּ אַמִּין שִׁתִּין

פְּתָיֵהּ אַמִּין שֵׁת אֲקִימֵהּ בְּבִקְעַת דּוּרָא בִּמְדִינַת בָּבֶל : (단 3:1)

2. 다음 전치사구들을 해석하라.

(1) עַד בֵּית אֱלָהָא דְּנָה

(2) עִם מַלְכָּא דִּי בָּבֶל

(3) בְּחֶלֶם מֶלֶךְ דָּרְיָוֶשׁ

(4) מִן יַד בַּר אֱנָשָׁא

(5) לְמַלְכוּת אֱלָהּ שְׁמַיָּא

(6) כְּדָנִיֵּאל קַדִּישָׁא

(7) קֳדָם בֵּית מַלְכָּא דִּי יְרוּשְׁלֶם

(8) קֳבֵל צְלֵם דְּהַב נְבוּכַדְנֶצַּר

(9) עַל כָּל־אַרְעָא טָבְתָּא

(10) עִם בְּנֵי מַלְכָּא רַבָּא

(11) בְּיוֹמַיָּא קַדִּישַׁיָּא

(12) לֶאֱנָשׁ קַדִּישׁ דִּי אֱלָהָא רַבָּא

3. 다음 명사문장을 해석하라.

(1) הִמּוֹ מַלְכִין טָבִין.

(2) מָה שְׁמֵהּ?

(3) עַמֵּהּ דִּי אֱלָהָא טָבָא קַדִּישׁ.

(4) לָא אִיתַי דְּהַב בְּבֵיתִי.

(5) יַד אֱלָהָא קַדִּישָׁא עִם דָּנִיֵּאל דְּנָה.

(6) מַן בְּנֵי מֶלֶךְ בָּבֶל?

(7) אֲבוּהִי בְּבֵית מַלְכָּא טָבָא וְרַבָּא.

(8) לְמֶלֶךְ יְרוּשְׁלֶם אִיתַי בַּר חַד.

(9) צְלֵם דִּי דַהֲבָא וּפַרְזְלָא לָא טָב לֵאלָהָא קַדִּישָׁא.

(10) מַלְכוּת אֱלָהָא עִם עַמֵּהּ מִן־עָלְמָא וְעַד־עָלְמָא.

제4과
왜 너는 '그녀가 나의 누이'라 말했나?

לָמָּה אָמַרְתָּ אֲחֹתִי הִיא?

아람어	히브리어	해석
לְמָה אֲמַרְתְּ אֲחָתִי הִיא?	לָמָה אָמַרְתָּ אֲחֹתִי הִוא?	왜 너는 '그녀가 나의 누이'라 말했나?
קֳבֵל דִי דְחַלֵת יָתָךְ	כִּי פָחַדְתִּי אֹתְךָ	왜냐하면 나는 당신을 두려워했기 때문입니다.
נְסַבְתָּ יָת אִתְּתִי	לָקַחְתָּ אֶת אִשְׁתִּי	당신은 제 아내를 취했습니다.
אִתְמְלִי בְּלֵילְיָא אֱלָהָא אֲמַר לִי דִי אַנְתְּ אֱנָשׁ רַב	אֶתְמוֹל בַּלַּיְלָה אֱלֹהִים אָמַר לִי אֲשֶׁר אַתָּה אִישׁ גָּדוֹל	어제 밤 하나님께서 나에게 네가 위대한 사람이라고 말씀하셨다.
אֲנָה אֱנָשָׁא פָּלְחָא יָתֵהּ אֲנָה עַבְדֵהּ	אֲנִי הָאִישׁ הָעֹבֵד אֹתוֹ אֲנִי עַבְדּוֹ	나는 그분을 섬기는 사람입니다. 나는 그분의 종입니다.

4.1 성경 아람어 동사 개요

다른 셈어와 마찬가지로 성경 아람어/히브리어에서 동사는 매우 중요하다. 동사는 문장에서 중요한 역할을 하는 '술어'에 해당하기 때문에 동사를 정확하게 파악하는 것이 문장을 파악하는 중심축을 이루기 때문이다.

대개 동사는 세 개의 자음으로 구성된 어근을 가진다. 또한 동사는 접사(접두사, 접미사)를 가지며 성과 수와 상에 따라서 그 접사는 변화를 갖는다. 성경 아람어/히브리어에는 중요한 형태가 두 가지 있는데 "접미동사"와 "접두동사"이다. 많은 문법책에서 접미동사 형태를 완료라 부르고 접두동사 형태를 미완료라 부른다. 그러나 '완료', '미완료'라는 용어는 예외가 많이 존재하므로 적합한 용어가 아니다.

다른 셈어에서와 같이 성경 아람어/히브리어는 '시제'(tense)가 없고 '상'(aspect)만 있는 언어이다. '시제'에 관한 문제는 매우 복잡한 문제이다. 성경 아람어/히브리어의 시제도 마찬가지이다. '시간'(time)과 '시제'(tense)는 구분되어야 한다. 시제란 시간을 표시하는 표지이다. '시제가 있다'는 말은 그 언어 속에 과거, 현재, 미래를 뚜렷이 구분하는 체계가 있다는 뜻이다.

일반적으로 동사를 언급할 때 시(tense), 상(aspect), 법(mood) 세 가지로 거론되는데 시제와 상은 시간과 관련이 있으나 법(mood)은 시간과 관계가 없으며 저자나 화자의 심리태도와 관련이 있다. 있는 사실을 그대로 표현하는 것이 직설법, 명령을 표현하는 것이면 명령법, 없는 사실을 있는 사실처럼 표현하는 것은 가정법이다. 시제와 상은 시간과 관련이 있는데 시제는 시간의 위치(시점)를 표현하는 것이고 상이란 시간의 위치가 아닌 시간의 상태를 표현하는 것이다. 시간의 위치는 원래 '과거'와 '비과거' 둘로만 구분이 됐으나 현대에 와서 편의상 '과거', '현재', '미래' 셋으로 구분한다. 시간의 상태나 모양을 표현하는 상은 완료/미완료, 진행(계속), 반복(습관) 등이 이에 해당한다.[1]

---

1.   흔히들 '완료시제', '미완료시제'라는 말을 사용하는데 이는 '진행시제', '반복시제'와 같은 류의

성경 히브리어 동사는 7개의 유형을 갖는 데 반해 성경 아람어 동사는 6개의 유형을 갖는다. 그 유형들은 각각 특별한 의미와 형태를 갖는다. 유형을 분류하는 데 오랫동안 **פְּעַל** (행하다, 만들다)이라는 동사가 사용되어 왔으므로 다음과 같은 명칭을 갖는다. 성경 아람어와 히브리어의 동사 유형을 서로 비교하여 보자.

<성경 아람어 동사 유형(6개)>[2]

	단순형	중첩형	사역형
능동	Peal (פְּעַל)	Pael (פֵּעַל)	Haphel (הַפְעֵל)
수동/재귀	Hithpeel (הִתְפְּעֵל)	Hithpaal (הִתְפַּעַל)	Hophal (הָפְעַל)

<성경 히브리어 동사 유형(7개)>

	단순형	중첩형	사역형
능동	Qal (פָּעַל)	Piel (פִּעֵל)	Hiphil (הִפְעִיל)
수동	Niphal (נִפְעַל)	Pual (פֻּעַל)	Hophal (הָפְעַל)
재귀		Hithpael (הִתְפַּעֵל)	-

① 성경 히브리어에서 기본 능동형은 '파알'(פָּעַל)로 부르는 대신 '가벼운', '쉬운' 의 뜻을 가지는 히브리어 '칼'(קַל)로 부르는 반면 성경 아람어에서는 히브리어 의 영향을 받아 '칼'로 부르기도 하나 일반적으로는 '페알'(peal)로 부른다.

② 성경 히브리어에는 수동과 재귀의 형태가 구분되어 있지만 성경 아람어는 동일 한 형태로 수동과 재귀를 모두 사용하는데 일반적으로 재귀보다는 수동이 더 많이 쓰인다.

잘못된 용어 사용이다. '완료', '미완료'는 '시제'가 아니라 '상'이다.

2. 대부분의 성경 아람어 문법서에서 성경 아람어 동사 유형을 6개가 아닌 7개로 분류하여 단순 수 동형에 '페일'(Peil)을 추가하는데 '페일'은 수동으로만 사용되는 것은 맞지만 앞으로 배우게 될 분사 수동 형태와 동일한 형태이며 '접두동사'에서만 사용될 뿐 '접두동사', '부정사', '명령' 등 에서 전혀 사용되지 않기 때문에 이를 '유형'에 넣는 것은 바람직하지 않다.

③ 성경 히브리어에서 니팔(Niphal)형은 의미론적으로 칼(Qal), 피엘(Piel), 히필
(Hiphil)형과 모두 연관이 있으며 수동으로만 쓰이는 것이 아니라 재귀, 상호,
능동으로 매우 다양하게 사용되어 그 기원과 정체를 파악하기가 매우 어려운
데 이와 같은 유형이 성경 아람어에서는 나타나지 않는다.

④ 중첩형은 기본형의 가운데 자음에 이중점이 붙는 형태이다. 그 의미는 강조적,
사실적, 사역적, 결과적, 명사적으로 매우 다양하다. Haphel(아람어), Hiphil(히
브리어)은 대개 사역의 뜻을 가지며 그 수동은 Hophal이다.

성경 아람어에서 동사의 총수는 1,066개이며 성경 히브리어에서는 72,564개인데
각각의 유형에서 나타나는 비율은 다음과 같다.

<성경 아람어 동사 유형의 비율>[3]

	단순형	중첩형	사역형
능동	Peal (פְּעַל) 61%	Pael (פַּעֵל) 7.9%	Haphel (הַפְעֵל) 17.1%
수동/재귀	Hithpeel (הִתְפְּעֵל) 5.1%	Hithpaal (הִתְפַּעַל) 3.2%	Hophal (הֻפְעַל) 1.1%

<성경 히브리어 동사 유형의 비율>

	단순형	중첩형	사역형
능동	Qal (פָּעַל) 68%	Piel (פִּעֵל) 8.8%	Hiphil (הִפְעִיל) 12.8%
수동	Niphal (נִפְעַל) 5.6%	Pual (פֻּעַל) 0.16%	Hophal (הָפְעַל) 0.5%
재귀		Hithpael (הִתְפַּעֵל) 1.1%	-

---

3. '접미동사'에서만 나타나며 수동으로만 사용되는 특이한 형태인 '페일'(peil)은 성경 아람어에서
    총 42회(약 4%) 등장한다.

이전 표에서 보는 바와 같이 성경 아람어와 성경 히브리어 동사 유형의 비율은 비슷한 양상을 보이는데 성경 아람어는 페알, 하펠, 파엘의 순서이며 성경 히브리어는 칼, 히필, 피엘의 순서로 나타난다. 그리고 성경 아람어의 단순 능동형인 페알은 61%, 성경 히브리어의 단순 능동형인 칼은 68%로 가장 높은 비율을 이루고 있다. 위의 표에 나타난 유형 외에도 여러 가지 다양한 이름을 가진 유형들이 나타나는데 빈도수가 높지 않다. 다른 이름의 유형들은 별개의 유형이 아니라 기본 유형에서 약간씩 변형된 것들이다.[4]

성경 아람어에서 사역 능동형의 일반적인 유형은 '하펠'(Haphel)이며 '아펠'(Aphel)과 '샤펠'(shaphel) 형도 이 유형에 포함된다. 이들 중 '하펠'은 76.4%로 가장 많이 출현하고 다음으로 '아펠'(15.7%), '샤펠'(7.9%)의 순으로 나타난다. '하펠'과 '아펠'은 발음상의 유사성 때문인데 성경 아람어에서 '헤이'(ה)와 '알레프'(א)는 다른 경우에도 종종 상호교환적으로 사용된다.[5] 아카드어에서 사역형은 접두어 '쉰'(ש)이 붙는데 성경 아람어의 '샤펠'은 아카드어의 영향으로 보여진다.[6]

---

4.   성경 아람어의 경우 histaphel, hithpolel, ishtaphel, polel, shaphel 등의 유형이 있으며 성경 히브리어의 경우 pilel, pilpel, polal, pulal, palel, hithpolel, hithpalpel 등의 유형이 있다.

5.   '히트파알'(Hithpaal)과 '이트파알'(Ithpaal), '히트페엘'(Hithpeel)과 '이트페엘'(Ithpeel)의 상호교환적 사용 역시 같은 이유 때문이며 인칭대명사 중 1인칭복수 'אֲנַחְנָא'와 'אֲנַחְנָה'의 병행적 사용, 정관사 '-א' 대신에 '-ה'의 사용 등이 대표적인 예이다.

6.   S. A. Kaufman, *The Akkadian Influences on Aramaic*, Chicago 1974. pp. 123-124, J. Huehnergard, *A Grammar of Akkadian*, Eisenbrauns 2005 참조.

4.2 페알(Peal) 접미동사

성경 아람어/히브리어 동사의 변화형에는 규칙변화와 불규칙 변화가 있는데 다음의 네가지 경우 중 적어도 하나에 속하면 이를 불규칙동사라 하고 그중 어느 하나에도 속하지 않으면 규칙동사라 한다.

(1) 기본형 세 자음 중에 후음문자(ע, ח, ה, א)를 적어도 하나 이상 포함하는 경우
(2) 기본형 첫 자음에 요드(י)나 눈(נ)을 포함하는 경우
(3) 가운데(두 번째) 자음에 요드(י)나 바브(ו)를 포함는 경우
(4) 두 번째와 세 번째 자음이 동일한 경우

확률적으로만 계산해 본다면 모든 동사 중 규칙동사는 약 23%이며 불규칙동사는 약 77%이다. 그러나 실제로 성경 아람어/히브리어에서의 용례들을 살펴보면 규칙동사보다는 불규칙동사의 비율이 확률적 비율보다 더 높다는 것을 알 수 있는데 규칙동사의 경우 성경 아람어에서 빈도수 10위권 안에 하나도 없으며 빈도수 20위권 안에서는 단 하나가 발견되고(סגד 절하다, 18위, 12회 출현) 60위권 내에서는 10개(16.7%)가 발견된다.

　성경 히브리어의 경우 규칙동사는 빈도수 20위권 내에서 하나도 없으며 30위권 내에서 단 하나가 발견되며(שמר 지키다, 28위, 468회 출현) 60위권 내에서는 6개(10%)만 발견될 뿐이다. 따라서 실제로는 약 83%(아람어), 90%(히브리어) 정도가 불규칙동사임을 알 수 있다.

　다음은 페알(칼) 접미동사(כתב, 쓰다)의 변화인데 아람어와 히브리어를 잘 비교하면서 익히도록 하자.

수	인칭, 성	아람어		히브리어	
		접미동사	접미사	접미동사	접미사
단수	1인칭	כִּתְבֵת	---תֵ	כָּתַבְתִּי	---תִּי
	2인칭남성	כְּתַבְתְּ (תְּ)	---תָ(ה) / ---תְּ	כָּתַבְתָּ	---תָ
	2인칭여성	(כְּתַבְתִּי)	-	כָּתַבְתְּ	---תְּ
	3인칭남성	כְּתַב	---	כָּתַב	---
	3인칭여성	כִּתְבֵת	---תֵ	כָּתְבָה	---ה
복수	1인칭	כְּתַבְנָא	---נָא	כָּתַבְנוּ	---נוּ
	2인칭남성	כְּתַבְתּוּן	---תּוּן	כְּתַבְתֶּם	---תֶּם
	2인칭여성	(כְּתַבְתֵּן)	-	כְּתַבְתֶּן	---תֶּן
	3인칭남성	כְּתַבוּ	---וּ	כָּתְבוּ	---וּ
	3인칭여성	כְּתַבָה	---ה		

① 위의 표에서 접미동사 뒤에 붙는 접미사 형태는 규칙, 불규칙을 막론하고, 6유형 중 어떤 유형이건 막론하고 항상 변하지 않는 형태이므로 꼭 외워야 한다.

② 동사의 기본형은 페알/칼 접미동사 3인칭남성단수이다. 아람어/히브리어 사전에는 기본 형태로 나타나므로 사전을 찾을 때는 이 기본형태를 알아야 한다. (그러나 불규칙동사 중 두 번째 자리에 '바브'나 '요드'가 오는 제2바브(요드) 동사는 예외이다.)

③ 3인칭복수의 경우 성경 히브리어는 남성과 여성이 동일한 형태이지만 성경 아람어에서는 남성, 여성이 구분되며 3인칭여성복수(כְּתַבָה)의 경우 히브리어의 3인칭여성단수(כָּתְבָה)와 형태가 비슷하므로 혼동하지 않아야 한다.

④ 성경 히브리어에서는 칼 접미동사의 첫 모음이 2인칭복수를 제외하면 모두 '아'(◌ַ)이지만 성경 아람어에서는 첫 모음이 슈바(◌ְ)인 것이 특징이다. 1인칭 단수와 3인칭여성단수에서 '이'(◌ִ) 모음으로 바뀐 것은 2.3항 전치사에서 언급한 바와 같이 단어 처음부터 모음 슈바가 연속으로 두 번 올 경우 첫 슈바가 '이'(◌ִ)로 바뀐다는 원칙, 즉 ◌ְ ◌ְ → ◌ִ ◌ְ의 원칙 때문이다.

⑤ 2인칭남성단수의 경우 접미사는 'תָּ---'이지만 드물게 'תְּ---'의 경우도 있으며 매우 드물게 'תָּה---'의 경우도 있다.

다음은 성경 아람어에서 가장 많이 나오는 빈도수 5위권 안에 들어가는 동사들의 칼 접미동사 형태이다. 규칙동사와 비교하면서 익히도록 하자.

> 1위: הוה (이다, 있다, 되다, 71회)
> 2위: אמר (말하다, 67회)
> 3위: ידע (알다, 46회)
> 4위: קום (일어나다, 35회)
> 5위: חזה (보다, 31회)

수	인칭, 성	כתב 쓰다	הוה 이다	אמר 말하다	ידע 알다	קום 일어나다	חזה 보다
단수	1인칭	כִּתְבֵת	הֲוֵית	אַמְרֵת	יִדְעֵת	-	חֲזֵית
	2인칭남성	כְּתַבְתָּ	הֲוַיְתָ	-	יְדַעְתָּ	-	חֲזַיְתָה
	2인칭여성	-	-	-	-	-	-
	3인칭남성	כְּתַב	הֲוָא	אֲמַר	יְדַע	קָם	חֲזָה
	3인칭여성	כִּתְבַת	הֲוָת	אֲמֶרֶת	-	-	-
복수	1인칭	כְּתַבְנָא	-	אֲמַרְנָא	-	-	-
	2인칭남성	כְּתַבְתּוּן	-	-	-	-	חֲזֵיתוּן
	2인칭여성	-	-	-	-	-	-
	3인칭남성	כְּתַבוּ	הֲווֹ	אֲמַרוּ	-	קָמוּ	-
	3인칭여성	כְּתַבָה	-	-	-	-	-

위 변화에서 먼저 제1위와 제5위 동사, 즉 세 번째 자음이 '헤이'(ה)로 끝나는 동사의 변화형을 살펴보면 다음과 같다.

① 3인칭남성단수의 세 번째 자음은 '헤이'(ה)와 '알레프'(א)가 상호교환적으로 사용된다.

- הֲוָה / הֲוָא 그가 있었다
- חֲזָה 그가 보았다
- אֲתָא 그가 왔다

② 1인칭과 2인칭의 경우(단수, 복수 모두) 세 번째 자음의 ה가 원래 어근인 י로 바뀐다.

- הֲוַיְתָ → הֲוָהְתָ
- חֲזֵיתוּן → חֲזֵהְתוּן

③ 3인칭여성단수와 3인칭남성복수의 경우 세 번째 자음인 ה가 사라진다. 특히 3인칭남성복수의 경우 마지막 모음이 '우'(וּ)에서 '오'(וֹ)로 바뀐다.

- הֲוָת 그녀가 있었다
- אֲתוֹ 그들이 왔다

제4위 동사인 제2바브(요드)동사에서는 다음 한 가지 사실만 기억하면 된다.

① 제2바브(요드)동사는 접미동사 변화에서 두 번째 자음인 '바브'나 '요드'가 모든 인칭의 변화형에서 사라지며 첫 모음으로 '아'(◌ַ)를 취한다.

- קָמוּ 그들이 일어났다
- שָׂם 그가 두었다

제1위, 제2위, 제5위 동사와 같이 첫 자음이 후음으로 시작하는 제1후음 동사의 경우 '슈바'(◌ְ) 모음 대신에 '합성슈바'인 '아'(◌ֲ)모음을 취한다.

- אֲמַר ← אָמַר

4.3 관계대명사 דִּי

① 성경 히브리어의 관계대명사인 אֲשֶׁר(혹은 שֶׁ-)는 관계대명사로만 사용되어 그 뒤에는 절만 오지만 성경 아람어의 דִּי는 3.3항에서 언급한 바와 같이 영어의 'of'와 같이 속격을 표현하는 용도로도 사용되므로 דִּי 뒤에는 절도 올 수 있고 단어(주로 명사)도 올 수 있다. 즉 성경 아람어의 דִּי는 '관계대명사'와 '속격표지' 두 가지 용도로 사용된다.

② דִּי가 관계대명사로 사용될 때는 선행사가 주어, 목적어, 시간이나 장소의 부사

인 경우 등 여러 가지 형태의 절에 올 수 있다. 특히 성경 아람어와 히브리어에는 명사문장이 있으므로 관계대명사가 이끄는 절에 '동사'가 없는 절도 올 수 있다.

- בֵּית אֱלָהָא דִּי בִירוּשְׁלֶם 예루살렘에 있는 하나님의 집

③ 관계대명사 'דִּי'는 전치사와 결합하여 다양한 역할을 한다.

- כָּל־קֳבֵל דִּי / מִן־דִּי 때문에
- אֱדַיִן מִן־דִּי / כְּדִי -할 때
- עַד דִּי -할 때까지

④ 관계대명사 'דִּי'는 의문사와 함께 결합하여 다양한 역할을 한다.

- מָה דִּי -한 어떤, 어떤 -일지라도
- מַן־דִּי -하는 자

4.4 페알(Peal) 분사

성경 아람어 페알의 능동, 수동 분사 형태는 다음과 같다. 성경 히브리어 칼 분사 형태와 비교하여 보자.

<성경 아람어 페알 분사>

수	태 성	능동		수동	
		남성	여성	남성	여성
단수		כְּתֵב	כָּתְבָה	כְּתִיב	כְּתִיבָה
복수		כָּתְבִין	כָּתְבָן	כְּתִיבִין	כְּתִיבָן

<성경 히브리어 칼 분사>

수	태	능동		수동	
	성	남성	여성	남성	여성
단수		כָּתֵב	כֹּתֶבֶת	כָּתוּב	כְּתוּבָה
복수		כֹּתְבִים	כֹּתְבוֹת	כְּתוּבִים	כְּתוּבוֹת

① 성경 히브리어의 칼 유형에만 분사가 능동, 수동으로 존재하는 것처럼 성경 아람어에서도 페알 유형에만 분사가 능동, 수동으로 존재하고 나머지 유형에서는 따로 존재하지 않는다. 성경 히브리어에는 니팔이라는 아주 특이한 유형이 존재하는데 성경 아람어에서는 '페일'이라는 특이한 형태가 존재하여 '페알'의 수동으로 사용된다. 언급한 바와 같이 '페일'은 수동으로만 사용되기는 하나 접미동사에서만 사용될 뿐 접두동사나 부정사나 명령에서 전혀 사용되지 않기 때문에 '유형'으로 분류할 수는 없다. 문제는 '페일'의 접미동사 3인칭남성단수와 분사수동 남성단수가 כְּתִיב으로 동일한 형태를 지니고 있다는 것이다. 따라서 접미동사와 분사 사이의 구분은 전후 문맥과 문장의 구조 등으로 신중하게 해야 한다.

② 분사는 형태론적으로는 명사형태를 가지나 의미론적으로는 명사와 동사의 두 가지 의미를 다 갖는다. 따라서 כָּתֵב는 '쓰는 사람'도 되고 '쓰다'도 된다.

③ 분사는 형용사적으로도 사용되어 앞에 나오는 명사를 수식해 주는 역할을 한다.
  • דָּנִיֵּאל בָּעֵא (단 6:12) 간구하는 다니엘

④ 성경 아람어에서 분사는 종종 일반 동사와 같은 역할을 한다. 분사의 시간 결정(과거, 현재, 미래)은 문맥에 따라서 한다.
  • עָנֵה דָנִיֵּאל וְאָמַר (단 2:20) 다니엘이 대답하여 말했다.

⑤ 분사는 대개 진행의 감각을 갖는다. 또한 분사는 동사 '하바'(הוה)와 함께 사용
되기도 하는데 그때의 '하바'는 조동사의 역할을 한다.

- כְּבַר אֱנָשׁ אָתֵה הֲוָה (단 7:13) 사람(사람의 아들)과 같은 이가 오고 있었다.
- חָזֵה הֲוֵית בֵּאדַיִן (단 7:11) 그때 나는 보고 있었다.

문자 중 후음문자가 들어 있거나 불규칙 변화를 하는 동사들은 분사 형태도 기본
형에서 약간씩 차이가 남을 기억하자. 빈도수 5위권 동사의 페알 분사 능동형태는
다음과 같다. 빈도수 1위인 הוה(이다, 있다, 되다)에는 분사형태가 없다.

기본형		אמר	ידע	קום	חזה
뜻		말하다	알다	일어나다	보다
단수	남성	אָמַר	יָדַע	קָאֵם	חָזֵה
	여성	-	-	-	-
복수	남성	אָמְרִין	יָדְעִין	קָאֲמִין	חָזַיִן
	여성	-	-	-	-

① 빈도수 2위 אמר와 3위 ידע의 분사 남성단수 형태는 두 번째 모음이 '에'(◌)가
아닌 '아'(◌)를 취한다.

- אָמֵר → אָמַר
- יָדֵע → יָדַע

② 빈도수 4위 'קום'과 같이 제2바브(요드)동사는 분사에서 두 번째 자리에서 '알
레프'(א)나 '요드'(י)를 취한다. 남성복수에서 'קָאֲמִין' 대신에 'קָיְמִין'를 취하기
도 한다.

- דָּאֲנִין, דָּיְנִין

③ 빈도수 5위 'חזה'와 같이 제3요드(헤이)동사의 경우 남성단수를 제외하면 모두 세 번째 자리에 '헤이'(ה)가 원래 어근인 '요드'(י)로 바뀌면서 약간의 모음 변화가 생긴다. 남성단수에서 세 번째 자리에 '헤이'(ה) 대신 '알레프'(א)가 오기도 한다.

> • גְּלֵא דָּמְיָה, בְּנַיִן

◆ 알아두자!

분사수동의 경우 성경 아람어는 כְּתִיב 의 형태이고 성경 히브리어는 כָּתוּב의 형태이다. 그러므로 성경 히브리어에 나타나는 כְּתִיב와 같은 형태는 아람어나 히브리어에는 없는 특이한 형태라 할 수 있는데 '아람어의 영향을 받은 히브리어' 형태라 할 수 있다.

- מָשִׁיחַ 기름 부음을 받는 자
- דָּוִיד 사랑받는 자

제4과 단어

아람어	히브리어	뜻	아람어	히브리어	뜻
אָתָה / אֲתָא	אָתָה	오다	הֵיכַל	הֵיכָל	궁전, 성전
הֵן	הֵן	만일	כְּסַף	כֶּסֶף	은, 돈
חַכִּים	חָכָם	현인	כְּעַן	עֵת	이제, 지금
עֲבַר	עֵבֶר	건너편	עִדָּן	עַד	시간, 때
עֲלַל	-	들어가다	בְּעָא	בָּעָה	찾다, 구하다
קֶרֶן	קֶרֶן	뿔	חֱזוּ	חָזוֹן	이상, 환상
רֵאשׁ	רֹאשׁ	머리	יְכֵל	יָכֹל	할 수 있다
שְׁלַח	שָׁלַח	보내다	כְּתָב	כְּתָב	문서, 기록
שָׁלְטָן	שִׁלְטוֹן	권력, 주권	סְגַד	סָגַד	엎드리다
גַּו	גֵּו	중앙, 가운데	רוּחַ	רוּחַ	영, 바람

연습문제

1. 다음 문장을 읽으라.

בֵּהּ־זִמְנָא אֲתָא עֲלֵיהוֹן תַּתְּנַי פַּחַת עֲבַר־נַהֲרָה וּשְׁתַר בּוֹזְנַי

וּכְנָוָתְהוֹן וְכֵן אָמְרִין לְהֹם מַן־שָׂם לְכֹם טְעֵם בַּיְתָא דְנָה לִבְּנֵא

וְאֻשַּׁרְנָא דְנָה לְשַׁכְלָלָה׃ (스 5:3)

וּנְבוּכַדְנֶצַּר מַלְכָּא שְׁלַח לְמִכְנַשׁ לַאֲחַשְׁדַּרְפְּנַיָּא סִגְנַיָּא וּפַחֲוָתָא

אֲדַרְגָּזְרַיָּא גְּדָבְרַיָּא דְּתָבְרַיָּא תִּפְתָּיֵא וְכֹל שִׁלְטֹנֵי מְדִינָתָא

לְמֵתֵא לַחֲנֻכַּת צַלְמָא דִּי הֲקֵים נְבוּכַדְנֶצַּר מַלְכָּא : (단 3:2)

2. 다음 동사들의 기본형 형태를 박스 안에서 찾고 분석해 보라.[7]

הוה	אמר	ידע	קום	חזה	יהב	ענה	עבד	שׂים
이다, 있다	말하다	알다	일어나다	보다	주다	대답하다	행하다	두다
בנה	שכח	אתא	עלל	שלח	בעא	יכל	סגד	רמא
짓다	발견하다	오다	들어가다	보내다	구하다	할 수 있다	엎드리다	던지다

예) כְּתַב 접미동사 3인칭남성단수, 기본형 כתב, 페알, 해석 – 그가 썼다

כָּתְבִין 분사능동 남성복수, 기본형 כתב, 페알, 해석 – 쓰는 자들

(1) יְהַב

(2) שְׁלַחְנָא

(3) אֲמַר

(4) הֲוָת

(5) עֲבְדֵת

---

7. 성경 아람어에서의 시제 결정은 문맥에서 해야 하나 본서에서는 편의상 접미동사는 과거로, 접두동사는 미래로, 그리고 분사는 '-하는 자(것)'로 해석하기로 한다.

(6) חֲזֵיתוֹן

(7) עֲנוֹ

(8) יָכְלִין

(9) אֲמַרְנָא

(10) יָכְלָה

(11) קָאֵם

(12) רְמֵינָא

(13) שָׂמְתָ

(14) חָזַיִן

(15) סָגְדִין

(16) בָּנַיִן

(17) אֲתוֹ

(18) יְדַעַת

(19) יְהֲבִין

(20) אָתָה

(21) עֲנָת

(22) בְּעֵינָא

(23) הֲוֵיתָ

(24) בְּעָא

(25) קָמוּ

(26) שָׂמֶת

(27) חֲזָה

(28) עֲבְדָה

(29) שְׁלַחְתּוּן

(30) רְמוֹ

3. 다음 문장을 읽고 해석하라.

(1) (스 4:20) וּמַלְכִין תַּקִּיפִין הֲווֹ עַל־יְרוּשְׁלֶם

(2) (단 2:26) עָנֵה מַלְכָּא וְאָמַר לְדָנִיֵּאל דִּי שְׁמֵהּ בֵּלְטְשַׁאצַּר

(3) (단 4:6) אֲנָה יִדְעֵת דִּי רוּחַ אֱלָהִין קַדִּישִׁין בָּךְ

(4) (스 5:2) בֵּאדַיִן קָמוּ זְרֻבָּבֶל בַּר־שְׁאַלְתִּיאֵל וְיֵשׁוּעַ בַּר־יוֹצָדָק

(5) (단 7:21) חָזֵה הֲוֵית וְקַרְנָא דִכֵּן עָבְדָה קְרָב עִם־קַדִּישִׁין

(6) (스 5:16) אֱדַיִן שֵׁשְׁבַּצַּר דֵּךְ אֲתָא יְהַב אֻשַּׁיָּא דִּי־בֵית אֱלָהָא דִּי בִירוּשְׁלֶם

(7) (단 4:27) עָנֵה מַלְכָּא וְאָמַר הֲלָא דָא־הִיא בָּבֶל רַבְּתָא

(8) (스 6:3) בִּשְׁנַת חֲדָה לְכוֹרֶשׁ מַלְכָּא כּוֹרֶשׁ מַלְכָּא שָׂם טְעֵם

(9) (스 5:4) אֱדַיִן כְּנֵמָא אֲמַרְנָא לְהֹם מַן־אִנּוּן שְׁמָהָת גֻּבְרַיָּא דִּי־דְנָה בִנְיָנָא בָּנַיִן:

(10) (단 3:24) הֲלָא גֻבְרִין תְּלָתָא רְמֵינָא לְגוֹא־נוּרָא

제4과 연습문제를 위한 단어

아람어	히브리어	뜻	아람어	히브리어	뜻
תַּקִּיף	תַּקִּיף	강한	שְׁנָה	שָׁנָה	해, 년
קְרָב	קְרָב	전쟁, 싸움	בִּנְיָן	בִּנְיָן	건물
אֹשׁ	אֹשֶׁשׁ	토대, 기초	תְּלָת	שָׁלֹשׁ	셋
כְּנֵמָא	כֵּן	이렇게			

מַה לְּךָ דְִּמִיכָא?

아람어	히브리어	해석
מָה לָךְ דְּמִיכָא?	מַה לְּךָ נִרְדָּם?	자는 자여 어찜이냐?
קְרִי לֶאֱלָהָךְ	קְרָא אֶל אֱלֹהֶיךָ	네 하나님을 불러라
לָא אוּכַל לְקִרְא אֵלָיו לָא אוּכַל לְמִקְרָא לֵהּ	לָא אוּכַל לְקִרְא אֵלָיו	나는 그분을 부를 수가 없습니다
לָמָה לָא?	לָמָה לֹא?	왜 없는가?
מַן אַנְתְּ וּמָן אֵיכָא אַנְתְּ?	מִי אַתָּה וּמֵאַיִן אַתָּה?	너는 누구이며 어디서 왔느냐?
עִבְרִי אֲנֹכִי וּשְׁמִי יוֹנָה יְהוּדִי אֲנָה וּשְׁמִי יוֹנָה	עִבְרִי אָנֹכִי וּשְׁמִי יוֹנָה	저는 히브리인이며 제 이름은 요나입니다

5.1 페알(Peal) 접두동사

다음은 페알(칼) 접두동사(כתב, 쓰다)의 변화이다.

수	인칭, 성	아람어		히브리어	
		접두동사	접두(미)사	접두동사	접두(미)사
단수	1인칭	אֶכְתֻּב	א---	אֶכְתֹּב	א---
	2인칭남성	תִּכְתֻּב	ת---	תִּכְתֹּב	ת---
	2인칭여성	(תִּכְתְּבִין)	(ת---ִין)	תִּכְתְּבִי	ת---ִי
	3인칭남성	יִכְתֻּב	י---	יִכְתֹּב	י---
	3인칭여성	תִּכְתֻּב	ת---	תִּכְתֹּב	ת---
복수	1인칭	נִכְתֻּב	נ---	נִכְתֹּב	נ---
	2인칭남성	תִּכְתְּבוּן	ת---וּן	תִּכְתְּבוּ	ת---וּ
	2인칭여성	(תִּכְתְּבָן)	(ת---ָן)	תִּכְתֹּבְנָה	ת---נָה
	3인칭남성	יִכְתְּבוּן	י---וּן	יִכְתְּבוּ	י---וּ
	3인칭여성	יִכְתְּבָן	י---ָן	תִּכְתֹּבְנָה	ת---נָה

① 위의 표를 보면 페알 접두동사에서 접두사는 모든 인칭과 성, 수에 다 붙는다는 것을 알 수 있다. 즉 접두사가 붙지 않는 접두동사는 없다. 그러므로 접두사의 여부는 접두동사의 확인을 위해 매우 중요한 것이다. 접두동사 형태에서 접미사도 함께 붙는 것이 있다. 그러나 접두동사에 붙는 접미사는 접미동사에 붙는 접미사와는 다른 형태이므로 잘 기억하자.

② 접두동사는 형태적으로 2인칭남성단수와 3인칭여성단수가 동일하다. 따라서 그들 사이의 구분은 문장이나 문맥에서 주어가 무엇인가에 따라서 해야 한다.

③ 위의 표에서 가장 오른쪽 열에 있는 접두동사 앞과 뒤에 붙는 접두사(접미사)
  형태는 동사의 6유형 중 어떤 유형이든지 간에, 또한 규칙변화와 불규칙변화를
  막론하고 항상 동일한 형태이므로 매우 중요하다.

④ 아람어의 페알 접두동사와 히브리어의 칼 접두동사 형태의 차이는 다음과 같
  다.
  i) 접두사가 붙지 않을 때 제2자음에 붙는 모음은 히브리어에서는 '오'이며 아
    람어에서는 '우'이다.
    | • יִכְתֹּב (히브리어) → יִכְתֻּב (아람어)

  ii) 접미사가 붙을 때 아람어에서는 마지막 자리에 '눈 쏘피트'(ן)가 붙는다.
    | • תִּכְתְּבוּ (히브리어) → תִּכְתְּבוּן (아람어)

  iii) 3인칭여성복수에서 히브리어는 접두사가 '타브'(תּ)이지만 아람어에서는
    '요드'(י)이며 접미사는 히브리어에서는 '나'(נָה)이지만 아람어에서는 '안'
    (ָן-)이다.
    | • תִּכְתֹּבְנָה (히브리어) → יִכְתְּבָן (아람어)

5.2 페알 불규칙동사

이미 언급한 바와 같이 성경 아람어에는 규칙동사보다는 불규칙동사가 훨씬 더 많
이 출현한다. 빈도수 60위권 내에서 규칙동사는 17%에 불과하며 불규칙동사가
83%를 차지할 뿐 아니라 10위권 내에서는 규칙동사가 하나도 발견되지 않으므로
불규칙동사는 반드시 익혀야 한다.
  불규칙동사란 규칙동사에서 나타난 모음 및 자음 변화와 다른 변화를 갖는 동

사를 말한다. 이러한 변화들은 자음 중에서 약한 자음(נ, ו, י)과 후음문자(ע, ה, ח, א) 때문에 발생한다. 불규칙동사는 '약동사' 혹은 '약변화동사'라고도 부른다. 다음은 불규칙동사의 종류이다.

① **제1후음동사:** 제1후음동사란 세 자음으로 구성된 동사의 기본형 어간 중 첫 번째 자음이 후음인 동사를 말한다. 이미 언급한 바와 같이 아람어/히브리어 문법학자들은 오랫동안 פעל이란 동사로 문법설명을 해왔다. 따라서 세 자음 어간 중 '페이'(פ)는 첫 번째 자음을 대표하고 '아인'(ע)는 두 번째 자음, '라메드'(ל)는 세 번째 자음을 대표하여 '제1후음동사'를 '페이후음동사'로도 부른다. 제1후음동사 중 특히 '알레프'로 시작되는 동사를 '제1알레프동사', 혹은 '페이알레프동사'(פ"א)로 부른다. 빈도수 1위(היה, -이다), 2위(אמר, 말하다), 5위(חזה, 보다)가 모두 제1후음동사에 속한다.

② **제2후음동사:** 제2후음동사란 기본 어간 중 두 번째 자음이 후음인 동사를 말하며 '아인후음동사'라고도 부른다. 빈도수 6위(יהב, 주다)와 16위(בעא, 구하다)가 제2후음동사에 속한다.

③ **제3후음동사:** 기본 어간 중 세 번째 자음이 후음인 동사를 말하며 '라메드후음동사'라고도 부른다. 특히 제3후음동사 중 'ה'와 'א'으로 끝나는 동사를 각각 '제3요드동사', '제3알레프동사'라고 부른다. '제3요드동사'를 많은 문법서에서는 '라메드헤이동사'(ל"ה)로 부르는데 이는 옳지 않다. 세 번째 자음의 어근이 'ה'가 아니라 'י'이기 때문이다. 제3후음동사 중 빈도수 1위(היה, 이다), 5위(חזה, 보다)가 '제3요드동사'이며 빈도수 11위(שנא, 바꾸다)가 '제3알레프동사'에 속한다.

④ **제1바브동사(제1요드동사):** 제1바브(ו)동사 혹은 제1요드(י)동사는 동사 어간

중 첫 번째 자음이 '바브'나 '요드'로 시작되는 동사를 말한다. 이 그룹의 동사는 제1바브동사가 제1요드동사보다 훨씬 더 많이 출현한다. 페알 접미동사 3인 칭단수인 기본형에서는 첫 번째 자음이 모두 '요드'로 시작되기 때문에 많은 문법서에서 이 그룹의 동사를 '페이요드동사'(פ״י)로만 부르는데 이 또한 옳지 않다. 왜냐하면 아카드어나 아랍어와 같은 다른 셈어와 비교해 볼 때 이 그룹 중 첫 번째 자음의 어근이 '요드'가 아니라 '바브'인 것을 알 수 있기 때문이다. 페알 유형 외에 하펠 유형에서 제1자음이 '요드'가 아니라 '바브'로 나타나는 것을 확인할 수 있다. 빈도수 3위(ידע, 알다), 17위(יכל, 할 수 있다)가 제1바브동사이며 'יהב'(주다), 'יטב'(좋다)와 같은 동사가 제1요드동사이다.

⑤ **제1눈동사:** 첫 번째 자음이 '눈'으로 시작되는 동사이며 '페이눈동사'(פ״נ)라고도 한다. 빈도수 21위(נפל, 떨어지다), 44위(נתן, 주다)가 제1눈동사이다.

⑥ **제2바브동사(제2요드동사):** 두 번째 자음이 '바브'나 '요드'인 동사를 말한다. 빈도수 4위(קום, 일어나다), 9위(שׁים, 두다), 41위(הוה, 거주하다) 등이 이 그룹에 속한다.

⑦ **제2중복동사:** 동사 어간 중 두 번째 자음과 세 번째 자음이 동일한 동사를 말한다. 빈도수 14위(עלל, 들어가다)와 24위(דקק, 부수다)가 이 그룹에 속한다.

지금까지 언급한 불규칙동사 7가지는 서로 겹치는 경우도 많다. 예를 들어, 빈도수 1위동사인 הוה는 세 자음이 모두 불규칙으로 제1후음동사, 제2바브동사, 제3요드동사에 동시에 속하며 빈도수 3위인 ידע는 제1바브동사, 제3후음동사에 동시에 속한다. 이와 같이 두 가지 이상 겹치게 되는 동사의 경우 좀 더 많은 변화를 하게 된다.

다음은 성경 아람어에서 가장 많이 나오는 빈도수 8위권 안에 들어가는 동사

들의 페알 접두동사 형태이다. 규칙동사와 비교하면서 익히도록 하자.[1]

수	인칭, 성	כתב 쓰다	הוה -이다	אמר 말하다	ידע 알다	קום 일어나다	עבד 행하다
단수	1인칭	אֶכְתֻּב	-	-	אִנְדַּע	-	-
	2인칭남성	תִּכְתֻּב	תֶּהֱוֵא	-	תִּנְדַּע	תְּקוּם	-
	2인칭여성	-	-	-	-	-	-
	3인칭남성	יִכְתֻּב	לֶהֱוֵא	יֵאמַר	-	יְקוּם	-
	3인칭여성	תִּכְתֻּב	תֶּהֱוֵא	-	תִּנְדַּע	תְּקוּם	-
복수	1인칭	נִכְתֻּב	-	נֵאמַר	-	-	-
	2인칭남성	תִּכְתְּבוּן	-	תֵּאמְרוּן	-	-	תַּעַבְדוּן
	2인칭여성	-	-	-	-	-	-
	3인칭남성	יִכְתְּבוּן	לֶהֱוֹן	-	יִנְדְּעוּן	יְקוּמוּן	-
	3인칭여성	יִכְתְּבָן	לֶהֱוְיָן	-	-	-	-

(1) 빈도수 1위 הוה의 경우

① 3인칭(남성, 여성, 단수, 복수)에서는 첫 자음이 '요드'(י)가 아닌 '라메드'(ל)인 것이 특이한데 하나님의 이름(יהוה)과의 유사성을 피하기 위한 것으로 보인다.

② 제1자음이 후음(ה)이므로 단순슈바(ְ) 대신 복합슈바(ֱ)를 취하면서 첫 모음 역시 동일 계열의 모음을 취했다.

③ 제3자음이 '헤이'(ה)를 취하는 '라메드요드동사'의 접두동사는 단수 전체와 1인칭복수에서 '헤이'(ה) 대신 '알레프'(א)를 취하며 2/3인칭남성복수에서는 '헤이'(ה)가 탈락되며 3인칭여성복수에서는 '요드'(י)를 취한다.

　　• אֶבְנֵא, תִּבְנֵה, יִבְנֵה, תִּבְנוֹן, יִבְנְיָן

1.　빈도수 5위(חזה), 6위(יהב), 7위(ענה) 동사들은 페알 접두동사에서 전혀 출현하지 않는다.

(2) 빈도수 2위 אָמַר와 같은 '페이알레프동사'의 경우

① 1인칭단수에서는 '알레프'를 하나만 써주는 대신 '에' 모음을 취한다.

> • אֵכַל, אֵבַד

② 제2자음이 취하는 모음이 두 가지 종류로 나뉘어지는데 אָבַד, אָמַר와 같이 '아' 모음을 취하는 경우와 אָכַל과 같이 '우' 모음을 취하는 경우이다.

> • יֵאמַר
>
> • יֵאכֻל

(3) 빈도수 3위 יָדַע와 같은 '페이바브동사', '페이요드동사'의 경우

① '페이바브동사'인 'יָדַע'의 경우는 매우 특이한 변화를 갖는데 제1자음인 '요드'(י)가 '눈'(נ)으로 바뀐다.

> • תִּנְדַּע

② '페이바브동사'인 'יָכָל'의 경우 제1자음인 '요드'(י)가 '바브'(ו)로 바뀐다.

> • יוּכַל

③ '페이요드동사'인 'יָטַב'의 경우 규칙동사와 동일한 자음을 가지며 약간의 모음 변화가 있다.

> • יִיטַב

(4) 빈도수 4위 קוּם과 같은 '아인바브(요드)동사'의 경우

① 접두사가 있는 자리의 모음이 '아' 대신 '슈바' 모음을 취한다.

> • תְּדוּר, יְקוּם

(5) 빈도수 8위 עֲבַד와 같이 '페이후음동사'의 경우

① 후음이 있는 제1자음의 모음과 접두사가 있는 첫 자리의 모음이 약간씩 변한다.

• תַּעַבְדוּן, יֶעְדֵּה, יַחְלְפוּן

5.3 페알 부정사

성경 히브리어에서는 부정사에 두 가지 형태, 즉 부정사 연계형과 부정사 절대형이 있으나 성경 아람어에는 부정사 연계형 한 가지밖에 없다.

1. 부정사 연계형

부정사 연계형이란 상이나 인칭, 성, 수를 나타내지 않는 동사적 명사이다. 페알 규칙동사의 부정사 연계형 형태는 (לְ)מִכְתַּב 이다.

불규칙동사의 부정사 연계형 형태는 다음과 같다.

① '라메드요드동사'의 경우 제2자음의 모음이 '아'가 아닌 '에'(◌ֵ)이며 제3자음이 '알레프'(א)이다.

• (לְ)מִבְנֵא, (לְ)מִרְמֵא

② '제1후음동사'의 경우 후음의 종류에 따라 모음의 형태가 약간씩 차이가 나는데 제1후음이 '헤트'(ח)인 경우 복합슈바 '에'(◌ֱ)를 가지며 그 앞의 모음도 '에'(◌ֵ) 모음을 갖는다.

• (לְ)מֶחֱזֵא

제1후음이 '아인'(ע)인 경우 단순슈바(◌ְ)를 가지며 그 앞의 모음은 '에'(◌ֵ) 모음을 갖는다.

| • (לְ)מֶעְבַּד

③ '제1알레프동사'의 경우 제1자음인 알레프는 묵음이거나 사라지며 그 앞의 모음은 '에'(◌ֶ)를 취한다.

| • (לְ)מֵאמַר, (לְ)מֵאמַר, (לְ)מֵאכַל, (לְ)מֵזָא

부정사 연계형은 다음과 같은 특징이 있다.

① 성경 아람어에서 부정사 연계형은 총 84회 등장하는데 '하펠'에서 가장 많이 등장하며(35회), 다음으로 '페알'(29회)의 순으로 나타난다. 또한 전치사 없이 독립적으로 오는 경우는 단 한 차례밖에 없으며 그 외에는 모두 전치사와 함께 오는데 전치사 לְ와 함께 오는 경우가 76회로 90%를 차지한다. 그 외에 בְּ(4회), כְּ(2회), עִם(1회) 등 다른 전치사와 함께 오기도 한다.

② 부정사 연계형은 대명사 접미사를 갖기도 한다. 그 경우 대명사 접미사는 부정사의 목적어 역할을 하기도 한다. 또한 강세의 이동으로 인해 모음의 변화가 생길 수 있다.

| • לְהוֹדָעוּתָךְ (스 5:10) 당신께 알리기 위해

③ 부정사 연계형이 בְּ , כְּ 등의 전치사와 함께 올 때 종종 '-할 때'라는 부사구로 해석되며 만일 대명사 접미사와 함께 온다면 그 대명사 접미사는 부정사의 주어 역할을 한다.

| • כְּמִקְרְבֵהּ לְגֻבָּא לְדָנִיֵּאל (단 6:21) 그가 다니엘의 굴로 가까이 갔을 때

④ 부정사 연계형은 문장에서 주어, 술어, 목적어, 부사 등 매우 다양한 역할을 한다.

5.4 페알 명령형

명령형 형태는 접두동사 형태 중 2인칭에서 접두어 '티'(תְ)를 뺀 것과 동일하다.

성, 수	아람어	히브리어
남성단수	אַנְתְּ כְּתֻב	כְּתֹב
남성복수	אַנְתּוּן כְּתֻבוּ	כִּתְבוּ

① '라메드요드동사'의 경우 남성단수에서는 제3자음이 '요드'(י)로 바뀌며 남성 복수에서는 제3자음이 탈락하고 끝모음이 '우'가 아닌 '오'가 된다.

  • חֱיִי 너는 살아라, הֱווֹ 너희는 되어라

② '제1후음동사'의 경우(제1알레프동사 포함) 제1자음 자리의 모음이 '단순슈바' 대신 '복합슈바'를 취한다.

  • אֱמַר 너는 말하라, הֱווֹ 너희는 되어라

③ '제1요드동사'나 '제1눈동사'의 경우 제1자음이 탈락한다.

  • הַב 너는 주어라, דַע 너는 알아라, שָׂא 너는 취하라

5.5 히트페엘(Hithpeel) 동사

성경 아람어의 동사 유형 6개 중 '히트페엘'은 '페알'형의 '수동' 혹은 '재귀'에 해당하는 유형이다. 언급한 바와 같이 '페일'형은 항상 '수동'으로만 사용되나 '히트페엘'형은 수동에서 주로 사용되기는 하나 '재귀'로도 사용된다.

성경 아람어의 총 동사 수가 1,066개인데 그중 페알이 653개로 약 61%를 차지하고 히트페엘이 52개(5%),[2] 페일형은 42개(4%)를 차지하므로 페알과 관련된 유형이 전체 동사 중에서 약 70%를 차지한다고 볼 수 있다. '히트페엘' 유형은 아람어의 '히트파알'형 및 히브리어의 '히트파엘'형과 발음이 비슷하므로 혼동하지 않도록 조심해야 한다.

성경 히브리어는 물론 성경 아람어에서도 출현하는 동사의 빈도수는 각 유형마다 많은 차이가 있다. '히트페엘'형 내에서 빈도수 5위권 동사는 다음과 같다.

> 1위(9회): שׁכח(발견하다, 전체 12위)
>
> 2위(8회): עבד(행하다, 전체 8위)
>
> 3위(7회): בנה(짓다, 전체 10위)
>
> 4위(7회): יהב(주다, 전체 6위)
>
> 5위(5회): רמא(던지다, 전체 19위)

1. 히트페엘 접미동사

히트페엘 유형은 접미동사에서 출현 빈도수가 높지 않은 편으로 총 12회 등장한다. 그중 빈도수 1위인 'שׁכח'(발견하다 → 발견되다)가 9회 출현하고 나머지 동사는 각각 1회씩 등장한다. 다음은 히트페엘 규칙동사와 'שׁכח'의 접미동사 형태이다.

---

2. '이트페엘'(Ithpeel)형은 성경 아람어에서 총 3회 출현하는데 '하펠'과 '아펠'의 관계와 같이 첫 자음 '헤이'의 발음상의 문제로 생긴 근소한 차이이므로 '히트페엘'과 다른 유형이 아니라 동일한 유형에 분류해야 한다.

수	인칭, 성	כתב 쓰다	שָׁכַח 발견하다
단수	1인칭	הִתְכַּתַּבְתִּ	-
	2인칭남성	הִתְכַּתַּבְתָּ	הִשְׁתַּכַּחְתָּ
	2인칭여성	-	-
	3인칭남성	הִתְכַּתֵּב	הִשְׁתַּכַּח
	3인칭여성	הִתְכַּתַּבֶת	הִשְׁתַּכַּחַת
복수	1인칭	הִתְכַּתַּבְנָא	-
	2인칭남성	הִתְכַּתַּבְתּוּן	-
	2인칭여성	-	-
	3인칭남성	הִתְכַּתַּבוּ	-
	3인칭여성	הִתְכַּתַּבָה	-

① '히트페엘' 접미동사는 모든 형태에서 접두어 '히트'(הִתְ)를 추가시킨다.

② '히트페엘' 접미동사에서 가장 많이 출현하는 'שכח'의 경우 히브리어의 히트파엘형과 같이 발음상의 편리함 때문에 제1자음의 '쉰'(שׁ)이 접두어의 '타브'(ת)와 치환되며 제3자음이 후음이므로 종음절에서 '에' 모음 대신에 '아' 모음을 취한다.

  • הִתְשְׁכַח → הִשְׁתַּכַּח

③ '히트페엘' 접미동사에서는 'שכח' 외에 출현하는 동사가 다음 세 가지 경우밖에 없으므로 다음 형태를 익히도록 하자.

  • הִתְגְּזֶרֶת 잘려지다(3인칭여성단수)
  • הִתְמְלִי 가득차다(3인칭남성단수)
  • הִתְרַחֲצוּ 신뢰하다(3인칭남성복수)

2. 페일 접미동사

언급한 바와 같이 '페일'과 '히트페엘' 형태는 '페알'과 관련된 형태로서 '페일'형
태에서는 접미동사만 출현한다. '히트페엘' 접미동사는 총 출현 빈도수가 12회인
데 반해 '페일'은 총 42회로 훨씬 더 많이 나타나므로 잘 익혀 두어야 한다.

다음은 '페일' 유형에서 가장 많이 나타나는 빈도수 1위와 2위 동사의 접미동
사 형태이다.

수	인칭, 성	כְּתַב	שִׂים	יְהַב
		쓰다	두다	주다
단수	1인칭	כְּתִיבֵת	-	-
	2인칭남성	כְּתִיבְתָּ(ה)	-	-
	2인칭여성	-	-	-
	3인칭남성	כְּתִיב	שִׂים	יְהִיב
	3인칭여성	כְּתִיבַת	שָׂמַת	יְהִיבַת
복수	1인칭	כְּתִיבְנָא	-	-
	2인칭남성	כְּתִיבְתּוּן	-	-
	2인칭여성	-	-	-
	3인칭남성	כְּתִיבוּ	-	יְהִיבוּ
	3인칭여성	כְּתִיבָה	-	-

3. 히트페엘 접두동사

히트페엘 접두동사는 총 24회 등장하는데 가장 많이 등장하는 세 동사의 형태는 다음과 같다.

수	인칭, 성	כתב 쓰다	בנה 짓다	עבד 행하다	רמא 던지다
단수	1인칭	אֶתְכְּתֵב	-	-	-
	2인칭남성	תִּתְכְּתֵב	תִּתְבְּנֵא	-	-
	2인칭여성	-	-	-	-
	3인칭남성	יִתְכְּתֵב	יִתְבְּנֵא	יִתְעֲבֵד	יִתְרְמֵא
	3인칭여성	תִּתְכְּתֵב	תִּתְבְּנֵא	-	-
복수	1인칭	נִתְכְּתֵב	-	-	-
	2인칭남성	תִּתְכַּתְבוּן	-	תִּתְעַבְדוּן	תִּתְרְמוּן
	2인칭여성	-	-	-	-
	3인칭남성	יִתְכַּתְבוּן	-	-	-
	3인칭여성	יִתְכַּתְבָן	-	-	-

① 히트페엘 접미동사 형태에서는 기본형 앞 부분에 '-הִת'가 붙었으나 히트페엘 접두동사에서는 '-אֶת', '-תִּת', '-יִת'와 같이 첫 자음 '헤이'(ה) 대신에 접두사의 자음이 붙는다.

② 표에서 보는 바와 같이 히트파엘 접두동사 형태는 규칙동사와 불규칙동사를 막론하고 빈도수가 매우 낮아 일부분만 나타날 뿐이며 동사의 다른 유형에 비해 유형 구분이 비교적 쉽다. 앞으로 배우게 될 '히트파알' 유형과의 구분만 조심하면 된다.

4. 히트페엘 분사, 명령, 부정사

<히트페엘 분사형>

	남성	여성
단수	מִתְכְּתֵב	מִתְכַּתְבָה
복수	מִתְכַּתְבִין	מִתְכַּתְבָן

① 성경 아람어의 분사는 6개의 유형 중 '페알'만 제외하고 모두 '멤'(מ)으로 시작한다.

② 히트페엘 분사에서는 히트페엘 접두동사 형태에서 접두사가 붙는 첫 자리에 '멤'(מ)을 붙이면 된다. 여성단수와 남성복수 및 여성복수 형태는 명사의 일반적인 형태와 동일하다.

③ 히트페엘 분사 형태는 성경 아람어에 총 10회 등장하는데 형태를 파악하는 데 특별히 어려운 형태는 없으며 다음 하나만 조심하면 된다.

  • מִתְּשָׂם (기본형 'שִׂים'의 히트페엘 분사 남성단수)

<히트페엘 명령형, 부정사형>

기본형	부정사 연계형
כתב	(לְ)הִתְכְּתָבָא

① 히트페엘에서는 명령형 형태가 없다.

② 히트페엘 부정사형은 성경 아람어에서 총 4회 등장하는데 전치사 'בְּ'와 함께 3회, 전치사 'לְ'와 함께 1회 등장한다. 동사 'בהל'(놀라다)로 3회, 'קטל'(죽이다)로 1회 등장하며 다음과 같다: בְּהִתְבְּהָלָה(3회), לְהִתְקְטָלָה(1회)

제5과 단어

아람어	히브리어	뜻	아람어	히브리어	뜻
שַׂגִּיא	שַׂגִּיא	큰, 대단히	פלח	-	섬기다, 일하다
שְׁאָר	שְׁאָר	남은, 나머지	קרא	קרא	부르다, 읽다
שֵׁם	שֵׁם	이름	רמא	רמה	던지다, 두다
אָחֳרָן	אַחֵר	다른	אַרְיֵה	אַרְיֵה	사자
בהל	בהל	놀라다	אַתּוּן	-	화로, 용광로
זְמָן	זְמָן	시간, 때	גֹּב	גֵּבָא	굴, 구덩이
חֲסַף	-	진흙, 토기	דקק	דקק	부수다
מְדִינָה	מְדִינָה	지방, 나라	חוה / חוא	חוה	선포하다
נפל	נפל	떨어지다	יְהוּדִי	יְהוּדִי	유대인
נפק	-	나가다	עֶלָּי	עֶלְיוֹן	지극히 높으신 자

연습문제

1. 다음 문장을 읽으라.

אֱדַיִן כְּנֵמָא אֲמַרְנָא לְהֹם מַן־אֲנוּ שְׂמָהָת גֻּבְרַיָּא דִּי־דְנָה בִנְיָנָא בָּנַיִן:

וְעֵין אֱלָהֲהֹם הֲוָת עַל־שָׂבֵי יְהוּדָיֵא וְלָא־בַטִּלוּ הִמּוֹ עַד־טַעְמָא לְדָרְיָוֶשׁ יְהָךְ וֶאֱדַיִן יְתִיבוּן נִשְׁתְּוָנָא עַל־דְּנָה: (스 5:4-5)

בֵּאדַיִן מִתְכַּנְּשִׁין אֲחַשְׁדַּרְפְּנַיָּא סִגְנַיָּא וּפַחֲוָתָא אֲדַרְגָּזְרַיָּא

גֻדְבְּרַיָּא דְּתָבְרַיָּא תִּפְתָּיֵא וְכֹל שִׁלְטֹנֵי מְדִינָתָא לַחֲנֻכַּת צַלְמָא

דִּי הֲקֵים נְבוּכַדְנֶצַּר מַלְכָּא (וְקָאֲמִין) [וְקָיְמִין] לָקֳבֵל צַלְמָא

דִּי הֲקֵים נְבוּכַדְנֶצַּר : (단 3:3)

2. 다음 동사들의 기본형 형태를 박스 안에서 찾고 분석해 보라. (접미동사는 과거로, 접두동사는 미래로, 그리고 분사는 '-하는 자[것]'로, 부정사는 '-하는'으로 해석하라.)

הוה	אמר	ידע	קום	חזה	יהב	ענה	עבד	שִׂים
이다, 있다	말하다	알다	일어나다	보다	주다	대답하다	행하다	두다
רמא	סגד	יכל	בעא	שלח	עלל	אתא	שכח	בנה
던지다	엎드리다	할 수 있다	구하다	보내다	들어가다	오다	발견하다	짓다

예) אֶכְתֻּב   접두동사 1인칭단수, 기본형 **כתב**, 페알, 해석 – 내가 쓸 것이다

   הִשְׁתְּכַח 접미동사 3인칭남성단수, 기본형 **שכח**, 히트페엘, 해석 – 그가 발견됐다

(1) יוּכַל

(2) יְקוּם

(3) לֶהֱוֵא

(4) יִשְׁלַח

(5) מִתְבְּנֵא

(6) יֵאמַר

(7) לְמֶחֱזֵא

(8) יִבְעוֹן

(9) תִּסְגְּדוּן

(10) הִשְׁתְּכַחַתְ

(11) תִּנְדַּע

(12) לְמֵתֵא

(13) הַב

(14) יִתְעֲבֵד

(15) לֶהֱוֵן

(16) יִתְבְּנֵא

(17) יִסְגְּדוּן

(18) נֶאֱמַר

(19) לְמִבְעֵא

(20) הֲווֹ

(21) יְקוּמוּן

(22) יִתְרְמֵא

(23) תַּעַבְדוּן

(24) מִתְיְהֵב

(25) נִסְגֵּד

(26) אִנְדַּע

(27) דַּע

(28) לְמִבְנֵא

(29) אֶבְעֵא

(30) לְמִרְמֵא

3. 다음 문장을 읽고 해석하라.

(1) (스 7:23) לְמָ֣ה לֶהֱוֵ֤א קְצַף֙ עַל־מַלְכ֣וּת מַלְכָּ֔א וּבְנֽוֹהִי׃

(2) (단 2:36) דְּנָ֣ה חֶלְמָ֑א וּפִשְׁרֵ֥הּ נֵאמַ֖ר קֳדָם־מַלְכָּֽא׃

(3) (단 7:17) אַרְבְּעָ֖ה מַלְכִ֣ין יְקוּמ֑וּן מִן־אַרְעָֽא׃

(4) (스 5:13) כּ֚וֹרֶשׁ מַלְכָּ֔א שָׂ֣ם טְעֵ֔ם בֵּית־אֱלָהָ֥א דְנָ֖ה לִבְּנֵֽא׃

(5) (단 5:11) חָכְמָ֛ה כְּחָכְמַת־אֱלָהִ֖ין הִשְׁתְּכַ֣חַת בֵּ֑הּ

(6) (단 5:24) בֵּאדַ֙יִן֙ מִן־קֳדָמ֔וֹהִי שְׁלִ֖יחַ פַּסָּ֣א דִֽי־יְדָ֑א

(7) (단 7:16) יַצִּיבָ֣א אֶבְעֵ֔א מִנֵּ֖הּ עַל־כָּל־דְּנָֽה

(8) (단 3:6) מַן־דִּֽי־לָ֥א יִפֵּ֖ל וְיִסְגֻּ֑ד יִתְרְמֵ֕א לְגֽוֹא־אַתּ֥וּן

(9) (단 6:20) בְּהִתְבְּהָלָ֗ה לְגֻבָּ֛א דִֽי־אַרְיָוָתָ֖א אֲזַ֑ל׃

(10) כִּדְנָ֣ה תֵּאמְר֣וּן לְה֗וֹם אֱלָ֣הַיָּ֔א דִּֽי־שְׁמַיָּ֥א וְאַרְקָ֖א לָ֣א עֲבַ֑דוּ

(렘 10:11) יֵאבַ֧דוּ מֵֽאַרְעָ֛א וּמִן־תְּח֥וֹת שְׁמַיָּ֖א אֵֽלֶּה׃

제5과 연습문제를 위한 단어

아람어	히브리어	뜻	아람어	히브리어	뜻
קְצַף	קֶצֶף	분노	פַּס	-	손바닥
אבד	אבד	멸망하다	יַצִּיב	יצב	견고한, 진실한
תְּחוֹת	תַּחַת	아래	אֲזַל	אזל	가다
חׇכְמָה	חׇכְמָה	지혜	אֲרַק	אֶרֶץ	땅

제6과
왜 기도하지 않느냐?

לָמָה לֹא תִצְלִי?

아람어	히브리어	해석
יְהַבְתְּ אַגְרָא לְמֵיעַל לְתַרְשִׁישׁ	נָתַתָּ שָׂכָר לְבוֹא תַּרְשִׁישָׁה	너는 다시스로 가는 삯을 냈다.
לְמָה לָא תְּצַלֵּי?	לָמָה לֹא תִּתְפַּלֵּל?	왜 너는 기도하지 않느냐?
קֳדָם אֱלָהָא אֲנָה אָזֵל	מִפְּנֵי הָאֱלֹהִים אֲנִי בוֹרֵחַ	하나님 앞에서 나는 도망갑니다.
מָה עֲבַדְתְּ? לְמָה אֲזַלְתְּ?	מָה עָשִׂיתָ? לָמָה בָּרַחְתָּ?	너는 무엇을 했느냐? 왜 너는 도망가느냐?
הוּא אֲמַר לִי קוּם אֲזֵל לְנִינְוֵה	הוּא אָמַר לִי קוּם לֵךְ אֶל נִינְוֵה	그는 내게 말했습니다: "너는 일어나 니느웨로 가라"

6.1 파엘(Pael) 동사

언급한 바와 같이 동사의 6가지 유형 중 파엘, 히트파알은 중첩형이라 불려지는데, 가운데 자음에 이중점이 붙는 것이 중요한 형태적 특징이다. 그 의미는 강조적, 사실적, 사역적, 결과적, 명사적으로 매우 다양하다. 히트파알은 파엘의 수동 혹은 재귀로 사용된다. 성경 아람어에 출현하는 모든 동사 중 페알이 61%로 가장 많이 차지하고 히트페엘이 5%를 차지하는 반면 파엘은 85개로 8% 정도 차지한다. 페알과 히트페엘의 동사 빈도 순위가 많은 차이를 보인 것과 같이 페알과 파엘도 많은 차이를 보인다. 페알에서 우선순위 1-5위(חזה, קום, ידע, אמר, הוה)에 해당하는 동사들은 파엘에서는 전혀 나타나지 않는다. 파엘에서 가장 많이 출현하는 동사는 בהל(놀라게 하다)로 7번 출현하고 מלל(말하다), שבח(찬양하다) 두 동사는 5번 출현하며 בטל(저지하다), בקר(찾다), חוה(선포하다), מנה(임명하다) 네 동사는 4번 출현한다.

1. 파엘 접미동사

다음은 파엘 접미동사(כתב, 쓰다)의 변화인데 아람어와 히브리어를 잘 비교하면서 익히도록 하자.

수	인칭, 성	아람어		히브리어	
		접미동사	접미사	접미동사	접미사
단수	1인칭	כַּתֵּבֵת	---ת֯	כִּתַּבְתִּי	---תִּי
	2인칭남성	כַּתֵּבְתָּ	---תָ֯(ה)	כִּתַּבְתָּ	---תָּ
	2인칭여성	(כַּתֵּבְתִּי)	-	כִּתַּבְתְּ	---תְּ
	3인칭남성	כַּתֵּב	---	כִּתֵּב	---
	3인칭여성	כַּתֵּבֵת	---ת֯	כִּתְּבָה	---ָה
복수	1인칭	כַּתֵּבְנָא	---נָא	כִּתַּבְנוּ	---נוּ
	2인칭남성	כַּתֵּבְתּוּן	---תּוּן	כִּתַּבְתֶּם	---תֶּם
	2인칭여성	(כַּתֵּבְתֵּן)	-	כִּתַּבְתֶּן	---תֶּן
	3인칭남성	כַּתֵּבוּ	---וּ	כִּתְּבוּ	---וּ
	3인칭여성	כַּתֵּבָה	---ָה		

① 제1자음에 모음 '아'(◌ַ)가 있으며 제2자음에 점(다게쉬)이 붙는 것이 파엘 접미동사의 특징이다. 언급한 바와 같이 모든 접미동사의 접미사는 표에서 보는 바와 같이 동일하다.

② 제2자음에 붙는 모음을 살펴보면 1인칭단수와 3인칭여성단수에서는 슈바(◌ְ)를 가지고 3인칭복수(남성, 여성)에서는 '이'(◌ִ) 모음을 가지며 그 외는 모두 '에'(◌ֵ) 모음을 갖는다.

다음은 파엘 접미동사에서 가장 많이 출현하는 두 동사의 접미동사 형태이다. 규칙동사와 비교하여 보자.

수	인칭, 성	כתב	מנה	שׁבח
		쓰다	임명하다	찬양하다
단수	1인칭	כִּתַּבְתִּ	-	שִׁבַּחַת
	2인칭남성	כִּתַּבְתָּ	מִנִּיתָ	שִׁבַּחְתָּ
	2인칭여성	(כִּתַּבְתִּי)	-	-
	3인칭남성	כִּתַּב	מִנִּי	-
	3인칭여성	כִּתְּבַת	-	-
복수	1인칭	כִּתַּבְנָא	-	-
	2인칭남성	כִּתַּבְתּוּן	-	-
	2인칭여성	(כִּתַּבְתֶּן)	-	-
	3인칭남성	כִּתְּבוּ	-	שִׁבַּחוּ
	3인칭여성	כִּתְּבָה	-	-

① מנה와 같이 제3요드동사의 경우 파엘 접미동사는 모든 인칭에서 세 번째 자음을 '헤이'(ה)가 아닌 '요드'(י)로 갖는다.

② שׁבח와 같이 제3후음동사의 경우 파엘 접미동사는 1인칭단수와 3인칭여성단수를 제외한 모든 인칭에서 두 번째 모음을 '에'(◌)가 아닌 '아'(◌)로 갖는다.

2. 파엘 접두동사

다음은 파엘 접두동사(כתב, 쓰다)의 변화이다.

수	인칭, 성	아람어		히브리어	
		접두동사	접두(미)사	접두동사	접두(미)사
단수	1인칭	אֲכַתֵּב	א---	אֲכַתֵּב	א---
	2인칭남성	תְּכַתֵּב	ת---	תְּכַתֵּב	ת---
	2인칭여성	(תְּכַתְּבִין)	ת---ִין	תְּכַתְּבִי	ת---ִי
	3인칭남성	יְכַתֵּב	י---	יְכַתֵּב	י---
	3인칭여성	תְּכַתֵּב	ת---	תְּכַתֵּב	ת---
복수	1인칭	נְכַתֵּב	נ---	נְכַתֵּב	נ---
	2인칭남성	תְּכַתְּבוּן	ת---וּן	תְּכַתְּבוּ	ת---וּ
	2인칭여성	(תְּכַתְּבָן)	ת---ָן	תְּכַתֵּבְנָה	ת---נָה
	3인칭남성	יְכַתְּבוּן	י---וּן	יְכַתְּבוּ	י---וּ
	3인칭여성	יְכַתְּבָן	י---ָן	תְּכַתֵּבְנָה	ת---נָה

① 첫 자리에 모음 '슈바'(◌)가 있으며 두 번째 모음은 '아'(◌)이며 기본형 제2자음에 점(다게쉬)이 붙는 것이 파엘/피엘 접두동사의 특징이다. 언급한 바와 같이 모든 접두동사의 접두(미)사는 표에서 보는 바와 같이 동일하다.

② 후음인 알레프(א)에는 모음 '슈바'가 붙을 수 없으므로 1인칭 단수에서는 합성 슈바인 '아'(◌)와 함께 와서 'אֲ' 모양이 된다.

③ 아람어의 파엘과 히브리어의 피엘 접두동사의 변화형은 접미사가 붙는 경우에만 차이가 있다. 2인칭여성단수에서 접미사가 히브리어에서는 '◌ִי-'이지만 아람어에서는 '◌ִין-'이다. 2/3인칭남성복수에서 접미사가 히브리어는 '◌וּ-'이지만

아람어는 '‏וּן‎-'이다. 또한 2/3인칭여성복수에서 접미사가 히브리어는 '‏נָה‎-'이나 아람어는 '‏ָן‎-'이다.

다음은 파엘 접두동사에서 가장 많이 출현하는 두 동사의 접두동사 형태이다. 규칙동사와 비교하여 보자.

수	인칭, 성	כתב 쓰다	בהל 놀라게 하다	חוה 선포하다
단수	1인칭	אֲכַתֵּב	-	אֲחַוֵּא
	2인칭남성	תְּכַתֵּב	-	-
	2인칭여성	תְּכַתְּבִין	-	-
	3인칭남성	יְכַתֵּב	יְבַהֵל	יְחַוֵּא
	3인칭여성	תְּכַתֵּב	-	-
복수	1인칭	נְכַתֵּב	-	נְחַוֵּא
	2인칭남성	תְּכַתְּבוּן	-	-
	2인칭여성	תְּכַתְּבָן	-	-
	3인칭남성	יְכַתְּבוּן	יְבַהֲלוּן	-
	3인칭여성	יְכַתְּבָן	-	-

① 제2후음동사의 경우 '단순슈바'(◌ְ)가 와야 할 자리에 '합성슈바' '아'(◌ֲ)가 온다.

　| יְבַהֲלוּן ← יְבַהֲלוּן

② 제3요드동사의 경우 제3자음인 '헤이'(ה)가 '알레프'(א)로 바뀐다.

　| יְחַוֵּא ← יְחַוֵּה

3. 파엘 분사, 명령, 부정사

1) 분사

<성경 아람어 파엘 분사형>

수	태	능동		수동	
	성	남성	여성	남성	여성
단수		מְכַתֵּב	מְכַתְּבָה	מְכַתַּב	מְכַתְּבָה
복수		מְכַתְּבִין	מְכַתְּבָן	מְכַתְּבִין	מְכַתְּבָן

<성경 히브리어 피엘 분사형>

	남성	여성
단수	מְכַתֵּב	מְכַתֶּבֶת
복수	מְכַתְּבִים	מְכַתְּבוֹת

① 성경 히브리어의 분사형은 칼과 니팔을 제외하고 피엘, 히트파엘, 히필, 호팔에
서 자음 '멤'(מ)으로 시작하는 데 반하여 성경 아람어 분사형은 페알만 제외하
고 모두 자음 '멤'(מ)으로 시작한다.

② 성경 아람어 파엘과 성경 히브리어 피엘 분사의 모음은 접미동사가 아닌 접두
동사를 따라 가는데 남성단수의 모음은 접두동사 3인칭단수의 모음과 동일하
다.

③ 성경 히브리어의 경우 피엘은 능동, 푸알은 수동, 히트파엘은 재귀/상호의 의
미로 구분되는 데 반해 성경 아람어의 파엘은 분사에서 능동과 수동이 구분되
는 것이 성경 히브리어와의 차이점이라 할 수 있다. 파엘 분사의 능동과 수동
형태는 남성단수에서만 차이가 나고 나머지 세 형태는 동일하므로 문맥에서 구
분해야 한다.

2) 명령

<표 제목>성경 아람어 파엘 및 성경 히브리어 피엘 명령형</표 제목>

	성경 아람어	성경 히브리어
남성단수	כַּתֵּב	כַּתֵּב
여성단수	-	כַּתְּבִי
남성복수	כַּתִּבוּ	כַּתְּבוּ
여성복수	-	כַּתֵּבְנָה

① 성경 아람어 파엘과 성경 히브리어 피엘 명령형은 남성복수에서 제2자음에 붙는 모음에서 차이가 나는데 아람어에서는 '이'(◌ִ) 모음이 사용되며 히브리어에서는 '슈바' (◌ְ) 모음이 사용된다. 이러한 차이는 강세의 차이 때문에 일어나는 것인데 히브리어에서는 강세가 종음절에 오는 반면 아람어에서는 강세가 전종음절에 온다.

② 성경 아람어 파엘 명령형 남성단수 형태는 접미동사 3인칭남성단수 형태와 동일하며 명령형 남성복수 형태는 접미동사 3인칭남성복수 형태와 동일하므로 그 둘의 구분은 문맥으로 해야 한다.

③ 성경 히브리어에서 피엘 명령형 여성복수 형태는 단 한 차례만 출현하며 (לִמֵּדְנָה, 렘 9:19) 성경 아람어 파엘에서는 여성단수와 여성복수 명령 형태는 출현하지 않는다.

3) 부정사

<파엘 부정사형>

아람어	히브리어
(לְ)כַתָּבָה	(לְ)כַתֵּב
(לְ)כַתָּבָא	

① 히브리어 피엘 부정사는 피엘 명령형 남성단수 형태와 동일하지만, 아람어 파
엘은 기본형 제1자음의 모음이 '아'(◌ַ)인 것은 접두동사나 명령형과 동일하나
기본형 제2자음과 제3자음에 '아'(◌ָ) 모음이 붙는 것은 부정사 형태에서만 갖
는 고유한 특징으로 파엘뿐 아니라 페알 이외의 모든 유형에서 그러한 형태의
모음을 갖는다.

6.2 히트파알(Hithpaal) 동사

히트파알은 파엘의 수동/재귀로 중첩형에 속하므로 기본형 제2자음에 이중점이
붙는 것이 중요한 특징이다. 따라서 아람어의 히트파알은 형태적으로는 히브리어
의 히트파엘과 대응되는 유형이라 할 수 있으나 의미적으로는 히브리어의 푸알과
히트파엘 모두와 대응된다고 할 수 있다.

언급한 바와 같이 성경 아람어에서 '헤이'(ה)와 '알레프'(א)는 종종 상호교환
적으로 사용되므로 이트파알(Ithpaal)은 히트파알과 동일한 유형으로 볼 수 있다.[1]

---

1.   성경 아람어에서 히트파알은 32회, 이트파알은 2회 출현하여 전체의 3.2%를 차지한다.

1. 히트파알 접미동사

성경 아람어에서 히트파알 접미동사는 3인칭남성단수에서 2회, 3인칭남성복수에서 1회 총 3회만 출현한다.

인칭, 성, 수	기본형	형태	해석
3인칭남성단수	נְבָא	הִתְנַבִּי	그가 예언했다
	חֲרַךְ	הִתְחָרַךְ	그가 그을렸다
3인칭남성복수	נְדַב	הִתְנַדַּבוּ	그들이 자원했다

성경 아람어 이트파알 유형의 경우 총 2회 출현하는데 모두 접미동사 3인칭남성복수에서만 출현한다.

인칭, 성, 수	기본형	형태	해석
3인칭남성단수	שְׁנָא	אֶשְׁתַּנִּי	그가 변했다
3인칭남성복수	יְעַט	אִתְיָעַטוּ	그들이 상의했다

① 히트파알 접미동사 3인칭남성단수의 기본형태는 הִתְכַּתַּב이며, 이트파알 접미동사 3인칭남성단수의 기본형태는 אִתְכַּתַּב이다.

② 기본형 제3자음이 '헤이'(ה)나 '알레프'(א)인 경우 파엘, 히트페엘, 히트파알 접미동사 3인칭남성단수에서 '헤이'(ה)나 '알레프'(א)가 '요드'(י)로 바뀐다.

③ אֶשְׁתַּנִּי의 경우는 히브리어의 히트파엘 유형에서와 같이 마찰음 중 ס, שׂ, שׁ이 접두어 הִתְ와 결합할 때 원활한 발음을 위해 ת와 치환이 된 형태이다.

2. 히트파알 접두동사

성경 아람어에서 히트파알 접두동사는 총 13회 출현하는데 가장 많이 출현하는 세 동사는 **צבע**(젖다, 4회), **שנא**(변하다, 3회), **חבל**(멸망하다, 3회)이다.

기본형		צבע	שנא	חבל
		젖다	변하다	멸망하다
단수	2인칭남성	-	-	תִּתְחַבַּל
	3인칭남성	יִצְטַבַּע	יִשְׁתַּנֵּא	-
	3인칭여성	-	-	תִּתְחַבַּל
복수	3인칭남성	-	יִשְׁתַּנּוֹן	-

① 제3알레프동사의 경우 3인칭남성복수에서 '알레프'(א)가 탈락하고 접미사가 'וּן'에서 'וֹן'으로 바뀐다.

② **יִצְטַבַּע**과 같이 기본형 제1자음이 **צ**일 경우 자음의 치환과 함께 'ת'가 'ט'로 바뀐다.

3. 히트파알 분사, 명령, 부정사

1) 히트파알 분사형

<히트파알 분사형>

	남성	여성
단수	מִתְכַּתַּב	מִתְכַּתְּבָה
복수	מִתְכַּתְּבִין	-

히트파알의 분사는 여성복수에서는 출현하지 않으며 여성단수에서 1회, 남성단수와 남성복수에서 각각 6회씩 출현한다. 또한 빈도수를 살펴보면 '**נדב**'(자원하다)

와 'כנש'(모이다)가 각각 2회씩 출현하며 나머지는 모두 1회씩만 출현한다.

2) 히트파알 명령형, 부정사형

① 히트파알 명령형은 성경에 나타나지 않는다.

② 히트파알 부정사형은 성경 아람어에 הִתְנַדָּבוּת와 같은 형태로 단 한 차례만 나타난다. וֹּת-로 끝나는 형태는 이곳 외에도 다른 유형에서 7회 더 등장하기는 하지만 일반적인 부정사의 형태는 아니다. 성경 외의 문서에 따르면 히트파알 부정사형의 일반적인 형태는 הִתְנַדָּבָה이다.

제6과 단어

아람어	히브리어	뜻	아람어	히브리어	뜻
פֶּחָה	פֶּחָה	총독, 통치자	רָז	-	비밀
צְבָא	צבה	원하다	שֵׁיזִב	עזב	구출하다
שַׁלִּיט	שַׁלִּיט	군주, 권세 있는	שְׁמַע	שמע	듣다
אַב	אַב	아버지	אֶבֶן	אֶבֶן	돌
אֲחַשְׁדַּרְפַּן	-	총독	אֻמָּה	אֻמָּה	민족, 백성
גְּלָא	גלה	드러내다	אֲתַר	-	장소
נְחָשׁ	נְחֹשֶׁת	청동	בַּר	בַּר	밭, 들판
עֲדָה	עדה	사라지다	חָכְמָה	חָכְמָה	지혜
קְרֵב	קרב	가까이 가다	יְקַד	יקד	불타다
קִרְיָא	קִרְיָה	성읍	יַתִּיר	יַתִּר	대단한

연습문제

1. 다음 문장을 읽으라.

פַּרְשֶׁגֶן אִגַּרְתָּא דִּי־שְׁלַח תַּתְּנַי ׀ פַּחַת עֲבַר־נַהֲרָה וּשְׁתַר בּוֹזְנַי

וּכְנָוָתֵהּ אֲפַרְסְכָיֵא דִּי בַּעֲבַר נַהֲרָה עַל־דָּרְיָוֶשׁ מַלְכָּא: פִּתְגָמָא

שְׁלַחוּ עֲלוֹהִי וְכִדְנָה כְּתִיב בְּגַוֵּהּ לְדָרְיָוֶשׁ מַלְכָּא שְׁלָמָא כֹלָּא:

(스 5:6-7)

וְכָרוֹזָא קָרֵא בְחָיִל לְכוֹן אָמְרִין עַמְמַיָּא אֻמַיָּא וְלִשָּׁנַיָּא ׃ (단 3:4)

2. 다음 동사들의 기본형 형태를 박스 안에서 찾고 분석해 보라. (접미동사는 과거로, 접두동사는 미래로, 그리고 분사는 '–하는 자[것]'로, 부정사는 '–하는'으로 해석하라.)

מנה	ברך	קום	בקר	טעם	נדב	קבל	בהל
임명하다	복을 주다	일어나다	찾다	먹이다	자원하다	받다	놀라게 하다
שכח	אתא	עלל	בטל	שנא	צבע	חוה	שבח
발견하다	오다	들어가다	저지하다	변경하다	적시다	선포하다	찬양하다

(1) יְבַקַּר

(2) לְבַטָּלָא

(3) תְּקַבְּלוּן

(4) מַנִּי

(5) בַּטִּלוּ

(6) יְשַׁנּוֹן

(7) שַׁבַּחוּ

(8) מִתְנַדְּבִין

(9) יִטְעֲמוּן

(10) מַנִיתָ

(11) שַׁבַּחְתָּ

(12) יְקַבְּלוּן

(13) אַחֲוֵא

(14) בִּרְכֵת

(15) מְשַׁבַּח

(16) יִתְבַּקַּר

(17) שַׁבַּחַת

(18) מְצַבְּעִין

(19) יְבַהֲלוּן

(20) קַבֵּל

3. 다음 문장을 읽고 해석하라.

(1) (단 5:9) אֱדַ֤יִן מַלְכָּא֙ בֵּלְשַׁאצַּ֔ר שַׂגִּיא֙ מִתְבָּהַ֔ל

(2) (단 5:4) שַׁבַּ֕חוּ לֵאלָהֵ֖י דַּהֲבָ֣א וְכַסְפָּ֑א נְחָשָׁ֥א פַרְזְלָ֖א אָעָ֥א וְאַבְנָֽא׃

(3) (단 6:22) אֱדַ֙יִן֙ דָּֽנִיֵּ֔אל עִם־מַלְכָּ֖א מַלִּ֑ל מַלְכָּ֖א לְעָלְמִ֥ין חֱיִֽי׃

(4) (스 4:21) כְּעַן֙ שִׂ֣ימוּ טְּעֵ֔ם לְבַטָּלָ֖א גֻּבְרַיָּ֣א אִלֵּ֑ךְ

(5) (스 6:1) בֵּאדַ֙יִן֙ דָּרְיָ֣וֶשׁ מַלְכָּ֔א שָׂ֖ם טְעֵ֑ם וּבַקַּ֣רוּ בְּבֵ֥ית סִפְרַיָּ֖א

(6) עָנֵ֤ה דָֽנִיֵּאל֙ וְאָמַ֔ר לֶהֱוֵ֙א שְׁמֵ֤הּ דִּֽי־אֱלָהָא֙ מְבָרַ֔ךְ מִן־עָלְמָ֖א

וְעַד־עָלְמָ֑א (단 2:20)

(7) (단 7:7) וְהִ֣יא מְשַׁנְּיָ֔ה מִן־כָּל־חֵֽיוָתָא֙ דִּ֣י קָֽדָמַ֔הּ

(8) כְּעַ֞ן אֲנָ֣ה נְבֻכַדְנֶצַּ֗ר מְשַׁבַּ֨ח וּמְרוֹמֵ֤ם וּמְהַדַּר֙ לְמֶ֣לֶךְ שְׁמַיָּ֔א

(단 4:34)

(9) (스 7:25) וְאַ֣נְתְּ עֶזְרָ֗א כְּחָכְמַ֤ת אֱלָהָךְ֙ דִּֽי־בִידָ֔ךְ מֶ֣נִּי שָֽׁפְטִ֥ין וְדַיָּנִ֖ין

(10) (스 4:24) בֵּאדַ֗יִן בְּטֵלַ֕ת עֲבִידַ֖ת בֵּית־אֱלָהָ֑א דִּ֖י בִּירוּשְׁלֶ֑ם

제6과 연습문제를 위한 단어

아람어	히브리어	뜻	아람어	히브리어	뜻
חיא	חיה	살다	שׁפט	שׁפט	재판하다
בהל	בהל	놀라게 하다	דִּיָּן	דַּיָּן	법관
מלל	מלל	말하다	מנה	מנה	임명하다
שׁבח	שׁבח	찬양하다	בטל	בטל	중단하다
רום	רום	높다	עֲבִידָא	עֲבוֹדָה	일
הדר	הדר	존경하다	בקר	בקר	조사하다
אָע	עֵץ	나무	סְפַר	סֵפֶר	책, 문서
ברך	ברך	찬양하다			

제7과
나를 바다로 던지세요

רְמוּנִי לַיָּמָא

아람어	히브리어	해석
?מָה נַעֲבֵד לָךְ	?מָה נַעֲשֶׂה לָךְ	우리가 네게 무엇을 해야하나?
רְמוּנִי לְיַמָּא	הֲטִילוּנִי אֶל הַיָּם	나를 바다로 던지세요.
אֲנָה דָּחֵל יָת שְׁמָא אֱלָהָא חַנָּנָא יִשְׁבָּק לְכֶם	אֲנִי יָרֵא אֶת הַשֵּׁם אֵל חַנּוּן יִסְלַח לָכֶם	나는 하나님을 경외합니다. 은 혜로우신 하나님께서 여러분 을 용서하실 겁니다.
כְּמָה דְּאַמַרְתְּ גַּרְמֵא יָתָךְ	כַּאֲשֶׁר אָמַרְתָּ נַשְׁלִיךְ אֹתָךְ	네가 말 한대로 너를 던지겠다.
שֵׁיזְבֵנִי מָרִי אֲנָה לָא שְׁמַע אֲנָה מִשְׁתְּכַח בַּחֲשׁוֹכָא	הוֹשִׁיעֵנִי אֲדֹנָי אֲנִי לֹא שׁוֹמֵעַ אֲנִי נִמְצָא בְּחֹשֶׁךְ	여호와여 저를 구원하소서 저 는 듣지를 못합니다. 저는 어둠 속에 있나이다.

7.1. 하펠(Haphel) 동사

성경 아람어에서 하펠과 호팔은 6개의 유형 중 대개 사역의 의미를 갖는데 하펠은 능동, 호팔은 수동이다. 성경 아람어에서 하펠과 호팔은 성경 히브리어에서 히필과 호팔에 대응된다.

히필은 성경 아람어에서 동사의 6유형 중 페알 다음으로 많이 출현한다. 이미 언급한 바와 같이 '하펠'(Haphel)에 속하는 것으로 '아펠'(Aphel)과 '샤펠'(shaphel)이 있는데 '하펠'이 가장 많이 출현하고(76.4%) 다음으로 '아펠'(15.7%), '샤펠'(7.9%)의 순으로 나타난다. '하펠'과 '아펠'은 발음상의 유사성 때문에 서로 상호교환적으로 사용되며 '샤펠' 유형은 아카드어의 영향으로 보여진다.

다음은 하펠 접미동사에서 가장 많이 출현하는 두 동사의 변화형이다.

1. 하펠 접미동사

수	인칭, 성	כתב 쓰다	קום 일어나다	ידע 알다	접미사
단수	1인칭	הַכְתְּבֵת	הֲקֵימֵת	-	תְ---
	2인칭남성	הַכְתְּבְתָּ	הֲקֵימְתָּ	הוֹדַעְתָּ	---תָּ(ה)
	2인칭여성	-	-	-	-
	3인칭남성	הַכְתֵּב	הֲקֵים	הוֹדַע	---
	3인칭여성	הַכְתְּבַת	-	-	תְ---
복수	1인칭	הַכְתְּבְנָא	-	הוֹדַעְנָא	נָא---
	2인칭남성	הַכְתְּבְתּוּן	-	-	תּוּן---
	2인칭여성	-	-	-	-
	3인칭남성	הַכְתְּבוּ	הֲקִימוּ	-	וּ---
	3인칭여성	הַכְתְּבָה	-	-	ה---

① 하펠 접미동사의 특징은 제1자음 앞에 접미어 'ה-'가 붙는다는 것이다. 모든 접미동사의 접미사는 표에서 보는 바와 같이 동일하다.

② 불규칙동사의 경우 다음과 같이 변화한다.

   i) 제1바브동사

   ㄱ. 제1자음인 요드가 원래의 어근인 'ו'로 변하고 '오' 모음을 취하여 'ו'의 형태를 취한다.

      • הוֹדַעְתָּ

   ii) 제2바브동사

   ㄱ. 제2자음인 바브는 모든 인칭에서 탈락하고 그 자리에 'י'가 붙는다.

   ㄴ. 제1자음 앞에 붙는 접미어의 모음은 합성슈바 '아'(◌)를 취하여 'ה-'의 모양을 취한다.

   ㄷ. 제1자음의 모음은 '에'(◌) 혹은 '이'(◌) 를 취한다.

   iii) 제3요드동사

   ㄱ. 하펠 제3요드 접미동사는 모든 인칭에서 제3자음이 원래의 어근인 'י'를 취한다.

      • הַגְלִי 그가 드러냈다.

---

1.   'הו'로 시작되어 '호팔'과 착각하기 쉬우므로 조심해야 한다. 성경 아람어에서는 제1바브동사가 호팔에서 사용된 경우는 한 번밖에 없으며 '오'가 아닌 '우' 모음을 취하여 'הוּסְפַת'와 같은 형태가 된다.

2. 하펠 접두동사

다음은 하펠 접두동사에서 가장 많이 출현하는 두 동사의 변화형이다.

수	인칭, 성	כתב 쓰다	ידע 알다	חוה 선포하다	접두(미)사
단수	1인칭	אֲהַכְתֵּב	אֲהוֹדַע	-	---אֲ
	2인칭남성	תְּהַכְתֵּב	-	-	תְ---
	2인칭여성	-	-	-	תְ---ִ◌ין
	3인칭남성	יְהַכְתֵּב	יְהוֹדַע	יְהַחֲוֵה	---יְ
	3인칭여성	תְּהַכְתֵּב	-	-	תְ---
복수	1인칭	נְהַכְתֵּב	-	נְהַחֲוֵה	---נְ
	2인칭남성	תְּהַכְתְּבוּן	תְּהוֹדְעוּן	תְּהַחֲוֹן	תְ---וּן
	2인칭여성	-	-	-	תְ---נָה
	3인칭남성	יְהַכְתְּבוּן	יְהוֹדְעוּן	-	יְ---וּן
	3인칭여성	יְהַכְתְּבָן	-	-	תְ---נָה

① 성경 히브리어 히필 접두동사에서는 제1자음 앞의 접미어 'הַ-'가 탈락되지만 성경 아람어 하펠 접두동사에서는 제1자음 앞의 접미어 'הַ-'가 탈락되지 않는 다는 점이 가장 큰 차이점이라 할 수 있다.

② 성경 아람어 하펠 접두동사는 파엘 접두동사와 마찬가지로 접두사가 있는 첫 자리에 모음 '슈바'(◌ְ)가 붙는다.

③ 뒤에 접미사가 붙지 않는 인칭들(1인칭단수 및 복수, 2인칭남성단수, 3인칭단 수)에서는 접두사 이후의 두 번째 자리부터 하펠 접미동사 3인칭남성단수와 형 태가 동일하다.

  • יְהַכְתֵּב

3. 하펠 분사, 명령, 부정사

1) 분사

<하펠 분사형>

	남성	여성
단수	מְהַכְתֵּב	מְהַכְתְּבָה
복수	מְהַכְתְּבִין	מְהַכְתְּבָן

① 언급한 바와 같이 성경 아람어 분사 형태는 페알만 제외하고 모두 자음 멤(מ) 으로 시작된다.

② 하펠 분사형의 모음은 대개 접두동사를 따라간다.

2) 명령

<하펠 명령형>

성, 수		כתב 쓰다
남성단수	אַתָּה	הַכְתֵּב
여성단수	אַתְּ	הַכְתִּבִי
남성복수	אַתֶּם	הַכְתִּבוּ
여성복수	אַתֵּן	-

① 하펠 명령형 남성단수는 접미동사 3인칭남성단수와 형태가 동일하다. 따라서 접미동사와 명령형은 문맥에서 구분해야 한다.

② 성경 아람어 하펠 명령형은 총 3회 등장하는데 모두 남성단수에서만 출현한다.

  • הַשְׁלֵם (스 7:19) 너는 돌려 주라

3) 부정사

① 하펠 부정사형은 הַכְתָּבָה(לְ)이다.

② 성경 아람어에서 하펠 부정사형은 모두 34회 등장하는데 한 차례만 제외하고 모두 전치사 'לְ'와 함께 온다.

4. 아펠과 샤펠

성경 아람어에서 '아펠'(Aphel)과 '샤펠'(shaphel)은 다른 유형으로 분류되지 않고 '하펠'(Haphel)에 포함시킨다. 아펠은 총 28회 등장하며 샤펠은 총 14회 등장하는데 빈도수가 비교적 높은 몇 개의 동사를 살펴보면 다음과 같다.

형태	기본형	접미/접두 등	인칭, 성, 수	유형	해석
תַּדִּק	דקק	접두동사	2인칭남성단수	아펠	너는 부술 것이다
יְקִים	קום	접두동사	3인칭남성단수	아펠	그는 세울 것이다
אֲחֵת	נחת	명령	남성단수	아펠	너는 두라
שַׁכְלִלוּ	כלל	접미동사	3인칭남성복수	샤펠	그들이 완성했다
שֵׁיזִיב	עזב	접미동사	3인칭남성단수	샤펠	그는 구원했다

7.2 호팔(Hophal) 동사

호팔은 대개 사역의 의미를 가지고 하펠의 수동이며 성경 아람어에서의 호팔은 히브리어에서의 호팔과 대응된다. 호팔은 성경 아람어에서 총 12회 출현하는데 동사의 6유형 중 가장 적은 빈도수(1.1%)를 가지므로 변화형이 매우 빈약하다. 또한 12회 모두 접미동사에서만 사용된다.

호팔에서 2회씩 출현하는 동사는 3개 있으며 그 외에는 모두 한 번씩 등장한다. 다음은 2회씩 출현하는 세 동사의 형태이다.

형태	기본형	접미/접두 등	인칭, 성, 수	유형	해석
הֵיתָיוּ	אתא	접미동사	3인칭남성복수	호팔	그들이 오게 됐다
הֵיתָיִת	אתא	접미동사	3인칭여성단수	호팔	그것이 가져와졌다
הֻקִימַת	קום	접미동사	3인칭여성단수	호팔	그것이 들려졌다
הֻעַל	עלל	접미동사	3인칭남성단수	호팔	그가 안으로 인도됐다
הֻעַלוּ	עלל	접미동사	3인칭남성복수	호팔	그들이 안으로 인도됐다

성경 아람어에서 호팔은 성경 히브리어에서처럼 첫 모음을 '오' 대신 '우'를 취하는 경우가 있다.

7.3 목적격 대명사 접미사

성경 아람어와 히브리어에서 대명사 접미사는 명사, 전치사, 불변사, 동사 뒤에 붙을 수 있다. 3.4항에서 나온 대명사 접미사는 명사, 전치사, 불변사 뒤에 붙는 것인데 이곳의 대명사 접미사는 동사 뒤에 붙는 것이다. 대명사 접미사가 명사 뒤에 붙을 때에는 주로 소유격으로 해석하여 '나의 왕', '너의 왕' 등으로 해석된다. 대명사 접미사가 동사 뒤에 붙을 때에는 대개 '목적격'으로 해석이 되어 '나를', '너를', 혹은 '나에게', '너에게' 등으로 해석된다. 동사에 붙는 목적격 대명사 접미사와 명사에 붙는 소유격 대명사 접미사를 비교하여 보자.

수	인칭, 성		목적격 접미사	소유격 접미사
단수	1인칭	אֲנָה	נִי-	יֹ-
	2인칭남성	אַנְתְּ	ךָ-	ךָ-
	2인칭여성	-	-	-
	3인칭남성	הוּא	הֹ-	הֹ-
	3인칭여성	הִיא	הֹ-	הֹ-
복수	1인칭	אֲנַחְנָא	נָא-	נָא-
	2인칭남성	אַנְתּוּן	כוֹן-	כוֹן-
	2인칭여성	-	-	-
	3인칭남성	הִמּוֹ	-	הוֹן-
	3인칭여성	אִנִּין	-	הֵין-

① 위의 표에서 보는 바와 같이 동사에 붙는 목적격 대명사 접미사와 명사에 붙는 소유격 대명사 접미사는 1인칭단수에서만 차이가 있고 나머지는 동일한 것을 알 수 있다. 1인칭 단수에서 동사에 붙는 목적격 대명사 접미사는 נִי이지만 명사에 붙는 대명사 접미사는 '눈'이 빠진 יֹ이다.

② 목적격 대명사 접미사는 주로 단수에서 사용된다. 3인칭복수와 2인칭여성복수에서는 전혀 사용되지 않으며 1인칭복수에서는 3회 사용되고 2인칭남성복수는 2회 사용된다.

7.4 수사

1. 기수

기수	남성		여성	
	아람어	히브리어	아람어	히브리어
1	חַד	אֶחָד	חֲדָה	אַחַת
2	תְּרֵין*	שְׁנַיִם	תַּרְתֵּין	שְׁתַּיִם
3	תְּלָתָה	שְׁלֹשָׁה	תְּלָת	שָׁלוֹשׁ
4	אַרְבְּעָה	אַרְבָּעָה	אַרְבַּע	אַרְבַּע
5	חַמְשָׁה*	חֲמִשָּׁה	חֲמֵשׁ*	חָמֵשׁ
6	שִׁתָּה	שִׁשָּׁה	שֵׁת	שֵׁשׁ
7	שַׁבְעָה	שִׁבְעָה	שְׁבַע	שֶׁבַע
8	תְּמָנְיָה*	שְׁמֹנָה	תְּמָנֵה*	שְׁמֹנֶה
9	תִּשְׁעָה	תִּשְׁעָה	תְּשַׁע	תֵּשַׁע
10	עֲשָׂרָה	עֲשָׂרָה	עֲשַׂר	עֶשֶׂר

기수	아람어	히브리어
20	עֶשְׂרִין	עֶשְׂרִים
30	תְּלָתִין	שְׁלֹשִׁים
60	שִׁתִּין	שִׁשִּׁים
100	מְאָה	מֵאָה
200	מָאתַיִן	מָאתַיִם
1,000	אֲלַף	אֶלֶף
10,000	רִבּוֹ	רִבּוֹ, רִבּוֹא, רְבָבָה

① 성경 아람어 수사는 히브리어와 마찬가지로 기수와 서수로 나누어진다.

② 수사는 형용사나 명사와 비슷한 속성을 갖고 있어서 남성과 여성으로 나누어

　진다. 그러나 20, 30, 60 등은 남성 형태만을 갖는다.

③ חַד와 חֲדָה는 형용사와 같이 서술적, 한정적으로 모두 사용된다. 한정적 용법

　으로 사용될 때는 형용사처럼 명사 뒤에 온다.

④ חַד는 '-배'의 뜻을 가지기도 한다.

　| • חַד־שִׁבְעָה (단 3:19) 일곱 배

⑤ 성경 아람어 기수는 연계형을 갖기도 한다.

　| • שִׁבְעַת יָעֲטֹהִי (스 7:14) 그의 일곱 모사들

⑥ 성경 아람어 기수는 대명사 접미사와 함께 사용되기도 한다.

　| • תְּלָתֵּהוֹן (단 3:23) 그들 셋

2. 서수

서수	남성		여성	
	아람어	히브리어	아람어	히브리어
첫째	קַדְמָי	קַדְמָיָה	רִאשׁוֹן	רִאשׁוֹנָה
둘째	תִּנְיָן	תִּנְיָנָה	שֵׁנִי	שֵׁנִית
셋째	תְּלִיתָי	תְּלִיתָיָה	שְׁלִישִׁי	שְׁלִישִׁית
넷째	רְבִיעָי	רְבִיעָיָה	רְבִיעִי	רְבִיעִית

① 성경 아람어 서수는 첫째, 둘째, 셋째, 넷째만 출현한다.

② 성경 아람어 서수는 명사처럼 정관사와 함께 사용되기도 한다.

　| • קַדְמָיְתָא, תְּלִיתָיָא

제7과 단어

아람어	히브리어	뜻	아람어	히브리어	뜻
כָּהֵן	כֹּהֵן	제사장	אֲזַל	אֲזַל	떠나다
כֵּן	כֵּן	이렇게	אֲכַל	אֲכַל	먹다
כְּתַב	כָּתַב	쓰다	אָסְפַּרְנָא	-	세심하게
לְבַב	לֵבָב	마음	אֱסָר	אֱסָר	금령
מְאָה	מֵאָה	백(100)	דּוּר	דּוּר	살다
מְטָא	מָצָא	뻗다	דְּחַל	זָחַל	두려워하다
סְלִק	-	올라가다	הֲלַךְ	הָלַךְ	가다
רַבְרְבָן	רַב	귀족	חַי	חַי	살아있는
תּוּב	שׁוּב	돌아가다	חַיִל	חַיִל	힘
אֲבַד	אָבַד	멸망하다	כְּלַל	כָּלַל	완성하다

연습문제

1. 다음 문장을 읽으라.

יְדִיעַ לֶהֱוֵא לְמַלְכָּא דִּי־אֲזַלְנָא לִיהוּד מְדִינְתָּא לְבֵית אֱלָהָא

רַבָּא וְהוּא מִתְבְּנֵא אֶבֶן גְּלָל וְאָע מִתְּשָׂם בְּכֻתְלַיָּא וַעֲבִידְתָּא

דָךְ אָסְפַּרְנָא מִתְעַבְדָא וּמַצְלַח בְּיֶדְהֹם׃ (스 5:8)

בְּעִדָּנָא דִּי־תִשְׁמְעוּן קָל קַרְנָא מַשְׁרוֹקִיתָא (קִיתָרֹוס) [קַתְרֹוס]

סַבְּכָא פְּסַנְתֵּרִין֨ סוּמְפֹּנְיָ֜ה וְכֹ֣ל זְנֵ֣י זְמָרָ֔א תִּפְּל֖וּן וְתִסְגְּד֑וּן

לְצֶ֣לֶם דַּהֲבָ֔א דִּ֥י הֲקֵ֖ים נְבוּכַדְנֶצַּ֥ר מַלְכָּֽא : (단 3:5)

2. 다음 동사들의 기본형 형태를 박스 안에서 찾고 분석해 보라. (접미동사는 과거로, 접두동사는 미래로, 그리고 분사는 '–하는 자[것]'로, 부정사는 '–하는'으로 해석하라.)

נפק	נחת	קום	בקר	טעם	נדב	קבל	יסף
꺼내다	내려가다	일어나다	찾다	먹이다	자원하다	받다	더하다
שכח	אתא	עלל	ידע	שנא	צבע	חוה	תוב
발견하다	오다	들어가다	알다	변경하다	적시다	선포하다	돌아가다

(1) תְּהַשְׁכַּח

(2) מְהוֹדְעִין

(3) הַנְפֵּק

(4) יְהַשְׁנֵא

(5) הֲקִימוּ

(6) הַעֲלוּ

(7) מְהַחֲתִין

(8) יְהֹודְעוּן

(9) הוּסְפַת

(10) הַשְׁכַּחוּ

(11) הֲקֵימְתָ

(12) נִהַשְׁכַּח

(13) תְּהֹודְעוּן

(14) הֲעַל

(15) לְהַשְׁנָיָה

(16) הֲתִיב

(17) הֲקֵימֶת

(18) הֲקִימַת

(19) הֹודַע

(20) מְהַשְׁנֵא

3. 다음 문장을 읽고 해석하라.

(1) עַל־דְּנָה שְׁלַחְנָא וְהוֹדַעְנָא לְמַלְכָּא : (스 4:14)

(2) מִנִּי שִׂים טְעֵם דִּי כָל־אֱנָשׁ דִּי יְהַשְׁנֵא פִּתְגָמָא דְנָה יִתְנְסַח אָע

מִן־בַּיְתֵהּ (스 6:11)

(3) בֵּאדַיִן מַלְכָּא הַצְלַח לְשַׁדְרַךְ מֵישַׁךְ וַעֲבֵד נְגוֹ בִּמְדִינַת בָּבֶל :

(단 3:30)

(4) כְּעַן הוֹדַעְתַּנִי דִּי־בְעֵינָא מִנָּךְ דִּי־מִלַּת מַלְכָּא הוֹדַעְתֶּנָא :

(단 2:23)

(5) מָאנַיָּא דִּי־מִתְיַהֲבִין לָךְ לְפָלְחָן בֵּית אֱלָהָךְ הַשְׁלֵם קֳדָם

אֱלָהּ יְרוּשְׁלֶם : (스 7:19)

(6) בֵּאדַיִן דָּנִיֵּאל הֻעַל קֳדָם מַלְכָּא עָנֵה מַלְכָּא וְאָמַר לְדָנִיֵּאל

(단 5:13)

(7) בֵּאדַיִן מַלְכָּא אֲמַר וְהַיְתִיו לְדָנִיֵּאל וּרְמוֹ לְגֻבָּא דִּי אַרְיָוָתָא

(단 6:17)

(8) מְנִי שִׂים טְעֵם וּבַקַּרוּ וְהַשְׁכַּחוּ דִּי קִרְיְתָא דָךְ מִן־יוֹמָת עָלְמָא

עַל־מַלְכִין מִתְנַשְּׂאָה (스 4:19)

(9) כָּל־קֳבֵל דְּנָה דָּנִיֵּאל עַל עַל־אַרְיוֹךְ דִּי מַנִּי מַלְכָּא לְהוֹבָדָה

לְחַכִּימֵי בָבֶל (단 2:24)

(10) בֵּאדַיִן גֻּבְרַיָּא אִלֵּךְ הֵיתָיוּ קֳדָם מַלְכָּא: (단 3:13)

제7과 연습문제를 위한 단어

아람어	히브리어	뜻	아람어	히브리어	뜻
פִּתְגָם	פִּתְגָם	말, 칙명	פֻּלְחָן	-	제사
נסח	נסח	뽑아내다	שׁלם	שׁלם	돌려주다
צלח	צלח	번영하다	נשׂא	נשׂא	들어 올리다
מָאן	-	기구			

성경 아람어 강독

창세기 31장 47절

וַיִּקְרָא־לוֹ לָבָן יְגַר שָׂהֲדוּתָא וְיַעֲקֹב קָרָא לוֹ גַּלְעֵד׃

음역

바이크라-로 라반 예가르 싸하두타 베야아코브 카라 로 갈에드

번역

라반은 그것을 여갈사하두다라 불렀고 야곱은 그것을 갈르엣이라 불렀다.

통사 분석

여기서 아람어는 두 어절인 '예가르 싸하두타'(יְגַר שָׂהֲדוּתָא)이며 거기에 대응되는 히브리어는 한 어절인 '갈에드'(גַּלְעֵד)이다.

　'예가르 싸하두타'는 합성명사로 연계형인 '예가르'와 절대형인 '싸하두타'로 구성되어 있다. 아람어 '예가르'(יְגַר)와 히브리어 '갈'(גַּל)은 '무더기'라는 뜻이다. '싸하두타'는 '싸하두'(שָׂהֲדוּ)에 정관사가 붙은 형태로 아람어 '싸하두'(שָׂהֲדוּ)와 히브리어 '에드'(עֵד)는 '증거'라는 뜻이다. 따라서 아람어 '예가르 싸하두타'와

히브리어 '갈에드'는 '증거의 무더기'라는 뜻이다.[1]

예레미야 10장 11절

음역

키드나 템룬 레홈 엘라하야 디-슈마야 베아르카 라 아바두 예바두 메아르아 우
민-테호트 슈마야 엘레

번역

너희는 이와 같이 그들에게 말하기를 원하노라. 하늘과 땅을 만들지 않은 신들은
땅에서와 이 하늘 아래에서 멸망할 것이다.

아람어-히브리어 대조

לָא	וְאַרְקָא	דִּי־שְׁמַיָּא	אֱלָהַיָּא	לְהוֹם	תֵּאמְרוּן	כִּדְנָה	아람어
לא	וארץ	אשר-שמים	האלהים	להם	תאמרו	כזה	히브리어
אֱלֶה	שְׁמַיָּא	וּמִן־תְּחוֹת	מֵאַרְעָא	יֵאבַדוּ	עֲבַדוּ		아람어
האלה	השמים	ומתחת	מהארץ	יאבדו	עשו		히브리어

---

1.   '싸하두타'는 정관사를 포함한 형태이므로 '그 증거'로 '예가르 하싸두타'를 '그 증거의 무더기'
     로 번역할 수 있겠으나 아람어 명사는 대개 정관사를 취하려는 경향이 강하므로 '증거의 무더기'
     로 번역하는 것이 자연스럽다.

형태 분석

כִּדְנָה 전치사(כְּ, –처럼) + 지시대명사(דְנָה, 이) 남성단수. 이처럼, 이와 같이, 이렇게.

תֵּאמְרוּן 동사 기본형 אמר의 페알 접두동사 2인칭남성복수. 이곳의 접두동사는 단축형과 같이 해석하여 '너희는 말하기를 원하노라'의 뜻으로 해석하는 것이 바람직하다.

לְהֹום 전치사(לְ) + 대명사 접미사 3인칭남성단수. 'לְהֹון'이 보다 일반적인 형태이다. 그들에게.

אֱלָהַיָּא 명사 복수 + 정관사. 신들.

דִּי־שְׁמַיָּא 관계대명사 + 명사 복수 + 정관사. 하늘.

וְאַרְקָא 접속사 + 명사 단수 + 정관사. 그리고 땅.

לָא 부정어.

עֲבַדוּ 동사 기본형 עבד의 페알 접미동사 3인칭남성복수. 그들이 만들었다.

יֵאבַדוּ 동사 기본형 אבד의 페알 접두동사 3인칭남성복수. 그들이 멸망할 것이다.

מֵאַרְעָא 전치사 + 명사 단수 + 정관사. 땅으로부터.

וּמִן־תְּחֹות 접속사 + 전치사 + 전치사. 그리고 아래서부터.

שְׁמַיָּא 명사 복수 + 정관사. 하늘.

אֵלֶּה 지시대명사 복수. 이.

통사 분석

이 절은 두 문장으로 구성되어 있다.

첫 번째 문장: כִּדְנָה תֵּאמְרוּן לְהֹום 너희는 이와 같이 그들에게 말하기를 원하노라. 부사어(이와 같이) + 술어(너희는 말하기를 원하노라) + 부사어(그들에게)의 구조로 되어 있다. 일반적으로 부사어는 술어 다음에 오지만 '키드나'(כִּדְנָה)와 같은 부사어는 술어 앞에 위치하는 것이 정상적인 어순이다.

두 번째 문장: אֱלָהַיָּא דִּי־שְׁמַיָּא וְאַרְקָא לָא עֲבַדוּ יֵאבַדוּ מֵאַרְעָא וּמִן־

תְּחוֹת שְׁמַיָּא אֵלֶּה׃ 하늘과 땅을 만들지 않은 신들은 땅에서와 이 하늘 아래에서 멸망할 것이다. 주어(하늘과 땅을 만들지 않은 신들은) + 술어(멸망할 것이다) + 부사어(땅에서와 이 하늘 아래에서)의 구조로 되어 있다.

　아람어와 히브리어에서 주어는 술어 뒤에 위치하는 것이 보다 자연스러운 어순인데 이 문장에서는 주어인 '하늘과 땅을 만들지 않은 신들'이 '부각'되는 구조로 되어 있다.

　주어인 '하늘과 땅을 만들지 않은 신들'은 핵심 주어 + 수식어의 구조로 되어 있는데 핵심 주어는 '신들'이며 '하늘과 땅을 만들지 않은'은 핵심 주어를 수식하는 관형절이다.

　관계대명사로 연결되어 있는 관형절의 구조는 목적어 + 술어인데 아람어와 히브리어에서 목적어는 술어 뒤에 위치하는 것이 정상적인 문장이나 여기서는 '하늘과 땅'이라는 목적어가 술어 앞에 위치하므로 부각되는 구조이다. 히브리어에서보다는 아람어에서 목적어가 술어 앞에 위치하는 경우가 더 빈번하게 나타난다.

ח כָּל־קֳבֵל דְּנָה בֵּהּ־זִמְנָא קְרִבוּ גֻּבְרִין כַּשְׂדָּאִין וַאֲכַלוּ
קַרְצֵיהוֹן דִּי יְהוּדָיֵא: ט עֲנוֹ וְאָמְרִין לִנְבוּכַדְנֶצַּר מַלְכָּא מַלְכָּא
לְעָלְמִין חֱיִי:
י אנתה (אַנְתְּ) מַלְכָּא שָׂמְתָּ טְעֵם דִּי כָל־אֱנָשׁ דִּי־יִשְׁמַע קָל
קַרְנָא מַשְׁרוֹקִיתָא קיתרס (קַתְרֹס) שַׂבְּכָא פְּסַנְתֵּרִין וְסִיפֹנְיָה
(וְסוּפֹּנְיָה) וְכֹל זְנֵי זְמָרָא יִפֵּל וְיִסְגֻּד לְצֶלֶם דַּהֲבָא:
יא וּמַן־דִּי־לָא יִפֵּל וְיִסְגֻּד יִתְרְמֵא לְגוֹא־אַתּוּן נוּרָא יָקִדְתָּא:
יב אִיתַי גֻּבְרִין יְהוּדָאִין דִּי־מַנִּיתָ יָתְהוֹן עַל־עֲבִידַת מְדִינַת
בָּבֶל שַׁדְרַךְ מֵישַׁךְ וַעֲבֵד נְגוֹ גֻּבְרַיָּא אִלֵּךְ לָא־שָׂמוּ עליך
(עֲלָךְ) מַלְכָּא טְעֵם לאלהיך (לֵאלָהָךְ) לָא פָלְחִין וּלְצֶלֶם דַּהֲבָא
דִּי הֲקֵימְתָּ לָא סָגְדִין: {ס}
יג בֵּאדַיִן נְבוּכַדְנֶצַּר בִּרְגַז וַחֲמָא אֲמַר לְהַיְתָיָה לְשַׁדְרַךְ מֵישַׁךְ
וַעֲבֵד נְגוֹ בֵּאדַיִן גֻּבְרַיָּא אִלֵּךְ הֵיתָיוּ קֳדָם מַלְכָּא:
יד עָנֵה נְבֻכַדְנֶצַּר וְאָמַר לְהוֹן הַצְדָּא שַׁדְרַךְ מֵישַׁךְ וַעֲבֵד נְגוֹ
לֵאלָהַי לָא אִיתֵיכוֹן פָּלְחִין וּלְצֶלֶם דַּהֲבָא דִּי הֲקֵימֶת לָא
סָגְדִין:
טו כְּעַן הֵן אִיתֵיכוֹן עֲתִידִין דִּי בְעִדָּנָא דִּי־תִשְׁמְעוּן קָל קַרְנָא
מַשְׁרוֹקִיתָא קיתרס (קַתְרֹס) שַׂבְּכָא פְּסַנְתֵּרִין וְסוּמְפֹּנְיָה וְכֹל ו
זְנֵי זְמָרָא תִּפְּלוּן וְתִסְגְּדוּן לְצַלְמָא דִי־עַבְדֵת וְהֵן לָא תִסְגְּדוּן

בֵּהּ־שַׁעֲתָא תִּתְרְמֹון לְגֹוא־אַתּוּן נוּרָא יָקִדְתָּא וּמַן־הוּא אֱלָהּ דִּי יְשֵׁיזְבִנְכֹון מִן־יְדָי׃

טז עֲנֹו שַׁדְרַךְ מֵישַׁךְ וַעֲבֵד נְגֹו וְאָמְרִין לְמַלְכָּא נְבוּכַדְנֶצַּר לָא־חַשְׁחִין אֲנַחְנָא עַל־דְּנָה פִּתְגָם לַהֲתָבוּתָךְ׃

יז הֵן אִיתַי אֱלָהַנָא דִּי־אֲנַחְנָא פָלְחִין יָכִל לְשֵׁיזָבוּתַנָא מִן־אַתּוּן נוּרָא יָקִדְתָּא וּמִן־יְדָךְ מַלְכָּא יְשֵׁיזִב׃

יח וְהֵן לָא יְדִיעַ לֶהֱוֵא־לָךְ מַלְכָּא דִּי לֵאלָהַיִךְ (לֵאלָהָךְ) לָא־אִיתֵינָא (אִיתַנָא) פָלְחִין וּלְצֶלֶם דַּהֲבָא דִּי הֲקֵימְתָּ לָא נִסְגֻּד׃
{ס}

다니엘 3장 8절

כָּל־קֳבֵל דְּנָה בֵּהּ־זִמְנָא קְרִבוּ גֻּבְרִין כַּשְׂדָּאִין וַאֲכַלוּ קַרְצֵיהֹון דִּי יְהוּדָיֵא׃

음역

콜-코벨 드나 베-짐나 크리부 구브린 카쓰다인 바아할루 카르쩨이혼 디 예후다예

번역

그때 이 일로 인해 갈대아 사람들이 가까이 왔다. 그들은 유대인들을 고발했다.

아람어-히브리어 대조

גֻּבְרִין	קְרִבוּ	בֵּהּ־זִמְנָא	דְּנָה	כָּל־קֳבֵל	아람어
גברים	קרבו	בו-בזמן	זה	מפני	히브리어

יְהוּדָיֵא:	דִּי	קַרְצֵיהוֹן	וַאֲכַלוּ	כַּשְׂדָּאִין	아람어
היהודים		והלשינו את		כשדים	히브리어

형태 분석

כָּל־קֳבֵל 명사 + 전치사.

דְּנָה 지시대명사. כָּל־קֳבֵל דְּנָה는 관용어로 '이 일로 인해, 이것 때문에, 그러므로' 등의 뜻을 갖는다.

בֵּהּ־זִמְנָא 전치사(בְּ) + 대명사 접미사 3인칭남성단수 + 명사 단수 + 정관사. 그 시간에 = 그때에.

קְרִבוּ 동사 기본형 קרב의 페알 접미동사 3인칭남성복수. 그들이 가까이 왔다.

גֻּבְרִין 명사 복수. 남자들, 사람들.

כַּשְׂדָּאִין 형용사 남성복수. 갈대아인의.

וַאֲכַלוּ 접속사 + 동사 기본형 אכל의 페알 접미동사 3인칭남성복수. 그들이 먹었다.

קַרְצֵיהוֹן 명사 복수 + 대명사 접미사 3인칭남성복수. 그들의 부분(조각)들.

דִּי 속격표지. -의.

יְהוּדָיֵא 명사 복수 + 정관사. 유대인들.

קַרְצֵיהוֹן דִּי יְהוּדָיֵא 이중 소유격으로 '유대인들의, 그들의 부분들'과 같은 구조로 여기서 '그들'은 '유대인들'을 가리킨다.

וַאֲכַלוּ קַרְצֵיהוֹן 직역하면 '그들이(갈대아인들) 그들(유대인들)의 부분들을 먹었다'인데 이것은 '고발했다'의 뜻을 갖는 관용어이다.

통사 분석

이 절은 두 문장으로 구성되어 있다.

첫 번째 문장: כָּל־קֳבֵל דְּנָה בֵּהּ־זִמְנָא קְרִבוּ גֻּבְרִין כַּשְׂדָּאִין 그때 이 일로 인해 갈대아 사람들이 가까이 왔다. 부사어(이 일로 인해) + 부사어(그때) + 술어(가까이

왔다) + 주어(갈대아 사람들이)의 구조로 되어 있다.

시간이나 이유 등을 나타내는 부사어는 술어보다 앞에 오는 경향이 있으므로 이 문장은 정상적인 어순을 가지고 있다.

두 번째 문장: וַאֲכַ֣לוּ קַרְצֵיהֹ֔ון דִּ֖י יְהוּדָיֵ֑א 그들은 유대인들을 고발했다. 술어 (그들은 먹었다) + 목적어(유대인들의 부분들을)의 구조로 정상적인 어순이다. 목적 어인 유대인이 이중소유격으로 되어 있어서 정상적인 어순 안에서 목적어인 유대인 이 부각되는 구조이다.

다니엘 3장 9절

עֲנֹו֙ וְאָֽמְרִ֔ין לִנְבוּכַדְנֶצַּ֖ר מַלְכָּ֑א מַלְכָּ֖א לְעָלְמִ֥ין חֱיִֽי׃

음역

아노 베암린 린부하드네짜르 말카 말카 레알민 헤이

번역

그들이 느부갓네살 왕에게 응답하여 말했다. 왕이시여, 영원히 사십시오.

아람어-히브리어 대조

חֱיִֽי׃	לְעָלְמִ֥ין	מַלְכָּ֖א	מַלְכָּ֑א	לִנְבוּכַדְנֶצַּ֖ר	וְאָֽמְרִ֔ין	עֲנֹו֙	아람어
חֱיֵה	לְעוֹלָם	הַמֶּלֶךְ	הַמֶּלֶךְ	לִנְבוּכַדְנֶצַּר	וְאָמְרוּ	עֲנוּ	히브리어

형태 분석

עֲנֹו֙ 동사 기본형 עָנָה의 페알 접미동사 3인칭남성복수. 그들이 응답했다.

וְאָֽמְרִ֔ין 접속사 + 동사 기본형 אֲמַר의 페알 분사 남성복수. 말한다.

עֲנוֹ וְאָמְרִין 본동사와 분사를 접속사로만 연결하여 '응답하여 말했다'와 같이 별
개의 두 행위가 아닌 하나의 행위를 나타내는 표현법이 사용됐는데 이러한 경
우 히브리어에서는 분사와 본동사를 사용하는 것이 아니라 본동사와 본동사
의 조합으로 사용한다.

וַיַּעַן וַיֹּאמֶר (민 23:12)

לִנְבוּכַדְנֶצַּר 전치사 + 명사 단수. 느부갓네살에게.
מַלְכָּא 명사 단수 + 정관사. 그 왕.
מַלְכָּא 명사 단수 + 정관사. 여기서는 '왕이시여'라는 호칭으로 정관사가 사용됐다.
לְעָלְמִין 전치사 + 명사 복수. 영원히.
חֱיִי 동사 기본형 חיה의 페알 명령 2인칭남성단수. 당신은 사십시오.

통사 분석

이 절은 두 문장으로 구성되어 있다.

첫 번째 문장: עֲנוֹ וְאָמְרִין לִנְבוּכַדְנֶצַּר מַלְכָּא 그들이 느부갓네살 왕에게 응답
하여 말했다. 술어(그들이 응답하여 말했다) + 부사어(느부갓네살 왕에게)의 구조로
정상적인 어순이다.

성경 아람어에서 왕의 이름이 מַלְכָּא(그 왕)라는 명사와 함께 올 때는 대부분
왕의 이름이 먼저 나오고 그 뒤에 명사가 나온다.[1]

두 번째 문장: מַלְכָּא לְעָלְמִין חֱיִי 왕이시여, 만수무강 하소서. 독립어(호칭, 왕
이시여) + 부사어(영원히) + 술어(사십시오)의 구조이다.

לְעָלְמִין'(영원히)이라는 부사어 역시 술어 앞에 오는 것이 일반적이므로 정상
적인 어순의 문장이라 할 수 있다.

---

1. 표준성서히브리어(SBH: Standard Biblical Hebrew)에서는 'דָּוִד הַמֶּלֶךְ'와 같이 명사가 먼저
   나오고 왕의 이름이 다음에 나오는 반면 후기성서히브리어(LBH: Late Biblical Hebrew)에서는
   'דָּוִיד הַמֶּלֶךְ'와 같이 왕의 이름이 먼저 나오는 경우가 종종 있는데 이 점에서 성경 아람어는
   후기성서히브리어와 유사하다고 할 수 있다.

다니엘 3장 10절

אנתה (אַנְתְּ) מַלְכָּא שָׂמְתָּ טְעֵם דִּי כָל־אֱנָשׁ דִּי־יִשְׁמַע קָל
קַרְנָא מַשְׁרוֹקִיתָא קיתרס (קַתְרֹס) שַׂבְּכָא פְּסַנְתֵּרִין וסיפניה
(וְסוּפֹנְיָה) וְכֹל זְנֵי זְמָרָא יִפֵּל וְיִסְגֻּד לְצֶלֶם דַּהֲבָא׃

음역

안트 말카 쌈타 테엠 디 홀-에나쉬 디-이슈마 칼 카르나 마슈로키타 카트로쓰 싸
브하 프싼테린 베쑤폰야 베홀 즈네이 즈마라 이펠 베이쓰구드 레쩰렘 다하바

번역

당신 왕이시여. 당신께서는 나팔과 피리와 수금과 솔터리와 백파이프와 모든 종류
의 연주를 듣는 모든 사람은 엎드려 금 신상에게 절을 하라는 칙령을 두셨습니다.

아람어-히브리어 대조

דִּי־יִשְׁמַע	כָל־אֱנָשׁ	דִּי	טְעֵם	שָׂמְתָּ	מַלְכָּא	אַנְתְּ	아람어
שישמע	כל־איש	אשר	טעם	שמת	המלך	אתה	히브리어
וְסוּפֹנְיָה	פְּסַנְתֵּרִין	שַׂבְּכָא	קַתְרֹס	מַשְׁרוֹקִיתָא	קַרְנָא	קָל	아람어
וסופניה	הפסנתרין	הנבל השליש	החליל	החליל	הקרן	קול	히브리어
דַּהֲבָא׃	לְצֶלֶם	וְיִסְגֻּד	יִפֵּל	זְמָרָא	זְנֵי	וְכֹל	아람어
הזהב	לצלם	וישתחוה	יפל	הזמר	מיני	וכל	히브리어

형태 분석

אַנְתְּ 인칭대명사 2인칭남성단수. 당신.

מַלְכָּא 명사 단수 + 정관사. 왕이시여.

שָׂמְתָּ 동사 기본형 שִׂים 페알 접미동사 3인칭남성단수. 당신이 두었다.

טְעֵם 명사 단수. 칙령.

דִּי 관계대명사.

כָּל־אֱנָשׁ 명사 단수 + 명사 단수. 모든 사람.

דִּי־יִשְׁמַע 관계대명사 + 동사 기본형 שׁמע의 페알 접두동사 3인칭남성단수. 그들이 들을 것이다.

קָל 명사 단수. 소리.

קַרְנָא 명사 단수 + 정관사. 나팔.

מַשְׁרוֹקִיתָא 명사 단수 + 정관사. 피리.

קַתְרֹס 명사 단수. 현악기.

שַׂבְּכָא 명사 단수 + 정관사. 수금.

פְּסַנְתֵּרִין 명사 단수. 솔터리.

וְסוּפֹּנְיָה 접속사 + 명사 단수. 그리고 백파이프.

וְכֹל 접속사 + 명사 단수. 그리고 모든.

זְנֵי 명사 복수 연계형. 종류.

זְמָרָא 명사 단수 + 정관사. 연주.

יִפֵּל 동사 기본형 נפל의 페알 접두동사 3인칭남성단수. 그는 엎드릴 것이다.

וְיִסְגֻּד 접속사 + 동사 기본형 סגד의 페알 접두동사 3인칭남성단수. 그들이 절할 것이다.

לְצֶלֶם 전치사 + 명사 단수. 형상에게.

דַהֲבָא 명사 단수 + 정관사. 금.

통사 분석

이 절은 한 문장으로 되어 있다.

독립어(호칭, 당신 왕이시여) + 술어(당신께서는 두셨습니다) + 목적어(나팔과 피리와 수금과 솔터리와 백파이프와 모든 종류의 연주를 듣는 모든 사람은 엎드려 금 신상에게 절을 하라는 칙령을)로 정상적인 어순의 문장이다.

핵심 목적어인 'טְעֵם'(칙령)을 수식해 주는 긴 종속절(나팔과 피리와 수금과 솔터리와 백파이프와 모든 종류의 연주를 듣는 모든 사람은 엎드려 금 신상에게 절을 하라는)이 있는데 종속절의 구조는 주어(나팔과 피리와 수금과 솔터리와 백파이프와 모든 종류의 연주를 듣는 모든 사람) + 술어(엎드려 절을 하라) + 목적어(금 신상에게)로 되어 있으며 다시 주어는 핵심 주어(모든 사람) + 수식어(관형절, 나팔과 피리와 수금과 솔터리와 백파이프와 모든 종류의 연주를 듣는)로 구성되어 있다.

다니엘 3장 11절

음역

우만-디-라 이펠 베이쓰구드 이트레메 레고-아툰 누라 야키드타

번역

엎드려 절을 하지 않는 자는 타는 불 용광로 속으로 던져질 것이다.

아람어-히브리어 대조

יָקֵדְתָּא	נוּרָא	לְגוֹא-אַתּוּן	יִתְרְמֵא	וְיִסְגֻּד	יִפֵּל	וּמַן־דִּי־לָא	아람어
היוקדת	האש	לתוך-כבשן	יושלך	וישתחוה	יפל	ומי-שלא	히브리어

형태 분석

וּמַן־דִּי־לָא 접속사 + 의문사 + 관계대명사 + 부정어. 그리고 –하지 않는 이.

יִפֵּל 동사 기본형 **נפל**의 페알 접두동사 3인칭남성단수. 그는 엎드릴 것이다.

וְיִסְגֻּד 접속사 + 동사 기본형 **סגד**의 페알 접두동사 3인칭남성단수. 그들이 경배할 것이다.

יִתְרְמֵא 동사 기본형 **רמא**의 히트페엘 접두동사 3인칭남성단수. 그는 던져질 것이다.

לְגוֹא־אַתּוּן 전치사 + 명사 단수 연계형 + 명사 단수. 용광로 속으로.

נוּרָא 명사 단수 + 정관사. 불.

יָקִדְתָּא 동사 기본형 **יקד**의 페알 분사 여성단수 + 정관사. 타는.

통사 분석

이 절은 한 문장으로 보이나 앞 절인 3장 10절에 종속된 종속절이다. 3장 10절은 술어인 '당신께서 두셨습니다'와 핵심 목적어인 '칙령을'의 조합으로 구성되어 있는데 핵심 목적어인 '칙령'을 수식해 주는 긴 종속절(나팔과 피리와 수금과 솔터리와 백파이프와 모든 종류의 연주를 듣는 모든 사람은 엎드려 금 신상에게 절을 하라는)에 추가되는 긴 종속절이 3장 11절이다.

즉, '엎드려 절을 하지 않는 자는 타는 불 용광로 속으로 던져질 것이다'는 3장 11절의 '칙령'을 수식해 주는 관형적 종속절인 것이다. 칙령은 두 가지로서 첫 번째는 모든 종류의 연주를 듣는 사람은 금신상에게 엎드려 절을 하라는 것이며 두 번째는 엎드려 절을 하지 않는 자는 용광로 속으로 던져질 것이라는 것이다.

다니엘 3장 12절

אִיתַי גֻּבְרִין יְהוּדָאיִן דִּי־מַנִּיתָ יָתְהוֹן עַל־עֲבִידַת מְדִינַת
בָּבֶל שַׁדְרַךְ מֵישַׁךְ וַעֲבֵד נְגוֹ גֻּבְרַיָּא אִלֵּךְ לָא־שָׂמוּ עֲלָיךְ
(עֲלָךְ) מַלְכָּא טְעֵם לֵאלָהַיךְ (לֵאלָהָךְ) לָא פָלְחִין וּלְצֶלֶם
הַהַבָ דִּי הֲקֵימְתָּ לָא סָגְדִין:

음역

이타이 구브린 예후다인 디-마니타 야트혼 알-아비다트 메디나트 바벨 샤드라흐 메이샤흐 바아베드 네고 구브라야 일레흐 라-싸무 알라흐 말카 테엠 렐라하흐 라 팔힌 울쩰렘 다하바 디 하케임타 라 싸그딘

번역

당신께서 바벨론 지방의 업무에 대해 임명하신 유대인들인 사드락과 메삭과 아벳느고가 있습니다. 이 사람들이 왕이신 당신과 칙령에 대해 주의하지 않았습니다. 그들은 당신의 신들을 섬기지 않으며 당신이 세우신 금신상에게 절하지도 않습니다.

아람어-히브리어 대조

מְדִינַת	עַל־עֲבִידַת	יַתְהוֹן	דִּי־מַנִּיתָ	יְהוּדָאִין	גֻּבְרִין	אִיתַי	아람어
מדינת	על-עבודת	אתם	שמנית	יהודים	אנשים	יש	히브리어
אֵלֶּךְ	גֻּבְרַיָּא	נְגוֹ	וַעֲבֵד	מֵישַׁךְ	שַׁדְרַךְ	בָּבֶל	아람어
האלה	האנשים	נגו	עבד	מישך	שדרך	בבל	히브리어
פֶלָחִין	לָא	לֵאלָהָיךְ	טְעֵם	מַלְכָּא	עֲלָיךְ	לָא־שָׂמוּ	아람어
עובדים	לא	את אלהיך	טעם	המלך	עליך	לא-שמו	히브리어
סָגְדִין	לָא	הֲקֵימְתָ	דִּי	דַהֲבָא	וּלְצֶלֶם		아람어
משתחוים	לא	שהקימות		הזהב	ולצלם		히브리어

형태 분석

אִיתַי 불변사. 있다.

גֻּבְרִין 명사 복수. 남자들, 사람들.

יְהוּדָאִין 형용사 남성복수. 유대인의.

דִּי־מַנִּיתָ 관계대명사 + 동사 기본형 מנה의 파엘 접미동사 2인칭남성단수. 당신이 임명하셨던.

יַתְּהוֹן 불변사 + 대명사접미사 3인칭남성단수. 그들을.

עַל־עֲבִידַת 전치사 + 명사 단수 연계형. –의 업무에 대해.

מְדִינַת 명사 단수 연계형. –의 지방.

בָּבֶל 명사 단수. 바벨론.

שַׁדְרַךְ 명사 단수. 사드락.

מֵישַׁךְ 명사 단수. 메삭.

וַעֲבֵד נְגוֹ 접속사 + 명사 단수. 그리고 아벳느고.

גֻּבְרַיָּא 명사 복수 + 정관사. 그 남자들, 그 사람들.

אִלֵּךְ 지시대명사 복수. 이.

לָא־שָׂמוּ 부정어 + 동사 기본형 שׂים의 페알 접미동사 3인칭남성복수. 그들은 (마음을) 두지 않았다 = 그들은 주의하지 않았다.

עֲלָיךְ 전치사 + 대명사접미사 2인칭남성단수. 당신에 대해.

מַלְכָּא 명사 단수 + 정관사. 왕.

טְעֵם 명사 단수. 칙령.

לֵאלָהָיךְ 전치사 + 명사 복수 + 대명사접미사 2인칭남성단수. 당신의 신들에게.

לָא 부정어.

פָּלְחִין 동사 기본형 פלח의 페알 분사 남성복수. 섬긴다.

וּלְצֶלֶם 접속사 + 전치사 + 명사 단수. 그리고 형상에게.

דַּהֲבָא 명사 단수 + 정관사. 그 금.

דִּי 관계대명사.

הֲקֵימְתָּ 동사 기본형 קום의 하펠 접미동사 2인칭남성단수. 당신이 세우셨다.

לָא 부정어.

סָגְדִין 동사 기본형 סגד의 페알 분사 남성복수. 절한다.

통사 분석

이 절은 네 문장으로 구성되어 있다.

첫 번째 문장: אִיתַי גֻּבְרִין יְהוּדָאִין דִּי־מַנִּיתָ יָתְהוֹן עַל־עֲבִידַת מְדִינַת בָּבֶל שַׁדְרַךְ מֵישַׁךְ וַעֲבֵד נְגוֹ 당신께서 바벨론 지방의 업무에 대해 임명하신 유대인들인 사드락과 메삭과 아벳느고가 있습니다. 술어(있습니다) + 주어(당신께서 바벨론 지방의 업무에 대해 임명하신 유대인들인 사드락과 메삭과 아벳느고가)의 구조이다.

주어는 핵심 주어 + 수식어의 구조로 되어 있으며 핵심 주어인 '유대인'과 '사드락, 메삭, 아벳느고'는 서로 동격이며 수식어(당신께서 바벨론 지방의 업무에 대해 임명하신)는 핵심 주어를 수식해 주는 관형절로 구성되어 있다.

두 번째 문장: גֻּבְרַיָּא אִלֵּךְ לָא־שָׂמוּ עֲלָיךְ (עֲלָךְ) מַלְכָּא טְעֵם 이 사람들이 왕이신 당신과 칙령에 대해 주의하지 않았습니다. 주어(이 사람들이) + 술어(주의하지 않았습니다) + 목적어(왕이신 당신과 칙령에 대해)의 구조이다. 주어인 '이 사람들'이 술어보다 선행하여 부각된다. 악센트를 통해 살펴보면 술어인 '주의하지 않았다'의 목적어는 두 개(왕이신 당신, 칙령)이며 그중 '왕'과 '당신'은 동격이다.

세 번째 문장: לֵאלָהַיִךְ (לֵאלָהָךְ) לָא פָלְחִין 그들은 당신의 신들을 섬기지 않습니다. 목적어(당신의 신들을) + 술어(그들은 섬기지 않습니다)의 구조이다. 목적어가 술어보다 선행하는 구조이므로 목적어인 '당신의 신들'이 부각되는 구조라 할 수 있다.

네 번째 문장: וּלְצֶלֶם דַּהֲבָא דִּי הֲקֵימְתָּ לָא סָגְדִין 그들은 당신이 세우신 금신상에게 절하지도 않습니다. 목적어(당신이 세우신 금신상에게) + 술어(그들은 절하지 않습니다)의 구조이다. 여기서도 세 번째 문장과 마찬가지로 목적어가 술어보다 선행하는 구조이므로 목적어인 '당신이 세우신 금신상에게'가 부각되는 구조라 할 수 있다.[2] 두 번째 문장에서 술어로 사용된 동사(주의하지 않았습니다)는 접미동사인데 비해 세 번째 문장의 술어(섬기지 않습니다)와 네 번째 문장의 술어(절하지 않습니다)는 분사이므로 그 둘 사이에는 구분이 필요하다. 즉, 두 번째 문장은 핵심 문장이며 세 번째와 네 번째 문장은 핵심 문장인 '주의하지 않았습니다'에 대한 구

---

2. 동일한 동사(절하다)와 목적어(금신상)를 사용했으나 목적어가 술어 뒤에 위치한 다니엘 3장 10절과 비교해 보라.

체적인 내용을 진술하는 부수적 문장으로 볼 수 있다.

다니엘 3장 13절

בֵּאדַיִן נְבוּכַדְנֶצַּר בִּרְגַז וַחֲמָא אֲמַר לְהַיְתָיָה לְשַׁדְרַךְ מֵישַׁךְ
וַעֲבֵד נְגוֹ בֵּאדַיִן גֻּבְרַיָּא אִלֵּךְ הֵיתָיוּ קֳדָם מַלְכָּא׃

음역

베다인 네부하드네짜르 비르가즈 바하마 아마르 레하이타야 레샤드라흐 메이샤
흐 바아베드 네고 베다인 구브라야 일레흐 헤이타유 코담 말카

번역

그때 느부갓네살은 분하고 노하여 사드락과 메삭과 아벳느고를 데려오라고 말했
다. 그래서 그들은 이 사람들을 그 왕 앞에 데려왔다.

아람어-히브리어 대조

מֵישַׁךְ	לְשַׁדְרַךְ	לְהַיְתָיָה	אֲמַר	וַחֲמָא	בִּרְגַז	נְבוּכַדְנֶצַּר	בֵּאדַיִן	아람어
מישך	את שדרך	להביא	אמר	וחמה	ברוגז	נבוכדנצר	אז	히브리어
מַלְכָּא	קֳדָם	הֵיתָיוּ	אִלֵּךְ	גֻּבְרַיָּא	בֵּאדַיִן	נְגוֹ	וַעֲבֵד	아람어
המלך	לפני	הביאו	האלה	האנשים	אז	נגו	ועבד	히브리어

형태 분석

בֵּאדַיִן 전치사 + 부사. 그때.

נְבוּכַדְנֶצַּר 명사 단수. 느부갓네살.

בִּרְגַז 전치사 + 명사 단수. 분노하여.

וַחֲמָא 접속사 + 명사 단수. 그리고 진노.

אֲמַ֫ר 동사 기본형 אמר의 페알 접미동사 3인칭남성단수. 그가 말했다.

לְהַיְתָיָה 전치사 + 동사 기본형 אתא의 하펠 부정사. 데려오라고.

לְשַׁדְרַ֫ך 전치사 + 명사 단수. 사드락을.

מֵישַׁ֫ך 명사 단수. 메삭.

וַעֲבֵד נְגוֹ 접속사 + 명사 단수. 그리고 아벳느고.

בֵּאדַ֫יִן 전치사 + 부사. 그래서.

גֻּבְרַיָּא 명사 복수 + 정관사. 그 사람들.

אִלֵּךְ 지시대명사 복수. 이.

הֵיתָ֫יוּ 동사 기본형 אתא의 하펠 접미동사 3인칭남성복수. 그들이 데려왔다.

קֳדָ֫ם 전치사. 앞에.

מַלְכָּא 명사 단수 + 정관사. 그 왕.

통사 분석

이 절은 두 문장으로 구성되어 있다.

첫 번째 문장: בֵּאדַ֫יִן נְבוּכַדְנֶצַּר בִּרְגַז וַחֲמָא אֲמַ֫ר לְהַיְתָיָה לְשַׁדְרַ֫ך מֵישַׁ֫ך וַעֲבֵד נְגוֹ 그때 느부갓네살은 분하고 노하여 사드락과 메삭과 아벳느고를 데려오라고 말했다. 부사어(그때) + 주어(느부갓네살은) + 부사어(분하고 노하여) + 술어(말했다) + 목적어(사드락과 메삭과 아벳느고를 데려오라고)의 구조이다.

주어 앞의 부사어 '그때'는 술어보다 앞에 위치하는 것이 정상적인 순서이나 두 번째 부사어인 '분하고 노하여'는 술어보다 앞에 위치하는 것이 부자연스러운 어순으로 부각되는 구조이다.

두 번째 문장: בֵּאדַ֫יִן גֻּבְרַיָּא אִלֵּךְ הֵיתָ֫יוּ קֳדָ֫ם מַלְכָּא 그래서 그들은 이 사람들을 그 왕 앞에 데려왔다. 부사어(그래서) + 목적어(이 사람들을) + 술어(그들은 데려왔다) + 부사어(그 왕 앞에)의 구조이다. 여기서는 목적어 '이 사람들을'이 술어보다 선행하여 부각되는 구조이다.

다니엘 3장 14절

עֲנֵה נְבוּכַדְנֶצַּר֙ וְאָמַ֣ר לְה֔וֹן הַצְדָּ֕א שַׁדְרַ֥ךְ מֵישַׁ֖ךְ וַעֲבֵ֣ד נְג֑וֹ
לֵֽאלָהַ֗י לָ֤א אִֽיתֵיכוֹן֙ פָּֽלְחִ֔ין וּלְצֶ֧לֶם דַּהֲבָ֛א דִּ֥י הֲקֵ֖ימֶת לָ֥א
סָֽגְדִֽין׃

음역

아네 네부하드네짜르 베아마르 레혼 하쯔다 샤드라흐 메이샤흐 바아베드 네고 렐라하이 라 이테이혼 팔힌 울쩰렘 다하바 디 하케이메트 라 싸그딘.

번역

느부갓네살이 응답하여 그들에게 말했다. 사드락, 메삭, 아벳느고야. 너희가 내 신들을 섬기지도 않고 내가 세운 금신상에 절하지 않은 것이 사실이냐?

아람어-히브리어 대조

מֵישַׁ֖ךְ	שַׁדְרַ֥ךְ	הַצְדָּ֕א	לְה֔וֹן	וְאָמַ֣ר	נְבוּכַדְנֶצַּר֙	עֲנֵה	아람어
מישך	שדרך	האמת	להם	ואומר	נבוכדנצר	עונה	히브리어
וּלְצֶ֧לֶם	פָּֽלְחִ֔ין	אִֽיתֵיכוֹן֙	לָ֤א	לֵֽאלָהַ֗י	נְג֑וֹ	וַעֲבֵ֣ד	아람어
ולצלם	עובדים	אינכם	לא	את אלוהי	נגו	ועבד	히브리어
סָֽגְדִֽין		לָ֥א	הֲקֵ֖ימֶת	דִּ֥י	הֲבָ֛א	아람어
משתחוים		לא	הקימותי	אשר	הזהב	히브리어

형태 분석

עֲנֵה 동사 기본형 ענה의 페알 분사 남성단수. 응답한다.

נְבוּכַדְנֶצַּר֙ 명사 단수. 느부갓네살.

וְאָמַ֣ר 접속사 + 동사 기본형 אמר의 페알 접미동사 3인칭남성단수. 그가 말했다.

הַצְדָּא 의문불변사 + 명사 단수. 사실이냐?

שַׁדְרַךְ 명사 단수. 사드락.

מֵישַׁךְ 명사 단수. 메삭.

וַעֲבֵד נְגוֹ 접속사 + 명사 단수. 그리고 아벳느고.

לֵאלָהַי 전치사 + 명사 복수 + 대명사접미사 1인칭단수. 나의 신들을.

לָא 부정어.

אִיתֵיכוֹן 불변사 + 대명사접미사 2인칭남성복수. 히브리어 '**יֶשְׁכֶם**'과 같은 형태로 앞에 나온 부정어와 합쳐서 히브리어 '**אֵינְכֶם**'와 같은 감각으로 '없다'의 뜻이 아닌 '아니다'의 의미로 사용됐다.

פָּלְחִין 동사 기본형 **פלח**의 페알 분사 남성복수. 섬긴다.

וּלְצֶלֶם 접속사 + 전치사 + 명사 단수. 그리고 형상에게.

דַהֲבָא 명사 단수 + 정관사. 그 금.

דִי 관계대명사.

הֲקֵימֶת 동사 기본형 **קום**의 하펠 접미동사 1인칭단수. 내가 세웠다.

לָא 부정어.

סָגְדִין 동사 기본형 **סגד**의 페알 분사 남성복수. 절한다.

통사 분석

이 절은 두 문장으로 구성되어 있다.

　첫 번째 문장: **עָנֵה נְבוּכַדְנֶצַּר וְאָמַר לְהוֹן** 느부갓네살이 응답하여 그들에게 말했다. 술어(응답하여 말했다) + 주어(느부갓네살이) + 부사어(그들에게)의 구조이다.

　두 번째 문장: **הַצְדָּא שַׁדְרַךְ מֵישַׁךְ וַעֲבֵד נְגוֹ לֵאלָהַי לָא אִיתֵיכוֹן פָּלְחִין וּלְצֶלֶם דַהֲבָא דִי הֲקֵימֶת לָא סָגְדִין:** 사드락, 메삭, 아벳느고야. 너희가 내 신들을 섬기지도 않고 내가 세운 금신상에 절하지 않은 것이 사실이냐? 술어(사실이냐?) + 독립어(호칭, 사드락, 메삭, 아벳느고야) + 주어(너희가 내 신들을 섬기지도 않고 내가 세운 금신상에 절하지 않은 것이)의 구조이다.

이 두 번째 문장은 다음과 같이 한 문장이 아닌 세 문장으로 볼 수도 있다.

(1) 사드락, 메삭, 아벳드고야 사실이냐? הַצְדָּ֗א שַׁדְרַ֤ךְ מֵישַׁךְ֙ וַעֲבֵ֣ד נְג֔וֹ

(2) 너희가 내 신들을 섬기지 않았느냐? לֵאלָהַ֗י לָ֤א אִֽיתֵיכוֹן֙ פָּֽלְחִ֔ין

(3) 너희가 내가 세운 금신상에 절하지 않았느냐? וּלְצֶ֧לֶם דַּהֲבָ֛א דִּ֥י הֲקֵ֖ימֶת
לָ֥א סָגְדִֽין׃

그러나 문장의 구조 및 '섬기다'는 동사와 '절하다'는 동사가 모두 분사로 사용된 것을 볼 때 세 문장으로 보는 것은 부자연스럽다. 따라서 '너희가 내 신들을 섬기지도 않고 내가 세운 금신상에 절하지 않은 것이'(לֵאלָהַ֗י לָ֤א אִֽיתֵיכוֹן֙ פָּֽלְחִ֔ין
וּלְצֶ֧לֶם דַּהֲבָ֛א דִּ֥י הֲקֵ֖ימֶת לָ֥א סָגְדִֽין׃)를 관계대명사가 생략된 주어로 보고 앞에 나온 '쯔다'(צְדָּ֗א)를 술어로 보는 것이 바른 분석법이다.

다니엘 3장 15절

음역

케안 헨 이테이혼 아티딘 디 베이다나 디-티슈메운 칼 카르나 마슈로키타 카트로쓰 싸브하 프싼테린 베쑴폰야 베홀 즈네이 즈마라 티플룬 베티쓰게둔 레짤마 디-아브데트 베헨 라 티쓰게둔 바-샤아타 티트레몬 레고-아툰 누라 야키드타 우만-우

엘라 디 예셰이즈빈혼 민-예다이

번역

이제 만일 너희가 나팔과 피리와 수금과 솔터리와 백파이프와 모든 종류의 연주를 들을 때 너희가 엎드려 내가 만든 신상에게 절을 할 준비가 되어 있으면 한다. 그러나 만일 너희가 절을 하지 않으면 그 즉시 너희는 타는 불 용광로 속으로 던져질 것이다. 내 손에서 너희를 구원할 신이 누구냐?

아람어-히브리어 대조

דִּי־תִשְׁמְעוּן	בְּעִדָּנָא	דִּי	עֲתִידִין	אִיתֵיכֹון	הֵן	כְּעַן	아람어
שתשמעו	בעת	אשר	עתידים	ישכם	אם	ועתה	히브리어
וְסוּמְפֹּנְיָה	פְּסַנְתֵּרִין	שַׂבְּכָא	קַתְרֹס	מַשְׁרֹוקִיתָא	קַרְנָא	קָל	아람어
ופומפניה	הפסנתרין	השליש	הנבל	החליל	הקרן	קול	히브리어
דִּי־עַבְדֵת	לְצַלְמָא	וְתִסְגְּדוּן	תִּפְּלוּן	זְמָרָא	זְנֵי	וְכֹל	아람어
שעשיתי	לצלם	ותשתחוו	תפלו	הזמר	מיני	וכל	히브리어
נוּרָא	לְגֹוא־אַתּוּן	תִּתְרְמֹון	בַּהּ־שַׁעֲתָא	תִסְגְּדוּן	לָא	וְהֵן	아람어
האש	לְתוֹךְ־כבשן	תושלכו	בה-בשעה	תשתחוו	לא	ואם	히브리어
מִן־יְדָי	יְשֵׁיזְבִנְכֹון	דִּי	אֱלָהּ	וּמַן־הוּא	יָקִדְתָּא		아람어
מידי	יצילכם	אשר	אלהים	ומי-הוא	היוקדת		히브리어

형태 분석

כְּעַן 부사. 이제.

הֵן 불변사. 만일.

אִיתֵיכֹון 불변사 + 대명사접미사 2인칭남성복수. 히브리어의 'יֶשְׁכֶם'과 같은 형태.

עֲתִידִין 동사 기본형 עתד의 페알 분사수동 남성단수. 준비되다.

דִי 관계대명사.

בְּעִדָּנָא 전치사 + 명사 단수 + 정관사. 시간에.

דִּי־תִשְׁמְעוּן 관계대명사 + 동사 שמע의 페알 접두동사 남성복수. 너희가 들을.

קָל 명사 단수. 소리.

קַרְנָא 명사 단수 + 정관사. 나팔.

מַשְׁרוֹקִיתָא 명사 단수 + 정관사. 피리.

קַתְרֹס 명사 단수. 현악기.

שַׂבְּכָא 명사 단수 + 정관사. 수금.

פְּסַנְתֵּרִין 명사 단수. 솔터리.

וְסוּמְפֹּנְיָה 접속사 + 명사 단수. 그리고 백파이프.

וְכֹל 동사 접속사 + 명사 단수. 그리고 모든.

זְנֵי 명사 복수 연계형. 종류.

זְמָרָא 명사 단수 + 정관사. 연주.

תִּפְּלוּן 동사 기본형 נפל의 페알 접두동사 2인칭남성복수. 너희가 엎드릴 것이다.

וְתִסְגְּדוּן 접속사 + 동사 기본형 סגד의 페알 접두동사 2인칭남성복수. 너희가 절할 것이다.

לְצֶלֶם 전치사 + 명사 단수 + 정관사. 그 형상에게.

דִּי־עַבְדֵת 관계대명사 + 동사 기본형 עבד의 페알 접미동사 1인칭단수. 내가 만든.

וְהֵן 접속사 + 불변사. 그리고 만일.

לָא 부정어.

תִסְגְּדוּן 동사 기본형 סגד의 페알 접두동사 2인칭남성복수. 너희가 절할 것이다.

בַּהּ־שַׁעֲתָא 전치사 + 대명사접미사 + 명사 단수 + 정관사. 그 시간에.

תִּתְרְמוֹן 동사 기본형 אמר의 히트페엘 접두동사 2인칭남성복수. 너희는 던져질 것이다.

לְגוֹא־אַתּוּן 전치사 + 명사 단수 연계형 + 명사 단수. 용광로 속으로.

נוּרָא 명사 단수 + 정관사. 불.

יָקִדְתָּא 동사 기본형 יקד의 페알 분사 여성단수 + 정관사. 타는.

וּמַן־הוּא 접속사 + 의문사 + 인칭대명사. 그리고 누구냐?

אֱלָהּ 명사 단수. 신.

דִּי 관계대명사.

יְשֵׁיזְבִנְכוֹן 동사 기본형 עזב의 샤펠 접두동사 3인칭남성단수 + 대명사접미사 2인
칭남성복수. 그가 너희를 구원할 것이다.

מִן־יְדָי 전치사 + 명사 단수 + 대명사접미사 1인칭단수. 내 손에서부터.

통사 분석

이 절은 세 문장으로 구성되어 있다.

첫 번째 문장: כְּעַֽן הֵן אִיתֵיכוֹן עֲתִידִין דִּי בְעִדָּנָא דִּי־תִשְׁמְעוּן קָל קַרְנָא
מַשְׁרוֹקִיתָֽא קֵיתָרֹס (קַתְרֹס) שַׂבְּכָא פְּסַנְתֵּרִין וְסוּמְפֹּנְיָה וְכֹל | זְנֵי זְמָרָא תִּפְּלוּן
וְתִסְגְּדוּן‎ לְצַלְמָא דִּי־עַבְדֵת 이제 만일 너희가 나팔과 피리와 수금과 솔터리와 백파
이프와 모든 종류의 연주를 들을 때 너희가 엎드려 내가 만든 신상에게 절을 할 준비가
되어 있으면 한다. 부사어(이제) + 부사어(만일 너희가 나팔과 피리와 수금과 솔터리와
백파이프와 모든 종류의 연주를 들을 때 너희가 엎드려 내가 만든 신상에게 절을 할 준
비가 되어 있으면)의 구조로 술어가 생략된 특이한 문장이다. 아람어나 히브리어 문
장 구조에서 '만일'(הֵן)로 시작되는 조건절에서 술어가 생략되는 이러한 특이한
문장이 종종 등장한다. 이 경우에 '헨'(הֵן)이라는 단어는 단순히 '만일'의 뜻만을
의미하는 것이 아니라 마치 단축형(희구법)과 같이 화자의 '바람'이나 '소원'이 들
어가 있는 의미를 내포하고 있다고 보아야 한다.

긴 조건절로 구성되어 있는 두 번째 부사어의 구조는 주어(너희가) + 술어(나팔
과 피리와 수금과 솔터리와 백파이프와 모든 종류의 연주를 들을 때 너희가 엎드려 내가
만든 신상에게 절을 할 준비가 되어 있으면)로 되어 있으며 술어는 핵심 술어(준비되

어 있으면) + 수식어(나팔과 피리와 수금과 솔터리와 백파이프와 모든 종류의 연주를 들을 때 너희가 엎드려 내가 만든 신상에게 절을 할)로 구성되어 있고 관형절로 구성된 수식어는 다시 부사어(너희가 나팔과 피리와 수금과 솔터리와 백파이프와 모든 종류의 연주를 들을 때) + 술어(엎드릴) + 술어(내가 만든 신상에게 절을 할)의 구조로 되어 있다.

두 번째 문장: וְהֵן לָא תִסְגְּדוּן בַּהּ־שַׁעֲתָא תִּתְרְמוֹן לְגוֹא־אַתּוּן נוּרָא יָקִדְתָּא 그러나 만일 너희가 절을 하지 않으면 그 즉시 너희는 타는 불 용광로 속으로 던져질 것이다. 부사어(그러나 만일 너희가 절을 하지 않으면) + 부사어(그 즉시) + 술어(너희가 던져질 것이다) + 부사어(타는 불 용광로 속으로)의 구조다. 첫 번째 부사어는 조건절인 종속절이어서 문장의 앞에 온 것이 자연스러우나 두 번째 부사어인 '그 즉시'는 부각시키기 위해 의도적으로 술어 앞에 위치한 것이다.

세 번째 문장: וּמַן־הוּא אֱלָהּ דִּי יְשֵׁיזְבִנְכוֹן מִן־יְדָי 내 손에서 너희를 구원할 신이 누구냐? 술어(누구냐) + 인칭대명사 + 주어(내 손에서 너희를 구원할 신이)의 구조이다. 여기서 술어와 주어 사이에 등장하는 인칭대명사를 제외한 문장이 일반적인 문장이라 할 수 있다. וּמַן אֱלָהּ דִּי יְשֵׁיזְבִנְכוֹן מִן־יְדָי

주어와 술어 외에 인칭대명사가 포함되어 있는 이와 같은 문장을 '세 구성원 명사문장'이라고 하는데 이러한 문장의 역할에 대해서는 여러 가지 견해가 있다.[3]

---

3. 세 구성원 명사문장을 보는 시각은 매우 다양하나 크게 둘로 나눌 수 있다. 즉, 주어와 술어 외에 제3의 인칭대명사를 강조의 시각으로 보는 것과 아무런 역할을 하지 않는 것으로 보는 시각이다. 제3의 인칭대명사를 강조로 보는 이들은 대개 주어를 강조하는 것으로 보지만 술어를 강조하는 것으로 보는 이도 있다. 필자는 제3의 인칭대명사의 역할은 주어나 술어가 아닌 문장 전체를 강조하는 것으로 본다.

다니엘 3장 16절

עֲנוֹ שַׁדְרַךְ מֵישַׁךְ וַעֲבֵד נְגוֹ וְאָמְרִין לְמַלְכָּא נְבוּכַדְנֶצַּר לָא־
חַשְׁחִין אֲנַחְנָא עַל־דְּנָה פִּתְגָם לַהֲתָבוּתָךְ׃

음역

아노 샤드라흐 메이샤흐 바아베드 네고 베암린 레말카 네부하드네짜르 라-하슈힌
아나흐나 알-드나 피트감 라하타부타흐

번역

사드락과 메삭과 아벳느고가 그 왕에게 응답하여 말했다. 느부갓네살이여, 우리는
이 칙명에 대하여 당신에게 대답할 필요가 없습니다.

아람어-히브리어 대조

וְאָמְרִין לְמַלְכָּא	נְגוֹ	וַעֲבֵד	מֵישַׁךְ	שַׁדְרַךְ	עֲנוֹ	아람어
למלך ואמרו	נגו	ועבד	מישך	שדרך	ענו	히브리어
לַהֲתָבוּתָךְ	פִּתְגָם	עַל־דְּנָה	אֲנַחְנָא	לָא־חַשְׁחִין	נְבוּכַדְנֶצַּר	아람어
להשיבך	על־פתגם זה	אנחנו	לא־צריכים	נבוכדנצר		히브리어

형태 분석

עֲנוֹ 동사 기본형 ענה의 페알 접미동사 3인칭남성복수. 그들이 응답했다.

שַׁדְרַךְ 명사 단수. 사드락.

מֵישַׁךְ 명사 단수. 메삭.

וַעֲבֵד נְגוֹ 접속사 + 명사 단수. 그리고 아벳느고.

וְאָמְרִין 동사 기본형 אמר의 페알 분사 남성복수. 말한다.

לְמַלְכָּא 전치사 + 명사 단수 + 정관사. 그 왕에게.

נְבוּכַדְנֶצַּר 명사 단수. 느부갓네살.

לָא־חַשְׁחִין 부정어 + 동사 기본형 חשח의 페알 분사 남성복수. 필요하지 않다.

אֲנַחְנָא 인칭대명사 1인칭복수. 우리는.

עַל־דְּנָה 전치사 + 지시대명사 남성단수. 이것에 대해.

פִּתְגָם 명사 단수. 칙명.

לַהֲתָבוּתָךְ 전치사 + 동사 기본형 תוב의 하펠 부정사 + 대명사접미사 2인칭남성
단수. 당신에게 대답할.

통사 분석

이 절은 두 문장으로 구성되어 있다.

　　첫 번째 문장: עֲנוֹ שַׁדְרַךְ מֵישַׁךְ וַעֲבֵד נְגוֹ וְאָמְרִין לְמַלְכָּא 사드락과 메삭과
아벳느고가 그 왕에게 응답하여 말했다. 술어(응답하여 말했다) + 주어(사드락과 메삭
과 아벳느고가) + 부사어(그 왕에게)의 구조이다. 술어인 '응답하여 말했다'는 형태
적으로 두 개이지만 본동사와 분사로 연결하여 하나의 행위를 표현하는 관용어이
다.

　　두 번째 문장: נְבוּכַדְנֶצַּר לָא־חַשְׁחִין אֲנַחְנָא עַל־דְּנָה פִּתְגָם לַהֲתָבוּתָךְ: 느
부갓네살이여, 우리는 이 칙명에 대하여 당신에게 대답할 필요가 없습니다. 독립어(호
칭, 느부갓네살이여) + 술어(필요가 없습니다) + 주어(우리는) + 부사어(이 칙명에 대
하여) + 목적어(당신에게 대답할)의 구조이다.

　　독립인칭대명사가 주어이고 술어가 분사인 경우 아람어와 히브리어 모두 주
어 + 술어의 어순이 보다 높은 비율로 나타나므로[4] 이곳에서는 술어인 '필요가 없
다'가 부각되는 구조라 할 수 있다.

4.　주어(독립인칭대명사) + 술어(분사)의 어순이 히브리어에서는 약 80% 출현하고 아람어에서는
　　약 67% 출현한다.

다니엘 3장 17절

הֵן אִיתַי אֱלָהַנָא דִּי־אֲנַחְנָא פָלְחִין יָכִל לְשֵׁיזָבוּתַנָא מִן־אַתּוּן
נוּרָא יָקִדְתָּא וּמִן־יְדָךְ מַלְכָּא יְשֵׁיזִב׃

음역

헨 이타이 엘라하나 디-아나흐나 팔힌 야힐 레셰이자부타나 민-아툰 누라 야키드타 우민-예다흐 말카 예셰이지브

번역

만일 우리가 섬기는 우리의 하나님이 계시다면 그가 우리를 구원하실 수 있을 것입니다. 왕이시여, 그가 타는 불 용광로에서와 당신의 손에서 구원하실 것입니다.

아람어-히브리어 대조

לְשֵׁיזָבוּתַנָא	יָכִל	פָלְחִין	דִּי־אֲנַחְנָא	אֱלָהַנָא	אִיתַי	הֵן	아람어
להצילנו	יכול	עובדים	שאנחנו	אלהינו	יש	אם	히브리어
יְשֵׁיזִב	מַלְכָּא	וּמִן־יְדָךְ	יָקִדְתָּא	נוּרָא	מִן־אַתּוּן		아람어
יציל	המלך	ומידך	היוקדת	האש	מכבשן		히브리어

형태 분석

הֵן 불변사. 만일.

אִיתַי 불변사. 있다.

אֱלָהַנָא 명사 단수 + 대명사접미사 1인칭복수. 우리의 하나님.

דִּי־אֲנַחְנָא 관계대명사 + 인칭대명사 1인칭복수. 우리가.

פָלְחִין 동사 기본형 פלח의 페알 분사 남성복수. 섬긴다.

יָכִל 동사 기본형 יכל의 페알 분사 남성단수. 할 수 있다.

לְשֵׁיזָבוּתַנָא 전치사 + 동사 기본형 עזב의 샤펠 부정사 + 대명사접미사 1인칭복수. 우리를 구원할.

מִן־אַתּוּן 전치사 + 명사 단수. 용광로에서부터.

נוּרָא 명사 단수. 불.

יָקֵדְתָּא 동사 기본형 יקד의 페알 분사 여성단수 + 정관사. 타는.

וּמִן־יְדָךְ 접속사 + 전치사 + 명사 단수 + 대명사접미사 2인칭남성단수. 당신의 손으로부터.

מַלְכָּא 명사 단수 + 정관사. 왕이시여.

יְשֵׁיזִב 동사 기본형 עזב의 샤펠 접두동사 3인칭남성단수. 그가 구원할 것이다.

통사 분석

이 절은 두 문장으로 구성되어 있다.

첫 번째 문장: הֵן אִיתַי אֱלָהַנָא דִּי־אֲנַחְנָא פָלְחִין יָכִל לְשֵׁיזָבוּתַנָא 만일 우리가 섬기는 우리의 하나님이 계시다면 그가 우리를 구원하실 수 있을 것입니다. 부사어(만일 우리가 섬기는 우리의 하나님이 계시다면) + 술어(할 수 있습니다) + 목적어(우리를 구원하실 수)의 구조로 정상적인 어순의 문장이다.

두 번째 문장: מִן־אַתּוּן נוּרָא יָקֵדְתָּא וּמִן־יְדָךְ מַלְכָּא יְשֵׁיזִב: 왕이시여, 그가 타는 불 용광로에서와 당신의 손에서 구원하실 것입니다. 부사어(타는 불 용광로에서와 당신의 손에서) + 독립어(호칭, 왕이시여) + 술어(그가 구원하실 것입니다)의 구조이다. 이곳의 부사어는 술어 뒤로 가는 것이 정상적이나 앞에 위치했으므로 비정상적인 순서라 할 수 있으며 일반적으로 구성성분의 길이가 길 때는 뒤에 위치시키는데 앞에 위치하여 이 또한 정상에서 벗어난 구조라 할 수 있다. 그러나 이곳에서는 부사어를 부각시키기 위해 앞으로 배치시켰다기보다는 첫 번째 문장의 마지막 어절에서 사용된 동사(구원하다)와 두 번째 문장에서의 동사가 동일하여 동일한 어원의 동사를 인접하여 배치하는 것을 피하면서 가장 마지막에 배치시키는 평행법을 사용했다고 보는 것이 타당하다.

다니엘 3장 18절

וְהֵן לָא יְדִיעַ לֶהֱוֵא־לָךְ מַלְכָּא דִי לֵאלָהָיךְ (לֵאלָהָךְ) לָא־
אִיתַיְנָא (אִיתַנָא) פָלְחִין וּלְצֶלֶם דַּהֲבָא דִי הֲקֵימְתָּ לָא נִסְגֻּד׃

음역

베헨 라 예디아 레헤베-라흐 말카 디 렐라하흐 라-이타나 팔힌 울쩰렘 다하바 디
하케임타 라 니쓰구드

번역

왕이시여, 만일 그렇지 않더라도 우리는 당신의 신들을 섬기지 않을 것이며 당신
께서 세우신 금 신상에게 절을 하지 않을 것임을 아셨으면 합니다.

아람어-히브리어 대조

לָא־אִיתַנָא	לֵאלָהָךְ	דִי	מַלְכָּא	לֶהֱוֵא־לָךְ	יְדִיעַ	לָא	וְהֵן	아람어
אנחנו לא	את אלהיך	כי	המלך	יהי-לך	ידוע	לא	ואם	히브리어
נִסְגֻּד	לָא	הֲקֵימְתָּ	דִי	דַּהֲבָא	וּלְצֶלֶם	פָלְחִין		아람어
נשתחוה	לא	הקימות	אשר	הזהב	ולצלם	עובדים		히브리어

형태 분석

וְהֵן 접속사 + 불변사. 그리고 만일.

לָא 부정어.

יְדִיעַ 동사 기본형 ידע의 페알 분사수동 남성단수. 알려진다.

לֶהֱוֵא־לָךְ 동사 기본형 הוה의 페알 접두동사 3인칭남성단수 + 전치사 + 대명사
　　접미사 2인칭남성단수. 당신에게 -일 것이다.

מַלְכָּא 명사 단수 + 정관사. 왕이시여.

דִּי 관계대명사.

לֵאלָהָיִךְ 전치사 + 명사 복수 + 대명사접미사 2인칭남성단수. 당신의 신들을.

לָא־אִיתַנָא 부정어 + 불변사 + 대명사접미사 1인칭복수.

פָלְחִין 동사 기본형 פלח의 페알 분사 남성복수. 섬긴다.

וּלְצֶלֶם 접속사 + 전치사 + 명사 단수. 그리고 형상에게.

דַהֲבָא 명사 단수 + 정관사. 금.

דִּי 관계대명사.

הֲקֵימְתָּ 동사 기본형 קום의 하펠 접미동사 2인칭남성단수. 당신이 세웠다.

לָא 부정어.

נִסְגֻּד 동사 기본형 סגד의 페알 접두동사 1인칭복수. 우리가 절을 할 것이다.

통사 분석

이 절은 한 문장으로 되어 있다.

부사어(만일 그렇지 않더라도) + 술어(당신에게 알려질 것입니다 = 아셨으면 합니다) + 독립어(호칭, 왕이시여) + 주어(우리는 당신의 신들을 섬기지 않을 것이며 당신께서 세우신 금 신상에게 절을 하지 않을 것임이)의 구조이다.

이곳의 술어를 직역하면 '그것이 당신에게 알려질 것입니다'이며 '그것이'에 해당하는 긴 주어는 마지막 부분에 나오는 '우리는 당신의 신들을 섬기지 않을 것이며 당신께서 세우신 금 신상에게 절을 하지 않을 것임'이다. 신분이 낮은 화자가 신분이 보다 높은 청자에게 '명령어' 대신 사용하는 완곡한 표현의 관용어이다. 만일 화자가 청자보다 신분이 높은 위치에 있다면 '분사수동 + 접두동사 + 전치사 + 대명사접미사'(יְדִיעַ לֶהֱוֵא־לָךְ)의 구조 대신에 '동사명령'(דַע)이 사용됐을 것이고 뒤에 나온 긴 주어(우리는 당신의 신들을 섬기지 않을 것이며 당신께서 세우신 금 신상에게 절을 하지 않을 것임)는 목적어(우리는 당신의 신들을 섬기지 않을 것이며 당신께서 세우신 금 신상에게 절을 하지 않을 것임)의 역할을 하게 됐을 것이다. 다음 다니엘 6:16과 비교하여 보라.

הַע מַלְכָּא דִּי־דָת לְמָדַי וּפָרַס דִּי־כָל־אֱסָר וּקְיָם דִּי־מַלְכָּא יְהָקֵים לָא לְהַשְׁנָיָה: 왕이시여, 왕께서 세우신 모든 금령과 법률은 변경시킬 수 없다는 것이 메대 와 바사의 법임을 아십시오.

יט אֱדַ֣יִן אֲזַ֣ל מַלְכָּא֩ לְהֵֽיכְלֵ֨הּ וּבָ֜ת טְוָ֗ת וְדַחֲוָן֙ לָֽא־הַנְעֵ֣ל קׇדָמ֔וֹהִי וְשַׁנְתֵּ֖הּ נַדַּ֥ת עֲלֽוֹהִי׃

כ בֵּאדַ֣יִן מַלְכָּ֗א בִּשְׁפַּרְפָּרָ֛א יְק֖וּם בְּנׇגְהָ֑א וּבְהִ֨תְבְּהָלָ֔ה לְגֻבָּ֥א דִֽי־אַרְיָוָתָ֖א אֲזַֽל׃

כא וּכְמִקְרְבֵ֣הּ לְגֻבָּ֔א לְדָ֣נִיֵּ֔אל בְּקָ֥ל עֲצִ֖יב זְעִ֑ק עָנֵ֨ה מַלְכָּ֜א וְאָמַ֣ר לְדָנִיֵּ֗אל דָּֽנִיֵּאל֙ עֲבֵד֙ אֱלָהָ֣א חַיָּ֔א אֱלָהָ֗ךְ דִּ֣י אנתה (אַ֜נְתְּ) פָּֽלַֽח־לֵ֣הּ בִּתְדִירָ֗א הַיְכִ֛ל לְשֵׁיזָבוּתָ֖ךְ מִן־אַרְיָוָתָֽא׃

כב אֱדַ֙יִן֙ דָּ֣נִיֵּ֔אל עִם־מַלְכָּ֖א מַלִּ֑ל מַלְכָּ֖א לְעָלְמִ֥ין חֱיִֽי׃

כג אֱלָהִ֞י שְׁלַ֣ח מַלְאֲכֵ֗הּ וּֽסֲגַ֛ר פֻּ֥ם אַרְיָוָתָ֖א וְלָ֣א חַבְּל֑וּנִי כׇּל־קֳבֵ֗ל דִּ֤י קׇֽדָמ֙וֹהִי֙ זָכוּ֙ הִשְׁתְּכַ֣חַת לִ֔י וְאַ֤ף קדמיך (קׇֽדָמָךְ֙) מַלְכָּ֔א חֲבוּלָ֖ה לָ֥א עַבְדֵֽת׃

כד בֵּאדַ֣יִן מַלְכָּ֗א שַׂגִּיא֙ טְאֵ֣ב עֲל֔וֹהִי וּלְדָ֣נִיֵּ֔אל אֲמַ֖ר לְהַנְסָקָ֣ה מִן־גֻּבָּ֑א וְהֻסַּ֨ק דָּנִיֵּ֜אל מִן־גֻּבָּ֗א וְכׇל־חֲבָל֙ לָא־הִשְׁתְּכַ֣ח בֵּ֔הּ דִּ֥י הֵימִ֖ן בֵּאלָהֵֽהּ׃

다니엘 6장 19절

אֱדַיִן אֲזַל מַלְכָּא לְהֵיכְלֵהּ וּבָת טְוָת וְדַחֲוָן לָא־הַנְעֵל
קָדָמוֹהִי וְשִׁנְתֵּהּ נַדַּת עֲלוֹהִי׃

음역

에다인 에잘 말카 레헤이흘레 우바트 트바트 베다하반 라-한엘 카다모히 베쉰테
나다트 알로히

번역

그때 그 왕은 그의 궁전으로 갔다. 그는 공복으로 밤을 새웠다. 그 앞에 악기들을
가져가지 않았다. 그의 잠은 그에게서 달아났다.

아람어-히브리어 대조

טְוָת	וּבָת	לְהֵיכְלֵהּ	מַלְכָּא	אֲזַל	אֱדַיִן	아람어
בצום	ולן	להיכלו	המלך	הלך	אז	히브리어
עֲלוֹהִי	נַדַּת	וְשִׁנְתֵּהּ	קָדָמוֹהִי	לָא־הַנְעֵל	וְדַחֲוָן	아람어
ממנו	נדדה	ושמנו	לפניו	לא-הביא	וכלי זמר	히브리어

형태 분석

אֱדַיִן 불변사. 그때.

אֲזַל 동사 기본형 אזל의 페알 접미동사 3인칭남성단수. 그가 갔다.

מַלְכָּא 명사 단수 + 정관사. 그 왕.

לְהֵיכְלֵהּ 전치사 + 명사 단수 + 대명사접미사 3인칭남성단수. 그의 궁전으로.

וּבָת 접속사 + 동사 기본형 בות의 페알 접미동사 3인칭남성단수. 그가 밤을 새웠
다.

טְוָת 불변사. 공복으로.

וְדַחֲוָן 접속사 + 명사 복수. 그리고 악기들.

לָא־הַנְעֵל 부정어 + 동사 기본형 עלל의 하펠 접미동사 3인칭남성단수. 그가 가져

가지 않았다.

קָדָמוֹהִי 전치사 + 대명사접미사 3인칭남성단수. 그 앞에.

וְשִׁנְתֵּה 명사 단수 + 대명사접미사 3인칭남성단수. 그의 잠.

נַדַּת 동사 기본형 נדד의 페알 접미동사 3인칭여성단수. 그것이 달아났다.

עֲלוֹהִי 전치사 + 대명사접미사. 그 위에.

통사 분석

이 절은 네 문장으로 구성되어 있다.

첫 번째 문장: אֱדַיִן אֲזַל מַלְכָּא לְהֵיכְלֵהּ 그때 그 왕은 그의 궁전으로 갔다. 부
사어(그때) + 술어(갔다) + 주어(그 왕은) + 부사어(그의 궁전으로)의 구조로 정상적
인 어순의 문장이다.

두 번째 문장: וּבָת טְוָת 그는 공복으로 밤을 새웠다. 술어(밤을 새웠다) + 부사어
(공복으로)의 구조로 정상적인 문장이다.

세 번째 문장: וְדַחֲוָן לָא־הַנְעֵל קָדָמוֹהִי 그 앞에 악기들을 가져가지 않았다. 목
적어(악기들을) + 술어(가져가지 않았다) + 부사어(그 앞에)의 구조로 목적어가 술어
앞에 선행하는 어순으로 목적어인 '악기들을'이 부각되는 구조이다.[1]

네 번째 문장: וְשִׁנְתֵּהּ נַדַּת עֲלוֹהִי: 그의 잠은 그에게서 달아났다. 주어(그의 잠
은) + 술어(달아났다) + 부사어(그에게서)의 구조로 주어인 '그의 잠'이 부각된다.

---

1. 여기서 '악기들'로 번역된 아람어 단어 'דַּחֲוָן'는 의미 파악이 매우 어려운 단어로 '창녀들', '(잔
치)상들'의 의미로 보는 학자들도 있다.

다니엘 6장 20절

בֵּאדַיִן מַלְכָּא בִּשְׁפַּרְפָּרָא יְקוּם בְּנָגְהָא וּבְהִתְבְּהָלָה לְגֻבָּא
דִּי־אַרְיָוָתָא אֲזַל׃

음역

베다인 말카 비슈파르파라 예쿰 베노그하 우브히트베할라 레구바 디-아르야바타
아잘

번역

그때 그 왕은 새벽 밝을 때 일어났다. 그는 서둘러 사자 굴로 갔다.

아람어-히브리어 대조

בְּנָגְהָא	יְקוּם	בִּשְׁפַּרְפָּרָא	מַלְכָּא	בֵּאדַיִן	아람어
בנגה	קם	בשחר	המלך	אז	히브리어
אֲזַל		דִּי־אַרְיָוָתָא	לְגֻבָּא	וּבְהִתְבְּהָלָה	아람어
הלך		האריות	לבור	ובהול	히브리어

형태 분석

בֵּאדַיִן 전치사 + 불변사. 그때.

מַלְכָּא 명사 단수 + 정관사. 그 왕.

בִּשְׁפַּרְפָּרָא 전치사 + 명사 단수 + 정관사. 새벽에.

יְקוּם 동사 기본형 קום의 페알 접두동사 3인칭남성단수. 그가 일어났다.

בְּנָגְהָא 전치사 + 명사 단수 + 정관사. 밝을 때.

וּבְהִתְבְּהָלָה 접속사 + 전치사 + 동사 기본형 בהל의 히트페엘 부정사. 서둘러.

לְגֻבָּא 전치사 + 명사 단수 + 정관사. 그 굴로.

דִּי־אַרְיָוָתָא 속격표지 + 명사 단수 + 정관사. 사자의.

אֲזַל 동사 기본형 אזל의 페알 접미동사 3인칭남성단수. 그가 갔다.

통사 분석

이 절은 두 문장으로 구성되어 있다.

첫 번째 문장: בֵּאדַיִן מַלְכָּא בִּשְׁפַּרְפָּרָא יְקוּם בְּנָגְהָא 그때 그 왕은 새벽 밝을 때 일어났다. 부사어(그때) + 주어(그 왕은) + 부사어(새벽에) + 술어(일어났다) + 부사어(밝을 때)의 구조이다. 여기서는 부사어 중 '새벽에'만이 부각되는 구조이다. 술어인 'יְקוּם'(일어났다)이 접미동사가 아닌 접두동사로 사용된 것이 특이하다. 과거 문맥에서 접두동사가 사용되는 경우 주로 습관적이거나 반복적인 행동을 의미하는 것으로서 이곳에서도 그 왕이 일어나는 행위가 단회적으로 일어난 행위라기보다는 새벽 동이 트기 전까지 계속 일어나는 행위를 반복했음을 말해준다.

다니엘 6장 21절

וּכְמִקְרְבֵהּ לְגֻבָּא לְדָנִיֵּאל בְּקָל עֲצִיב זְעִק עָנֵה מַלְכָּא וְאָמַר לְדָנִיֵּאל דָּנִיֵּאל עֲבֵד אֱלָהָא חַיָּא אֱלָהָךְ דִּי אַנתה (אַנְתְּ) פָּלַח־לֵהּ בִּתְדִירָא הַיְכִל לְשֵׁיזָבוּתָךְ מִן־אַרְיָוָתָא׃

음역

우흐미크레베 레구바 레다니엘 베칼 아찌브 즈이크 아네 말카 베아마르 레다니엘 다니엘 아베드 엘라하 하야 엘라하흐 디 안트 팔라흐-레 비트디라 하이힐 레셰이자부타흐 민-아르야바타

번역

그가 굴로 가까이 갔을 때 그는 슬픈 목소리로 다니엘에게 외쳤다. 그 왕이 다니엘에게 응답하여 말했다. 살아계신 하나님의 종 다니엘아, 네가 항상 섬기는 네 하나님, 그가 사자들로부터 너를 구원할 수 있었느냐?

아람어-히브리어 대조

עָנֵה	זְעִק	עֲצִיב	בְּקָל	לְדָנִיֵּאל	לְגֻבָּא	וּכְמִקְרְבֵהּ	아람어
עונה	זעק	עצוב	בקול	דניאל	לבור	וּכְקָרְבוֹ	히브리어
חַיָּא	אֱלָהָא	עֲבֵד	דָּנִיֵּאל	לְדָנִיֵּאל	וְאָמַר	מַלְכָּא	아람어
החי	האל	עבד	דניאל	לדניאל	ואומר	המלך	히브리어
מִן־אַרְיָוָתָא	לְשֵׁיזָבוּתָךְ	הֵיכָל	בִּתְדִירָא	פָּלַח־לֵהּ	דִּי אַנְתְּ	אֱלָהָךְ	아람어
מִן־הָאֲרָיוֹת	להַצִּילְךָ	היכול	תמיד	עוֹבֵד־אַתּוֹ	שאתה	אלהיך	히브리어

형태 분석

וּכְמִקְרְבֵהּ 접속사 + 전치사 + 동사 기본형 קרב의 페알 부정사 + 대명사접미사 3인칭남성단수. 그가 가까이 갔을 때.

לְגֻבָּא 전치사 + 명사 단수 + 정관사. 그 굴로.

לְדָנִיֵּאל 전치사 + 명사 단수. 다니엘에게.

בְּקָל 전치사 + 명사 단수. 소리로.

עֲצִיב 형용사 남성단수. 슬픈.

זְעִק 동사 기본형 זעק의 페알 접미동사 3인칭남성단수. 그가 소리쳤다.

עָנֵה 동사 기본형 ענה의 페알 분사 남성단수. 대답하다.

מַלְכָּא 명사 단수 + 정관사. 그 왕.

וְאָמַר 동사 기본형 אמר의 페알 접미동사 3인칭남성단수. 그가 말했다.

לְדָנִיֵּאל 전치사 + 명사 단수. 다니엘에게.

דָּנִיֵּאל 명사 단수. 다니엘.

עֲבֵד 명사 단수. 종.

אֱלָהָא 명사 단수 + 정관사. 하나님.

חַיָּא 형용사 남성단수 + 정관사. 살아계신.

אֱלָהָךְ 명사 단수 + 대명사접미사. 너의 하나님.

דִּי 관계대명사.

אַנְתְּ 인칭대명사 2인칭남성단수. 당신.

פָּלַֽח־לֵהּ 동사 기본형 **פלח**의 페알 분사 남성단수 + 전치사 + 대명사접미사 3인
칭남성단수. 그를 섬긴다.

בִּתְדִירָא 전치사 + 명사 단수 + 정관사. 항상.

הַיְכִל 의문불변사 + 동사 기본형 **יכל**의 페알 접두동사 3인칭남성단수. 그가 할 수
있는가?

לְשֵׁיזָבוּתָךְ 전치사 + 동사 기본형 **עזב**의 샤펠 부정사 + 대명사접미사 2인칭남성
단수. 너를 구원할 수.

מִן־אַרְיָוָתָא 전치사 + 명사 복수 + 정관사. 그 사자들로부터.

통사 분석

이 절은 세 문장으로 구성되어 있다.

　첫 번째 문장: וּכְמִקְרְבֵהּ לְגֻבָּא לְדָנִיֵּאל בְּקָל עֲצִיב זְעִק 그가 굴로 가까이 갔
을 때 그는 슬픈 목소리로 다니엘에게 외쳤다. 부사어(그가 굴로 가까이 갔을 때) + 부
사어(다니엘에게) + 부사어(슬픈 목소리로) + 술어(그는 외쳤다)의 구조로 부사어
'다니엘에게'와 '슬픈 목소리로'가 술어 앞에 위치하여 부각된다.

　두 번째 문장: עָנֵה מַלְכָּא וְאָמַר לְדָנִיֵּאל 그 왕이 다니엘에게 응답하여 말했다.
술어(응답하여 말했다) + 주어(그 왕이) + 부사어(다니엘에게)의 구조로 정상적인 어
순의 문장이다.

　세 번째 문장: דָּנִיֵּאל עֲבֵד אֱלָהָא חַיָּא אֱלָהָךְ דִּי אַנְתָה (אַנְתְּ) פָּלַֽח־לֵהּ
בִּתְדִירָא הַיְכִל לְשֵׁיזָבוּתָךְ מִן־אַרְיָוָתָא: 살아계신 하나님의 종 다니엘아, 네가 항
상 섬기는 네 하나님, 그가 사자들로부터 너를 구원할 수 있었느냐? 독립어(호칭, 살아

계신 하나님의 종 다니엘아) + 주어(네가 항상 섬기는 네 하나님) + 술어(그가 할 수 있었느냐) + 목적어(사자들로부터 너를 구원할 수)로 주어(네가 항상 섬기는 네 하나님)가 부각되는 구조이다.

다니엘 6장 22절

אֱדַ֣יִן דָּֽנִיֵּ֗אל עִם־מַלְכָּא֙ מַלִּ֔ל מַלְכָּ֖א לְעָלְמִ֥ין חֱיִֽי׃

음역

에다인 다니엘 임-말카 말릴 말카 레알민 헤이

번역

그때 다니엘이 그 왕에게 말했다. 왕이시여, 당신은 영원히 사십시오.

아람어-히브리어 대조

חֱיִֽי	לְעָלְמִ֥ין	מַלְכָּ֖א	מַלִּ֔ל	עִם־מַלְכָּא֙	דָּֽנִיֵּ֗אל	אֱדַ֣יִן	아람어
חיה	לעולם	המלך	דבר	עם־המלך	דניאל	אז	히브리어

형태 분석

אֱדַ֣יִן 불변사. 그때.

דָּֽנִיֵּ֗אל 명사 단수. 다니엘.

עִם־מַלְכָּא 전치사 + 명사 단수 + 정관사. 그 왕에게.

מַלִּל 동사 기본형 מלל의 파엘 접미동사 3인칭남성단수. 그가 말했다.

מַלְכָּא 명사 단수 + 정관사. 왕이시여.

לְעָלְמִין 전치사 + 명사 복수. 영원히.

חֱיִי 동사 기본형 חיא의 페알 명령 2인칭남성단수. 당신은 사십시오.

통사 분석

이 절은 두 문장으로 구성되어 있다.

첫 번째 문장: אֱדַ֗יִן דָּֽנִיֵּ֛אל עִם־מַלְכָּ֖א מַלִּֽל 그때 다니엘이 그 왕에게 말했다.
부사어(그때) + 주어(다니엘이) + 부사어(그 왕에게) + 술어(말했다)의 구조로 부사
어 '그 왕에게'가 부각됐다.

두 번째 문장: מַלְכָּ֖א לְעָלְמִ֥ין חֱיִֽי: 왕이시여, 당신은 영원히 사십시오. 독립어(
호칭, 왕이시여) + 부사어(영원히) + 술어(사십시오)의 구조이다.

다니엘 6장 23절

אֱלָהִ֞י שְׁלַ֣ח מַלְאֲכֵ֗ה וּֽסֲגַ֛ר פֻּ֥ם אַרְיָוָתָ֖א וְלָ֣א חַבְּל֑וּנִי כָּל־קֳבֵ֗ל
דִּ֤י קָֽדָמ֙וֹהִי֙ זָכ֣וּ הִשְׁתְּכַ֣חַת לִ֔י וְאַ֧ף קדמיך (קָֽדָמָ֛ךְ) מַלְכָּ֖א
חֲבוּלָ֥ה לָ֖א עַבְדֵֽת:

음역

엘라히 슐라흐 말아헤 우쓰가르 품 아르야바타 벨라 하블루니 콜-코벨 디 카다모
히 자후 히슈테하하트 리 베아프 카다마흐 말카 하불라 라 아브데트

번역

내 하나님께서 그의 천사를 보냈습니다. 그가 사자들의 입을 막았습니다. 그들이
나를 상하게 하지 않았습니다. 그 앞에서 내게 순결이 발견됐고 또한 왕이시여, 당
신 앞에서도 내가 죄를 짓지 않았기 때문입니다.

아람어-히브리어 대조

וְלָא	אַרְיָוָתָא	פֻּם	וּסֲגַר	מַלְאֲכֵהּ	שְׁלַח	אֱלָהִי	아람어
ולא	האריות	פי	וסגר	מלאכו	שלח	אלהי	히브리어
לִי	הִשְׁתְּכַחַת	זָכוּ	קֳדָמוֹהִי	דִּי	כָּל־קֳבֵל	חַבְּלוּנִי	아람어
לי	נמצאה	זכות	לפניו	כי		חיבלוני	히브리어

עַבְדֵת	לָא	חֲבוּלָה	מַלְכָּא	קֳדָמָךְ	וְאַף	아람어
עשיתי	לא	חבלה	המלך	לפניך	ואף	히브리어

형태 분석

אֱלָהִי 명사 단수 + 대명사접미사 1인칭단수. 나의 하나님.

שְׁלַח 동사 기본형 שלח의 페알 접미동사 3인칭남성단수. 그가 보냈다.

מַלְאֲכֵהּ 명사 단수 + 대명사접미사 3인칭남성단수. 그의 천사.

וּסֲגַר 접속사 + 동사 기본형 סגר의 페알 접미동사 3인칭남성단수. 그가 막았다.

פֻּם 명사 단수. 입.

אַרְיָוָתָא 명사 복수 + 정관사. 그 사자들.

וְלָא 접속사 + 부정어.

חַבְּלוּנִי 동사 기본형 חבל의 파엘 접미동사 3인칭남성복수 + 대명사접미사 1인칭단수. 그들이 나를 상하게 했다.

כָּל־קֳבֵל 명사 단수 + 전치사. 왜냐하면.

דִּי 관계대명사.

קֳדָמוֹהִי 전치사 + 대명사접미사 3인칭남성단수. 그 앞에서.

זָכוּ 명사 단수. 순결.

הִשְׁתְּכַחַת 동사 기본형 שכח의 히트페엘 접미동사 3인칭여성단수. 그것이 발견됐다.

לִי 전치사 + 대명사접미사 1인칭단수. 내게.

וְאַף 접속사 + 불변사. 그리고 또한.

קַדָמְיֹ֫ דָמְךָ 동사 기본형 מלל의 파엘 접미동사 3인칭남성단수. 그가 말했다.

מַלְכָּא 동사 기본형 מלל의 파엘 접미동사 3인칭남성단수. 그가 말했다.

חֲבוּלָה 명사 단수. 범죄.

לָא 부정어.

עַבְדֵת 동사 기본형 עבד의 페알 접미동사 1인칭단수. 내가 행했다.

통사 분석

이 절은 세 문장으로 구성되어 있다.

첫 번째 문장: אֱלָהִי שְׁלַח מַלְאֲכֵה 내 하나님께서 그의 천사를 보냈습니다. 주어 (내 하나님께서) + 술어(보냈습니다) + 목적어(그의 천사를)로 주어인 '내 하나님'이 부각되는 구성으로 되어 있다.

두 번째 문장: וּסְגַר פֻּם אַרְיָוָתָא 그가 사자들의 입을 막았습니다. 술어(그가 막았습니다) + 목적어(사자들의 입을)로 정상적인 어순의 문장이다.

세 번째 문장: וְלָא חַבְּלוּנִי 그들이 나를 상하게 하지 않았습니다. 술어(그들이 상하게 하지 않았습니다) + 목적어(나를)로 정상적인 문장이다.

종속절: כָּל־קֳבֵל דִּי קָדָמוֹהִי זָכוּ הִשְׁתְּכַחַת לִי וְאַף קָדְמָיֹ (קָדְמָךְ) מַלְכָּא חֲבוּלָה לָא עַבְדֵת: 그 앞에서 내게 순결이 발견됐고 또한 왕이시여, 당신 앞에서도 내가 죄를 짓지 않았기 때문입니다. '왜냐하면'(כָּל־קֳבֵל דִּי)으로 시작되는 이유를 나타내는 종속절은 통사적으로는 부사어에 분류되는데 악센트에 따르면 두 문장('그 앞에서 내게 순결이 발견됐다'와 '당신 앞에서도 내가 죄를 짓지 않았다') 모두에 걸린다. 그리고 이 두 개의 종속절은 앞에 나온 세 개의 문장 모두에 연결된다. 즉, '순결이 발견되고' '왕 앞에서 죄를 짓지 않은' 것이 '천사를 보내심'과 '사자들의 입을 막음'과 '나를 상하지 않게 함'에 대한 이유가 되는 것이다.

다니엘 6장 24절

בֵּאדַיִן מַלְכָּא שַׂגִּיא טְאֵב עֲלוֹהִי וּלְדָנִיֵּאל אֲמַר לְהַנְסָקָה
מִן־גֻּבָּא וְהֻסַּק דָּנִיֵּאל מִן־גֻּבָּא וְכָל־חֲבָל לָא־הִשְׁתְּכַח בֵּהּ דִּי
הֵימִן בֵּאלָהֵהּ׃

음역

베다인 말카 싸기 테에브 알로히 울다니엘 아마르 레한싸카 민-구바 베후싸크 다니엘 민-구바 베홀-하발 라-히슈테하흐 베 디 헤이민 벨라헤

번역

그때 그 왕은 그에 대해 매우 기뻐했다. 그가 다니엘을 그 굴에서 올리라고 말했다. 다니엘은 그 굴에서 올려졌다. 그에게 모든 상처가 발견되지 않았다. 그가 하나님을 신뢰했기 때문이다.

아람어-히브리어 대조

וּלְדָנִיֵּאל	עֲלוֹהִי	טְאֵב	שַׂגִּיא	מַלְכָּא	בֵּאדַיִן	아람어
וְאֶת דָּנִיֵּאל	עָלָיו	טוֹב	מְאֹד	הַמֶּלֶךְ	אָז	히브리어
מִן־גֻּבָּא	דָּנִיֵּאל	וְהֻסַּק	מִן־גֻּבָּא	לְהַנְסָקָה	אֲמַר	아람어
מִן־הַבּוֹר	דָּנִיאֵל	וְהַעֲלָה	מִן־הַבּוֹר	לְהַעֲלוֹת	אָמַר	히브리어
בֵּאלָהֵהּ	הֵימִן	דִּי	בֵּהּ	לָא־הִשְׁתְּכַח	וְכָל־חֲבָל	아람어
בֵּאלֹהָיו	הֶאֱמִין	כִּי	בּוֹ	לֹא־נִמְצָא	וְכָל־חֲבָל	히브리어

형태 분석

בֵּאדַיִן 전치사 + 불변사. 그때.

מַלְכָּא 명사 단수 + 정관사. 그 왕.

שַׂגִּיא 부사. 매우.

טְאֵב 동사 기본형 טאב의 페알 접미동사 3인칭남성단수. 그가 기뻤다.

עֲלֹוהִי 전치사 + 대명사접미사 3인칭남성단수. 그에 대하여.

וּלְדָנִיֵּאל 접속사 + 전치사 + 명사 단수. 그리고 다니엘에게.

אֲמַר 동사 기본형 אמר의 페알 접미동사 3인칭남성단수. 그가 말했다.

לְהַנְסָקָה 동사 기본형 סלק의 하펠 부정사. 올리라고.

מִן־גֻּבָּא 전치사 + 명사 단수 + 정관사. 그 굴에서부터.

וְהֻסַּק 접속사 + 동사 기본형 סלק의 호팔 접미동사 3인칭남성단수. 그가 올려졌다.

דָּנִיֵּאל 명사 단수. 다니엘.

מִן־גֻּבָּא 전치사 + 명사 단수 + 정관사. 그 굴에서부터.

וְכָל־חֲבָל 접속사 + 명사 단수 + 명사 단수. 그리고 모든 상처.

לָא־הִשְׁתְּכַח 부정어 + 동사 기본형 שכח의 히트페엘 3인칭남성단수. 그것이 발견되지 않았다.

בֵּהּ 전치사 + 대명사접미사 3인칭남성단수. 그에게.

דִּי 관계대명사.

הֵימִן 동사 기본형 אמן의 하펠 접미동사 3인칭남성단수. 그가 신뢰했다.

בֵּאלָהֵהּ 전치사 + 명사 단수 + 대명사접미사. 그의 하나님을.

통사 분석

이 절은 네 문장으로 구성되어 있다.

첫 번째 문장: בֵּאדַיִן מַלְכָּא שַׂגִּיא טְאֵב עֲלֹוהִי 그때 그 왕은 그에 대해 매우 기뻐했다. 부사어(그때) + 주어(그 왕은) + 부사어(매우) + 술어(기뻐했다) + 부사어(그에 대해)의 구조로 부사어 '매우'가 부각되는 구조이다.

두 번째 문장: וּלְדָנִיֵּאל אֲמַר לְהַנְסָקָה מִן־גֻּבָּא 그가 다니엘을 그 굴에서 올리라고 말했다. 목적어(다니엘을) + 술어(말했다) + 목적어(그 굴에서 올리라고)의 구조로 문두에 나온 목적어 '다니엘'이 부각되는 구조이다.

세 번째 문장: וְהֻסַּק דָּנִיֵּאל מִן־גֻּבָּא 다니엘은 그 굴에서 올려졌다. 술어(올려졌다) + 주어(다니엘은) + 부사어(그 굴에서)의 구조로 정상적인 어순의 문장이다.

네 번째 문장: וְכָל־חֲבָל לָא־הִשְׁתְּכַח בֵּהּ דִּי הֵימִן בֵּאלָהֵהּ: 그에게 모든 상처가 발견되지 않았다. 그가 하나님을 신뢰했기 때문이다. 주어(모든 상처가) + 술어(발견되지 않았다) + 부사어(그에게) + 부사어(그가 하나님을 신뢰했기 때문이다)의 구조이다. 주어인 '모든 상처'가 술어보다 선행하여 부각된다. 이유를 나타내는 종속절로 구성된 마지막 부사어는 악센트 구조에 의하면 네 번째 문장에만 연결되는 종속절이다.

א בֵּאדַ֨יִן דָּרְיָ֤וֶשׁ מַלְכָּא֙ שָׂ֣ם טְעֵ֔ם וּבַקַּ֖רוּ ׀ בְּבֵ֣ית סִפְרַיָּ֑א דִּ֧י גִנְזַיָּ֛א
מְהַחֲתִ֥ין תַּמָּ֖ה בְּבָבֶֽל׃

ב וְהִשְׁתְּכַ֣ח בְּאַחְמְתָ֗א בְּבִֽירְתָ֛א דִּ֛י בְּמָדַ֥י מְדִינְתָּ֖א מְגִלָּ֣ה חֲדָ֑ה וְכֵן־כְּתִ֥יב
בְּגַוַּ֖הּ דִּכְרוֹנָֽה׃ {פ}

ג בִּשְׁנַ֨ת חֲדָ֜ה לְכ֣וֹרֶשׁ מַלְכָּ֗א כּ֣וֹרֶשׁ מַלְכָּא֮ שָׂ֣ם טְעֵם֒ בֵּית־אֱלָהָ֤א
בִירֽוּשְׁלֶם֙ בַּיְתָ֣א יִתְבְּנֵ֔א אֲתַר֙ דִּֽי־דָבְחִ֣ין דִּבְחִ֔ין וְאֻשּׁ֖וֹהִי מְסֽוֹבְלִ֑ין רוּמֵהּ֙
אַמִּ֣ין שִׁתִּ֔ין פְּתָיֵ֖הּ אַמִּ֥ין שִׁתִּֽין׃

ד נִדְבָּכִ֞ין דִּֽי־אֶ֤בֶן גְּלָל֙ תְּלָתָ֔א וְנִדְבָּ֖ךְ דִּֽי־אָ֣ע חֲדַ֑ת וְנִ֨פְקְתָ֔א מִן־בֵּ֥ית
מַלְכָּ֖א תִּתְיְהִֽב׃

ה וְ֠אַף מָאנֵ֣י בֵית־אֱלָהָא֮ דִּ֣י דַהֲבָ֣ה וְכַסְפָּא֒ דִּ֣י נְבֽוּכַדְנֶצַּ֗ר הַנְפֵּ֤ק מִן־
הֵֽיכְלָא֙ דִּֽי־בִירֽוּשְׁלֶ֔ם וְהֵיבֵ֖ל לְבָבֶ֑ל יַהֲתִיב֗וּן וִ֠יהָךְ לְהֵיכְלָ֤א דִֽי־
בִירֽוּשְׁלֶם֙ לְאַתְרֵ֔הּ וְתַחֵ֖ת בְּבֵ֥ית אֱלָהָֽא׃ {ס}

בֵּאדַ֨יִן דָּרְיָ֤וֶשׁ מַלְכָּא֙ שָׂ֣ם טְעֵ֔ם וּבַקַּ֖רוּ ׀ בְּבֵ֣ית סִפְרַיָּ֑א דִּ֧י
גִנְזַיָּ֛א מְהַחֲתִ֥ין תַּמָּ֖ה בְּבָבֶֽל׃

음역

베다인 다르야베쉬 말카 쌈 테엠 우바카루 베베이트 씨프라야 디 긴자야 메하하틴 타마 베바벨

번역

그때 다리오 왕이 칙령을 두었다. 그는 바벨론에 있는 보물을 둔 문서실에서 조사하게 했다.

아람어-히브리어 대조

בְּבֵית	וּבַקַּרוּ	טְעֵם	שָׂם	מַלְכָּא	דָּרְיָוֶשׁ	בֵּאדַיִן	아람어
בבית	ובקרו	טעם	שם	המלך	דריוש	אז	히브리어
בְּבָבֶל	תַּמָּה	מְהַחֲתִין	גִנְזַיָּא	דִּי	סָפְרַיָּא		아람어
בבבל	שם	מונחים	הגנזים	אשר	הספרים		히브리어

형태 분석

בֵּאדַיִן 전치사 + 불변사. 그때.

דָּרְיָוֶשׁ 명사 단수. 다리오.

מַלְכָּא 명사 단수 + 정관사. 그 왕.

שָׂם 동사 기본형 שׂים 의 페알 접미동사 3인칭남성단수. 그가 두었다.

טְעֵם 명사 단수. 칙령.

וּבַקַּרוּ 동사 기본형 בקר 의 파엘 접미동사 3인칭남성복수. 그가 찾았다.

בְּבֵית 전치사 + 명사 단수. 집에서.

סָפְרַיָּא 명사 복수 + 정관사. 문서들.

דִּי 관계대명사.

גִנְזַיָּא 명사 복수 + 정관사. 보물들.

מְהַחֲתִין 동사 기본형 נחת 의 하펠 분사 남성복수. 내려 놓다.

תַּמָּה 부사. 거기에.

בְּבָבֶל 전치사 + 명사 단수. 바벨론에서.

통사 분석

이 절은 두 문장으로 구성되어 있다.

첫 번째 문장: בֵּאדַיִן דָּרְיָוֶשׁ מַלְכָּא שָׂם טְעֵם 그때 다리오 왕이 칙령을 두었다. 부사어(그때) + 주어(다리오 왕이) + 술어(두었다) + 목적어(칙령을)의 구조로 정상적인 어순의 문장이다.

두 번째 문장: וּבַקַּרוּ ׀ בְּבֵית סִפְרַיָּא דִּי גִנְזַיָּא מְהַחֲתִין תַּמָּה בְּבָבֶל: 그는 바벨론에 있는 보물을 둔 문서실에서 조사하게 했다. 술어(조사하게 했다) + 부사어(바벨론에 있는 보물을 둔 문서실에서)의 구조로 정상적인 문장이다.

에스라 6장 2절

וְהִשְׁתְּכַח בְּאַחְמְתָא בְּבִירְתָא דִּי בְּמָדַי מְדִינְתָּא מְגִלָּה חֲדָה
וְכֵן־כְּתִיב בְּגַוַּהּ דִּכְרוֹנָה:

음역

베히슈테하흐 베아흐메타 베비르타 디 베마다이 메딘타 메길라 하다 베헨-크티브 베가바 디흐로나

번역

메대 지방에 있는 도시의 악메다에서 한 두루마리가 발견됐다. 그 가운데에는 회상록이 이렇게 기록되어 있었다.

아람어-히브리어 대조

						아람어
מְדִינְתָּא	בְמָדַי	דִּי	בְּבִירְתָּא	בְּאַחְמְתָא	וְהִשְׁתְּכַח	아람어
המדינה	במדי	אשר	בבירה	באחמתא	ונמצא	히브리어
דְּכְרוֹנָה	בְּגַוַּהּ	וְכֵן־כְּתִיב	חֲדָה	מְגִלָּה		아람어
הזכרון	בתוכה	וכן-כתוב	אחת	מגלה		히브리어

형태 분석

וְהִשְׁתְּכַח 접속사 + 동사 기본형 שכח의 히트페엘 접미동사 3인칭남성단수. 그것이 발견됐다.

בְּאַחְמְתָא 전치사 + 명사 단수. 악메다에서.

בְּבִירְתָּא 전치사 + 명사 단수 + 정관사. 그 도시에.

דִּי 관계대명사.

בְמָדַי 전치사 + 명사 단수. 메대에 있는.

מְדִינְתָּא 명사 단수 + 정관사. 그 지방.

מְגִלָּה 명사 단수. 두루마리.

חֲדָה 수사. 하나.

וְכֵן־כְּתִיב 부사 + 동사 기본형 כתב의 페알수동 접미동사 3인칭남성단수. 그것이 이렇게 기록됐다.

בְּגַוַּהּ 전치사 + 명사 단수 + 대명사접미사 3인칭여성단수. 그 가운데에.

דְּכְרוֹנָה 명사 단수 + 정관사. 회상록.

통사 분석

이 절은 두 문장으로 구성되어 있다.

첫 번째 문장: וְהִשְׁתְּכַח בְּאַחְמְתָא בְּבִירְתָּא דִּי בְמָדַי מְדִינְתָּא מְגִלָּה חֲדָה
메대 지방에 있는 도시의 악메다에서 한 두루마리가 발견됐다. 술어(발견됐다) + 부사어(메대 지방에 있는 도시의 악메다에서) + 주어(한 두루마리가)의 구조로 주어가 긴

부사어보다 뒤에 배치된 것이 부자연스러운 문장으로서 부사어인 '메대 지방에 있는 도시의 악메다'가 부각되는 구조라 할 수 있다.

두 번째 문장: וְכֵן־כְּתִיב בְּגַוַּהּ דִּכְרוֹנָה: 그 가운데에는 회상록이 이렇게 기록되어 있었다. 부사어(이렇게) + 술어(기록되어 있었다) + 부사어(그 가운데에는) + 주어(회상록이)의 구조이다. 문두에 위치한 부사어인 'כֵן'(이렇게, 그렇게)은 문두에 오려는 경향이 매우 강한 부사어이므로 정상적인 위치라 할 수 있으며 두 번째 부사어인 'בְּגַוַּהּ'(그 가운데에는)는 짧은 어절이므로 보다 긴 어절로 구성된 주어보다 앞에 위치할 수 있다.

에스라 6장 3절

בִּשְׁנַת חֲדָה לְכוֹרֶשׁ מַלְכָּא כּוֹרֶשׁ מַלְכָּא שָׂם טְעֵם בֵּית־אֱלָהָא בִירוּשְׁלֶם בַּיְתָא יִתְבְּנֵא אֲתַר דִּי־דָבְחִין דִּבְחִין וְאֻשּׁוֹהִי מְסוֹבְלִין רוּמֵהּ אַמִּין שִׁתִּין פְּתָיֵהּ אַמִּין שִׁתִּין:

음역

비슈나트 하다 레호레쉬 말카 코레쉬 말카 쌈 테엠 베이트-엘라하 비루슐렘 바이타 이트베네 아타르 디-도브힌 디브힌 베우쇼히 메쏘블린 루메 아민 쉬틴 프타예 아민 쉬틴

번역

고레스 왕 1년에 고레스 왕은 칙령을 두었다. 예루살렘에 있는 하나님의 집인 그 집은 제사를 드리는 장소에 지어지고 그 기초가 세워지게 하라. 그 높이는 60규빗이며 그 넓이는 60규빗이 될 것이다.

아람어-히브리어 대조

מַלְכָּא	כּוֹרֶשׁ	מַלְכָּא	לְכוֹרֶשׁ	חֲדָה	בִּשְׁנַת	아람어
המלך	כורש	המלך	לכורש	אחת	בשנת	히브리어
יִתְבְּנֵא	בַּיְתָא	בִּירוּשְׁלֶם	בֵּית־אֱלָהָא	טְעֵם	שָׂם	아람어
יבנה	הבית	בירושלים	בית-האלהים	טעם	שם	히브리어
רוּמֵהּ	מִסּוֹבְלִין	וְאֻשּׁוֹהִי	דִּבְחִין	דִּי־דָבְחִין	אֲתַר	아람어
גובהו	יְסֻדּוּ	ויסודותיו	זבחים	שזובחים	מקום	히브리어
שִׁתִּין	אַמִּין	פְּתָיֵהּ	שִׁתִּין	אַמִּין		아람어
ששים	אמות	רחבו	ששים	אמות		히브리어

형태 분석

בִּשְׁנַת 전치사 + 명사 단수 연계형. –의 해에.

חֲדָה 수사. 하나.

לְכוֹרֶשׁ 전치사 + 명사 단수. 고레스의.

מַלְכָּא 명사 단수 + 정관사. 그 왕.

כּוֹרֶשׁ 명사 단수. 고레스.

מַלְכָּא 명사 단수 + 정관사. 그 왕.

שָׂם 동사 기본형 שׂים의 페알 접미동사 3인칭남성단수. 그가 두었다.

טְעֵם 명사 단수. 칙령.

בֵּית־אֱלָהָא 명사 단수 + 명사 단수 + 정관사. 하나님의 집.

בִּירוּשְׁלֶם 전치사 + 명사 단수. 예루살렘에.

בַּיְתָא 명사 단수 + 정관사. 그 집.

יִתְבְּנֵא 동사 기본형 בנה의 히트페엘 접두동사 3인칭남성단수. 그것이 지어지게 하
라.[1]

---

1.   성경 아람어에서는 단축형의 형태가 일반 접두동사의 형태와 동일하므로 문맥에 의하여 단축형
     으로 해석할 수 있는데 이곳에서도 문맥상 단축형으로 해석하는 것이 바람직하므로 '지어질 것
     이다'보다는 '지어지게 하라', '지어지기를 원하노라'와 같이 해석해야 한다.

אֲתַר 명사 단수. 장소.

דִּי־דָבְחִין 관계대명사 + 동사 기본형 דבח의 페알 분사 남성복수. 제사드리는.

דִּבְחִין 명사 복수. 제사들.

וְאֻשּׁוֹהִי 접속사 + 명사 복수 + 대명사접미사 3인칭남성단수. 그 기초들.

מְסוֹבְלִין 동사 기본형 סבל의 포엘[2] 분사수동 남성복수. 세워지는.

רוּמֵהּ 명사 단수 + 대명사접미사 3인칭남성단수. 그 높이.

אַמִּין 명사 복수. 규빗.

שִׁתִּין 수사. 육십.

פְּתָיֵהּ 명사 단수 + 대명사접미사 3인칭남성단수. 그 넓이.

אַמִּין 명사 복수. 규빗.

שִׁתִּין 수사. 육십.

통사 분석

이 절은 네 문장으로 구성되어 있다.

첫 번째 문장: בִּשְׁנַת חֲדָה לְכוֹרֶשׁ מַלְכָּא כּוֹרֶשׁ מַלְכָּא שָׂם טְעֵם 고레스 왕 1년에 고레스 왕은 칙령을 두었다. 부사어(고레스 왕 1년에) + 주어(고레스 왕은) + 술어(두었다) + 목적어(칙령을)의 구조이다. 시간을 표현하는 부사어는 대개 문두에 위치하며 그 경우 주어는 부사어 다음에 배치되는 경우가 많으므로 이 문장은 정상적인 문장이라 할 수 있다.

두 번째 문장: בֵּית־אֱלָהָא בִירוּשְׁלֶם בַּיְתָא יִתְבְּנֵא אֲתַר דִּי־דָבְחִין דִּבְחִין וְאֻשּׁוֹהִי מְסוֹבְלִין 예루살렘에 있는 하나님의 집인 그 집은 제사를 드리는 장소에 지어지고 그 기초가 세워지게 하라. 주어(예루살렘에 있는 하나님의 집인 그 집은) + 술어(지어지고 세워지게 하라) + 부사어(제사를 드리는 장소에)의 구조이다.

악센트에 따르면 '예루살렘에 있는 하나님의 집'은 앞 문장인 '칙령을 두었다'

2.　성경 아람어 동사의 기본 유형에는 들어가지 않는 특이한 유형으로 중첩형인 '파엘'에 속하는 유형이다.

에 포함되는 것이 아니라 '지어지고 세워지게 하라'는 두 번째 문장에 예속되어야 한다. 따라서 '예루살렘에 있는 하나님의 집'과 '그 집'은 서로 동격 관계이다.

만일 문장의 끝에 나오는 '세워지게 하라'(מְסוֹבְלִין)가 분사가 아닌 접두동사 라면 이 두 번째 문장은 다음과 같이 하나가 아닌 두 개의 문장이 되어야 한다: (1) 예루살렘에 있는 하나님의 집인 그 집은 제사를 드리는 장소에 지어지게 하라; (2) 그 기초가 세워지게 하라.

그러나 접두동사가 아니라 분사이므로 '응답하여 말하다'(עֲנוֹ וְאָמְרִין)와 같이 본동사와 분사가 결합하여 하나의 문장을 이루는 문장으로 '지어지게 하라'와 '세 워지게 하라'는 별개의 두 문장이 아닌 복합적인 하나의 문장으로 분석해야 한다.

세 번째 문장: רוּמֵהּ אַמִּין שִׁתִּין 그 높이는 60규빗이 될 것이다. 주어(그 높이는) + 술어(60규빗이 될 것이다)의 구조인 명사문장이다. 명사문장의 경우 주어-술어의 어순과 술어-주어의 어순 모두 빈번하게 출현하므로 이곳의 문장을 주어가 부각 된 문장으로 보기는 힘들다.[3]

네 번째 문장: פְּתָיֵהּ אַמִּין שִׁתִּין 그 넓이는 60규빗이 될 것이 는) + 술어(60규빗이 될 것이다)의 구조인 명사문장으로 정상적인 문장이다.

에스라 6장 4절

נִדְבָּכִין דִּי־אֶבֶן גְּלָל תְּלָתָא וְנִדְבָּךְ דִּי־אָע חֲדַת וְנִפְקְתָא מִן־בֵּית מַלְכָּא תִּתְיְהִב׃

---

3. 성경 아람어와 히브리어의 명사문장에서 어순에 관한 것은 매우 복잡한 주제 중 하나이다. 일반 적으로 동질문장(주어와 술어의 지시물이 동일한 문장)에서는 주어-술어의 어순이 지배적이고 비동질문장(주어와 술어의 지시물이 동일하지 않은 문장)에서는 주어-술어, 술어-주어의 어순 이 모두 비슷한 비율로 나타나는데 이 문장은 비동질문장이다.

음역

니드바힌 디-에벤 글랄 틀라타 베니드바흐 디-아 하다트 베니프케타 민-베이트 말카 티트예히브

번역

거대한 돌의 층은 셋이며 나무의 층은 하나가 되게 하라. 그 비용은 왕궁에서 주어지게 하라.

아람어-히브리어 대조

דִּי־אָע	וְנִדְבָּךְ	תְּלָתָא	גְּלָל	דִּי־אֶבֶן	נִדְבָּכִין	아람어
של עץ	ונדבך	שלשה	גלל	של אבן	נדבכים	히브리어
תִּתְיְהִב	מַלְכָּא	מִן־בֵּית	וְנִפְקְתָא	חֲדַת		아람어
תִּנָּתֵן	הַמֶּלֶךְ	מִן-בֵּית	וְהוֹצָאָה	אֶחָד		히브리어

형태 분석

נִדְבָּכִין 명사 복수. 층들.

דִּי־אֶבֶן 속격표지 + 명사 단수. 돌의.

גְּלָל 명사 단수. 거대한 돌.

תְּלָתָא 수사 + 정관사. 셋.

וְנִדְבָּךְ 접속사 + 명사 단수. 층.

דִּי־אָע 속격표지 + 명사 단수. 나무의.

חֲדַת 수사 연계형.[4] 하나.

וְנִפְקְתָא 접속사 + 명사 단수 + 정관사. 그리고 그 경비.

4.　이곳에서 사용된 수사 연계형은 이후에 다른 명사나 대명사접미사나 정관사가 없이 '에트나타'라는 황제급 악센트로 문장이 끊겨 있으므로 문법적으로 설명이 어려운 형태이다. 전후 문맥과 통사구조를 살펴볼 때 'חֲדָתָא'와 같은 형태가 되어야 한다.

מִן־בֵּית 전치사 + 명사 단수. 집에서부터.

מַלְכָּא 명사 단수 + 정관사. 그 왕.

תִּתְיְהִב 동사 기본형 יהב의 히트페엘 접두동사 3인칭여성단수. 그것이 주어질 것이다.

통사 분석

이 절은 세 문장으로 구성되어 있다.

첫 번째 문장: נִדְבָּכִין דִּי־אֶבֶן גְּלָל תְּלָתָא 거대한 돌의 층은 셋이 되게 하라. 주어(거대한 돌의 층은) + 술어(셋이 되게 하라)의 구조인 명사문장으로 정상적인 문장이다.

두 번째 문장: וְנִדְבָּךְ דִּי־אָע חֲדַת 나무의 층은 하나가 되게 하라. 주어(나무의 층은) + 술어(하나가 되게 하라)의 구조로 정상적이다.

세 번째 문장: וְנִפְקְתָא מִן־בֵּית מַלְכָּא תִּתְיְהִב: 그 비용은 왕궁에서 주어지게 하라. 주어(그 비용은) + 부사어(왕궁에서) + 술어(주어지게 하라)의 구조로 부사어 '왕궁에서'가 부각되는 구조이다.

에스라 6장 5절

וְאַף מָאנֵי בֵית־אֱלָהָא דִּי דַהֲבָה וְכַסְפָּא דִּי נְבוּכַדְנֶצַּר הַנְפֵּק
מִן־הֵיכְלָא דִי־בִירוּשְׁלֶם וְהֵיבֵל לְבָבֶל יַהֲתִיבוּן וִיהָךְ
לְהֵיכְלָא דִי־בִירוּשְׁלֶם לְאַתְרֵהּ וְתַחֵת בְּבֵית אֱלָהָא:

음역

베아프 마네이 베이트-엘라하 디 다하바 베하쓰파 디 네부하드네짜르 한페크 민-헤이흘라 디-비루슐렘 베헤이벨 레바벨 야하티분 비하흐 레헤이흘라 디-비루슐렘

레아트레 베타헤트 베베이트 엘라하

번역

그리고 또한 느부갓네살이 예루살렘에 있는 궁전에서 꺼내 바벨론으로 옮긴 하나님의 집의 금과 은 기구들은 돌려 보내며 예루살렘에 있는 그 궁전, 그의 장소로 가게 하고 하나님의 집에 두라.

아람어-히브리어 대조

דִּי	וְכַסְפָּא	דַהֲבָה	דִּי	בֵּית־אֱלָהָא	מָאנֵי	וְאַף	아람어
אשר	וכסף	זהב	של	בית האלהים	כלי	ואף	히브리어
יְהָתִיבוּן	לִיכַל	וְהֵיבֵל	דִּי־בִירוּשְׁלֶם	מִן־הֵיכְלָא	הַנְפֵּק	נְבוּכַדְנֶצַּר	아람어
ישיבו	לבבל	והוביל	שבירושלים	מן-ההיכל	הוציא	נבוכדנצר	히브리어
אֱלָהָא	בְּבֵית	וְתַחֵת	לְאַתְרֵהּ	דִּי־בִירוּשְׁלֶם	לְהֵיכְלָא	וִיהָךְ	아람어
האלהים	בבית	ויונח	למקומו	שבירושלים	להיכל	וילך	히브리어

형태 분석

וְאַף 접속사 + 부사. 그리고 또한.

מָאנֵי 명사 복수 연계형. –의 기구들.

בֵּית־אֱלָהָא 명사 단수 + 명사 단수 + 정관사. 하나님의 집.

דִּי 속격표지.

דַהֲבָה 명사 단수 + 정관사. 그 금.

וְכַסְפָּא 접속사 + 명사 단수 + 접속사. 그 은.

דִּי 관계대명사.

נְבוּכַדְנֶצַּר 명사 단수. 느부갓네살.

הַנְפֵּק 동사 기본형 נפק의 하펠 접미동사 3인칭남성단수. 그가 꺼냈다.

מִן־הֵיכְלָא 전치사 + 명사 단수 + 정관사. 그 궁전에서.

דִּי־בִירוּשְׁלֶם 관계대명사 + 전치사 + 명사 단수. 예루살렘에 있는.

וְהֵיבֵל 접속사 + 동사 기본형 יבל의 하펠 접미동사 3인칭남성단수. 그가 옮겼다.

לְבָבֶל 전치사 + 명사 단수. 바벨론으로.

יַהֲתִיבוּן 동사 기본형 תוב의 하펠 접두동사 3인칭남성복수. 그들이 돌아가게 하라.

וִיהָךְ 접속사 + 동사 기본형 הלך의 페알 접두동사 3인칭남성단수. 그것이 가게 하라.

לְהֵיכְלָא 전치사 + 명사 단수 + 정관사. 그 궁전으로.

דִּי־בִירוּשְׁלֶם 관계대명사 + 전치사 + 명사 단수. 예루살렘에 있는.

לְאַתְרֵהּ 전치사 + 명사 단수 + 대명사접미사 3인칭남성단수. 그의 장소로.

וְתַחֵת 접속사 + 동사 기본형 נחת의 하펠 접두동사 2인칭남성단수. 너는 두라.

בְּבֵית 전치사 + 명사 단수. 집에.

אֱלָהָא 명사 단수 + 정관사. 하나님.

통사 분석

이 절은 세 문장으로 구성되어 있다.

첫 번째 문장: וְאַף מָאנֵי בֵית־אֱלָהָא דִּי דַהֲבָה וְכַסְפָּא דִּי נְבוּכַדְנֶצַּר הַנְפֵּק מִן־הֵיכְלָא דִּי־בִירוּשְׁלֶם וְהֵיבֵל לְבָבֶל יַהֲתִיבוּן 그리고 또한 느부갓네살이 예루살렘에 있는 궁전에서 꺼내 바벨론으로 옮긴 하나님의 집의 금과 은 기구들은 돌려 보내라. 목적어(그리고 또한 느부갓네살이 예루살렘에 있는 궁전에서 꺼내 바벨론으로 옮긴 하나님의 집의 금과 은 기구들을) + 술어(돌려 보내라)의 구조이다.

　　이 절의 악센트 구조를 살펴볼 때 이 절에서 아주 긴 목적어인 '느부갓네살이 예루살렘에 있는 궁전에서 꺼내 바벨론으로 옮긴 하나님의 집의 금과 은 기구들'은 뒤에 나오는 세 개의 문장에 모두 걸리게 되어 있다. 또한 긴 목적어가 술어 앞에 위치하여 목적어가 부각되는 문장이라고 할 수 있다. 이 절의 문맥에 따르면 이곳의 술어로 사용된 동사 'יַהֲתִיבוּן'와 그 이후에 나오는 두 동사는 모두 일반동사가 아닌 단축형으로 번역하는 것이 자연스럽다.

두 번째 문장: וִיהָךְ לְהֵיכְלָא דִּי־בִירוּשְׁלֶם לְאַתְרֵהּ 그것이 예루살렘에 있는

그 궁전, 그의 장소로 가게 하라. 술어(가게 하라) + 부사어(예루살렘에 있는 그 궁전으로) + 부사어(그의 장소로)의 구조로 정상적인 문장이며 뒤에 위치한 두 개의 부사어는 동격 관계이다.

　세 번째 문장: וְתַחֵת בְּבֵית אֱלָהָא 너는 하나님의 집에 두라. 술어(너는 집에 두라) + 부사어(하나님의 집에)의 구조로 정상적인 문장이다.

부록:
성서 아람어의 어순에 관한 연구

부록:
성서 아람어의 어순에 관한 연구*

1. 서론

아람 사람들은 기원전 10-11세기경 유프라테스강 상부와 메소포타미아 북부에 처음으로 거주한 것으로 알려져 있으며 이들이 사용한 언어가 아람어이다.[1] 아람어는 사용 인구가 적지만 오늘날까지도 구어로써 사용되고 있다. 일반적으로 아람어는 시기에 따라 고대 아람어(기원전 1000년-기원전 700년), 공식 아람어(기원전 700년-기원전 200년), 중기 아람어(기원전 200년-기원후 200년), 후기 아람어(기원후 200년-기원후 1000년), 현대 아람어(기원후 1000년-현대)로 나눈다.[2]

이 다섯 시기 중 고대 근동지역에서 약 500년간 국제어(lingua franca)로 사용된 공식 아람어(Official Aramaic)로 기록된 대표적인 문서가 바로 아람어 성서이다. 성서 아람어가 기록된 역사적인 배경을 살펴보면 이스라엘이 남북 왕국으로 분열됐던 시기에 남왕국 유다가 기원전 586년에 바빌로니아에 의해 멸망되어 유다 백성들이 바빌로니아로 유배를 감으로써 그곳에서 사용됐던 공식 아람어로 성

---

* 본 소논문은 2015년 대한민국 교육부와 한국연구재단의 지원을 받아 수행된 연구로서 성경원문연구 41(2017. 10.) 52-74에 실렸던 것이며 Noonan의 책(Benjamin J. Noonan, *Advances in the Study of Biblical Hebrew and Aramaic*, Zondervan Academic, 2020.) 7장(어순) 중 7.4.5항 (Sung-dal, Kwon)에 요약 및 소개된 바 있다.

1. F. Skolnik, *Encyclopaedia Judaica*, 2nd ed., vol. 2 (Detroit: Thomson Gale, 2007), 337-338.
2. E. Qimron, *Biblical Aramaic* (written in Hebrew) (Israel: Ben-Gurion University Press, 1993), 1-2; 슈무엘 파스버그(S. E. Fassberg), "아람어 역사와 문법", 고대 히브리어 연구, 최창모, 박미섭 편(서울: 건국대학교출판부, 2001), 280.

서를 기록하게 됐다. 따라서 성서 아람어에 대한 연구는 공식 아람어를 연구하는 데 있어 중요한 위치를 차지한다. 하지만 당시 아람어가 이집트와 메소포타미아를 포함하는 넓은 지역인 고대 근동 지역에서 500년 동안이나 국제어로서 위상을 떨쳤던 것과는 달리 성서에서 아람어가 차지하는 비율이 매우 적기 때문에[3] 세계 구약 학계에서 성서 아람어에 대한 연구는 미미한 실정이다.

성서 아람어의 음운론이나 형태론에 대한 연구는 어느 정도 이루어졌지만 어순에 관한 연구는 많이 다루어지지 않았다. 어순은 한 언어의 특징을 이해하는 데 있어서 중요한 역할을 할 뿐만 아니라 일반적인 어순과 특이한 어순에 대한 구분은 문장에 대한 해석에도 영향을 미친다. 특이한 어순을 포함한 문장에서는 대개 저자의 특별한 의도가 내포되어 있기 때문이다. 그러므로 성서 아람어의 어순에 관한 연구는 성서 아람어 텍스트에 대한 폭넓은 이해와 정확한 해석을 위해 꼭 필요한 것이라 할 수 있다. 이러한 연구를 통해 성서 아람어뿐 아니라 고대 아람어 역본들인 타르굼 옹켈로스, 타르굼 요나탄, 타르굼 네오피티 등과 아람어의 방언 중 하나인 시리아어로 기록된 페쉬타 등의 텍스트에 대한 정확한 해석에도 도움을 줄 수 있다.

성서 아람어는 우가릿어, 페니키아어, 히브리어, 아랍어 등이 속해 있는 셈어 (Semitic language)에 해당되는 언어이다.[4] 셈어의 가장 보편적인 특징으로 알려진 것은 동사가 문두에 위치한다는 것이다. 주어 역시 동사 뒤에 위치하여 '동사-주어-목적어'(VSO)의 어순을 갖는 것이 가장 보편적인 셈어의 특징이다. 우가릿어, 페니키아어, 히브리어, 아랍어 등이 모두 그러한 특징을 갖고 있다. 그러나 성서 아람어의 어순은 셈어 중에서도 동일한 서북 셈어에 속하는 우가릿어, 페니키

---

3.   구약 성서에서 아람로 기록된 본문은 스 4:8-6:18; 7:12-26; 단 2:4b-7:28; 렘 10:11과 창 31:47 의 일부분이며 신약 성서에는 부분적으로 기록되어 있다. 창 31:47의 아람어는 문장이 아니라 고 유명사이므로 연구 대상에서 제외시켰다.

4.   셈어라는 용어는 대개 성서학, 신학 계통에서 주로 사용하며, 일반 학계에서는 아프로 아시아어 족(Afro-Asiatic language)이라는 용어를 보다 더 선호하는 것 같다. 그러나 아프로 아시아어족 은 셈어와 함어를 포함한 어족을 지칭하는 것이므로, 보다 세분화시킨다면 셈어라는 표현이 더 정확한 표현이라 할 수 있다.

아어, 히브리어와는 매우 다른 모습을 보이고 있다. 특히 성서 아람어 문장에서 타동사가 사용되는 경우 목적어가 동사 뒤에 위치하는것뿐 아니라 동사 앞에 위치하는 경우가 빈번히 나타난다. 본 연구에서는 성서 아람어로 된 모든 문장의 어순을 상세히 살펴본 후 일반적인 셈어의 어순과 다른 어순을 갖는 이유가 무엇인지, 또한 최초의 셈어인 아카드어와는 어떤 관련이 있는지를 살펴보고자 한다.

2. 연구 방법

본 연구에서는 통계적 방법을 중요한 방법론으로 사용한다. 본 연구는 변형규칙이 적용되기 전의 심층구조에서의 어순을 살펴보는 생성문법론자들을 따르지 않고 빈도수가 높은 어순을 기본 어순으로 인정하는 유형론자들의 견해에 따라 진행됐다.

　　본 연구를 위해 성서 아람어의 모든 문장을 조사했다.[5] 성서 아람어로 기록된 모든 텍스트는 268절(verses)이므로 표본조사가 아닌 전수조사로 진행했다. 우선 문장을 동사문장, 명사문장, 분사문장, '하바(הוה)' 문장, 기타 문장으로 나누어 조사했다.[6] 동사문장에서는 동사의 형태와 시제는 물론 통사요소 중 주어, 동사, 목

5.　본 연구에서는 '문장'(sentence)이란 용어를 사용하는데, 독립절뿐 아니라 종속절도 분석 대상에 포함되므로 '문장'이라는 용어보다는 '절'(clause)이라는 용어가 더 정확하나, 많은 학자들이 그 두 용어를 구분하여 사용하지 않으므로 본 연구에서는 필요에 따라 '문장'과 '절'이라는 용어를 함께 사용하기로 한다.

6.　일반적으로 성서 언어학자들은 '주어나 술어가 명사이거나 그 상당어구인 문장'을 명사문장으로 정의하며 '술어적 분사'가 들어간 문장도 '명사문장'에 포함시킨다. 그러나 본 연구에서는 술어적 분사가 포함된 문장은 명사문장에 분류하지 않고 별개의 문장 범주에 넣고 작업했다. 술어적 분사가 들어간 문장은 의미적으로는 동사문장에 가까울 뿐 아니라 명사 문장과 어순에 있어서 많은 차이를 보이기 때문이다. 성서 아람어에서는 다른 셈어에 비해 분사의 사용 빈도수가 매우 높다. 또한 분사가 정동사(finite verb)의 감각으로 사용되는 경우가 종종 있다. 따라서 성서 아람어에서 분사문장에 대한 분석은 셈어들과의 비교는 물론 성서 아람 텍스트에 대한 이해를 돕는 데 유용할 것이다. 일반적으로 명사문장(nominal sentence)을 동사 없는 문장(verbless sentence)으로 보지만 명사문장은 심층적으로 볼 때 '하바(הוה)'(= to be)가 생략된 문장이다. '

적어 등의 위치를 중심으로 조사했다. 또한 독립절과 종속절의 여부와 서술체와 대화체를 변수로 하여 그 변수들이 어순에 영향을 미치는지를 살펴보았다. 명사문장에서는 동질문장과 비동질문장,[7] 의미론적 범주,[8] 주어와 술어의 형태, 세 구성소 명사문장의 여부,[9] 주어와 술어의 어순 등을 변수로 하여 조사 및 분석을 했다.[10]

성서 아람어의 어순을 분석하기 위해서 성서 아람어와 가장 유사한 대표적인 서북 셈어인 성서 히브리어와 비교했으며 또한 우가릿어, 페니키아어, 아랍어 등과 같은 다른 셈어들과도 비교했다. 그리고 최초의 셈어인 아카드어 및 아카드어 어순에 큰 영향을 끼친 수메르어와도 비교했다.

자료 수집과 분석을 원활하게 하기 위해서 성서 관련 소프트웨어들인 어코던스, 바이블웍스, 그리고 마이크로소프트 엑셀이 중요한 도구들로 사용됐다.

하바(היה)문장'을 구분하여 취급한 이유도 이 때문이다. 대부분의 학자들은 '하바(היה)'가 형태적으로 동사와 동일하게 변하므로 '하바(היה)'가 들어간 문장을 동사문장으로 분류하나, 심층적으로는 명사문장에 가깝기 때문에 '하바(היה)'가 들어간 문장을 '하바(היה)문장'으로 따로 분류하여 취급하는 것이 바람직해 보인다.

7. 성서 언어학계에서는 일반적으로 명사문장을 정체파악적인 문장(identification sentence)과 분류문장(classification sentence)으로 나누고 정체파악적인 문장은 주어-술어의 어순을 갖고, 분류문장은 술어-주어의 어순을 갖는다고 한다. 본 연구에서는 정체파악, 분류 등의 용어가 부적절한 용어라 판단되어 동질문장과 비동질문장이라는 용어로 대신 사용한다. 동질문장이란 '그는 모세다'와 같이 주어와 술어의 지시물(referent)이 동일한 문장이며 비동질문장은 '그는 히브리인이다', '그는 위대하다' 등과 같이 주어와 술어의 지시물이 동일하지 않은 문장을 가리킨다. B. K. Waltke and M. O'Connor, *An Introduction to Biblical Hebrew Syntax* (Indiana: Eisenbrauns, 1990), 130-135 참조.

8. 명사문장과 '하바(היה)문장'에서의 의미론적 범주는 '이다', '있다', '되다' 세 가지로 구분했다. 이에 대해서는 본인의 글("'to be'에 상응하는 우리말과 여러 언어에서의 비교연구", 『언어학』 16:2 [2008], 70)을 보라.

9. 세 구성소 명사문장이란 주어, 술어라는 통사 구성성분 외에 제3의 구성성분(대개 3인칭 대명사나 지시대명사)을 포함하는 명사문장을 말한다. 이와 관련해서는 본인의 글("성서 히브리어 세 구성소 명사문장에 관한 연구", 『성경원문연구』 33 [2013], 7-33)을 참조하라.

10. 명사문장과 관련해서는 본인의 글("성서히브리어 명사문장의 어순에 관한 연구", 『성경원문연구』 35 [2014], 170-194)을 참조하라.

3. 선행 연구

3.1 국내 선행 연구

유럽, 미국, 이스라엘의 경우 성서 히브리어 학계의 연구 활동은 비교적 활발한 편이나 성서 아람어에 대한 연구는 매우 미비한 실정이며, 국내의 구약 학계의 경우 성서 아람어에 대한 활동은 더욱더 미미한 실정이다. 최근 성서 히브리어나 고대 근동학을 전공한 신진학자들 중에서 성서 아람어 문법서를 출판한 것은 고무적이지만 아쉬운 것은 성서 아람어의 통사론을 깊이 있게 다루지 못했다는 것이다.[11]

본 주제와 어느 정도 관련성을 갖고 있는 국내 연구는 주로 언어학자들 중에서 영어를 중심으로 이루어졌다. 비록 성서 아람어와는 개별 언어구조의 특성에 많은 차이가 있기는 하나 어순에 관한 보편적인 언어학적 지식이나 어순 이동과 초점, 어순 변이와 문장 의미 등의 지식은 본 연구와 관련하여 도움이 된다.[12] 셈어의 어순과 관련된 한 편의 논문도 참고할 만한 가치가 있다.[13]

3.2 국외 선행 연구

성서 아람어 문법서는 1884년의 카우치(Emil Kautzsch)를 필두로 하여 바우어(Hans Bauer), 리앤더(Pontus Leander), 세거트(Stanislav Segert), 존스(Alger

---

11. 국내의 아람어 문법서로는 김구원(『성서 아람어 문법』 [서울: 비블리카 아카데미아, 2012])과 본인(『성경 아람어 울판』 [용인: 도서출판 목양, 2012])의 저서가 전부이며 그 외에 세 권의 역서가 있을 뿐이다(F. J. Alger, 『성서 아람어 문법』, 김이곤 역 [서울: 한신대학교출판부, 2002]; E. G. Frederick, 『성경 아람어 길라잡이』, 홍국평 역 [서울: CLC, 2012]; T. Lambdin and J. Huehnergard, 『타르굼 아람어 문법』, 배철현 역 [서울: 한님성서연구소, 2001]).

12. 본 연구에 도움이 됐던 몇 개의 논문들은 다음과 같다: 신용권, "알타이 언어의 영향에 의한 중국어 어순 유형의 변화 -《老乞大》에 나타난 어순과 후치사를 중심으로", 『한국중국어문학회』 (2015), 209-238; 김인철, 홍선호, "어순 변화의 영어사적 조명", 『단국영어영문학회』 (2006), 40-54; 최준영, "고대영어의 어순변화", 『한국언어과학회』 6:2 (1999), 165-188; 고영근, "언어 유형론과 개별 언어의 문법 기술 -민족어 자료를 중심으로-", 『관악어문연구』 34 (2009), 147-189; 곽새라, "페르시아어 어순의 유형론과 통사적 분석", 『중동연구』 28:2 (2009), 45-64.

13. 최진영, "아람어 기본어순에 대한 현대적 접근", 『한국이슬람학회논총』 26:2 (2016), 113-132.

Johns), 그린스펀(Frederick E. Greenspahn), 반 펠트(Miles V. Van Pelt) 에 이르기까지 소수의 학자들에 의해 비교적 간단한 내용으로 출판됐으며, 본 주제에 대한 언급은 하지 않거나 매우 간단하게 언급했을 뿐이다. 예를 들면, 1961년에 출판되어 전 세계 여러 나라에서 수십 년 동안 표준 문법서로서 사용된 로젠탈(Franz Rosenthal)의 성서 아람어 문법에서도[14] 성서 아람어 동사문장에서의 어순은 자유롭다는 표현으로 본 주제를 매우 간단하게 다루고 있다. 로젠탈 이후 엘리샤 키므론(Elisha Qimron)이 이스라엘에서 현대 히브리어로 출판한 성서 아람어 문법서에서는[15] 성서 아람어의 형태론만을 취급하기 때문에 본 연구와 관련된 언급은 전혀 찾아볼 수 없다.

본 주제와 관련하여 가장 심도 있게 연구한 이는 쉐퍼드(M. B. Shepherd)이다.[16] 그는 특히 3장(Database Results and Extra-biblical Parallels, 63-104)에서 성서 아람어의 모든 문장을 통계 자료로 제시한다. 성서 아람어의 문장을 동사문장과 명사문장과 기타 문장으로 나눌 뿐 아니라 동사문장 안에서 동사를 형태별로 구분하여 통계 자료를 제시한다. 뿐만 아니라 엘레판틴 아람어, 타르굼 아람어, 쿰란 문서의 아람어 등 성경 외의 아람어 텍스트까지 취급하여 풍성한 자료를 제시하고 있다. 그의 통계 자료에는 어순에 관한 내용이 포함되어 있기는 하지만 동사나 불변사의 형태에 관심을 갖고 자료를 정리했기 때문에 본 주제에서 필요로 하는 자료는 누락되어 있다. 그 외에 야쿠보비치(I. Yakubovich), 쿡(E. M. Cook), 헤이스(C. E. Hayes) 등이 성서 아람어 어순에 대해 소논문을 썼다. 그들이 제시하는 통계 자료는 서로 차이가 있으며, 성서 아람어의 어순이 자유 어순임을 언급하면서도 기본적인 어순을 찾으려고 언어학적 관점(통사적, 의미론적, 화용론적)에서 시도했다.[17]

---

14. Franz Rosenthal, *A Grammar of Biblical Aramaic* (Wiesbaden: Otto Harrassowitz, 1961).

15. E. Qimron, *Biblical Aramaic*.

16. Michael B. Shepherd, *The Verbal System of Biblical Aramaic* (Bern: Peter Lang, 2008).

17. E. M. Cook, "Word Order in the Aramaic of Daniel", *Afroasiatic Linguistics* 9:3 (1986), 2-16; C. E. Hayes, "Word Order in Biblical Aramaic", *Journal of the Association of Graduates in*

4. 성서 아람어의 어순

본 연구를 위해 에스라서와 다니엘서, 그리고 예레미야서의 모든 성서 아람어 텍스트를 조사했는데 독립절과 종속절을 포함하여 총 1002절(clauses)을 전수조사했다.[18] 이 1002절을 동사문장, 명사문장, 분사문장, '하바(הוה)'(=to be)문장, 존재문장으로[19] 나누어 조사했더니 다음과 같은 결과가 나타났다.

〈표 1〉 문장의 종류에 따른 성서 아람어의 분포

문장종류	동사문장	명사문장	'하바'문장	분사문장	존재문장	합계
빈도수	609	116	17	247	13	1002
백분율	60.8%	11.6%	1.7%	24.7%	1.3%	100%

본 논문의 통계는 쉐퍼드의[20] 통계와 비교해 볼 때 차이가 있음을 알 수 있다. 그는 성서 아람어의 절 수를 총 643개로 제시하는데 이는 우리의 통계와는 359개나 모자라는 수치이다. 그는 '절'의 개념을 '주어에 속해 있는 동사나 명사 술어를 포함하는 단어들의 조합'이라 정의하고 하나의 동사만으로도 절이 성립될 수 있음을 말한다. 절에 대한 그의 정의는 우리의 것과 동일하지만 그는 우선 모든 종속절을 통계에서 제외시켰다. 우리는 817개의 독립절과 185개의 종속절을 제시했으며, 독립절만 비교하더라도 쉐퍼드의 통계와는 174개의 차이가 난다. 성서 아람어의 문장 중에는 '보다', '알다', '말하다' 등의 타동사가 관계대명사로 연결되면서 그 뒤에 여러 개의 절들이 길게 나열되는 경우가 종종 나타나는데 쉐퍼드는 그런 경우

Near Eastern Studies 1:2 (1990), 2-11; I. Yakubovich, "Information Structure and Word Order in the Aramaic of the Book of Daniel", F. Hagen, ed., *Narratives of Egypt and the Ancient Near East* (Leuven: Uitgeverij Peeters en Departement Oosterse Studies, 2011), 373-396.

18. 총 1002절의 분포는 에스라서 171절, 다니엘서 828절, 예레미야서 3절이다.

19. 여기서 존재문장이란 '이타이'(איתי)를 포함하는 문장을 가리키는데, 아람어 단어 '이타이'는 '있다'는 뜻이다. 그 단어의 품사에 대한 학자들의 견해가 명사, 부사, 불변사, 존재사 등으로 일치하지 않으므로, 존재문장으로 따로 분류했다.

20. Michael B. Shepherd, *The Verbal System of Biblical Aramaic*, 63-69.

동사의 목적어가 되는 종속절로 보아 통계에 포함시키지 않았으나 우리는 그런 경우라도 관계대명사를 포함하는 절만 종속절로 분류하고 그 뒤에 길게 나오는 여러 개의 절들은 모두 독립절로 포함시켰다.

쉐퍼드는 '하바(הוה)'문장과 존재문장을 동사문장에 포함시키고 분사문장을 명사문장에 포함시켜 모든 문장을 동사문장과 명사문장으로만 분류하여 통계를 제시했는데 그의 통계에서는 동사문장이 67%, 명사문장이 33%로 나타난다. 우리의 통계를 그의 분류 방법대로 분류하되 독립절에서만 조사해 보았더니 동사문장이 61.3%, 명사문장이 38.7%로 나타나 약간의 차이가 나타났다.

문장의 종류에 따른 성서 아람어의 분포가 다니엘서와 에스라서 사이에 차이가 있는지를 살펴보았더니 다음과 같은 결과가 나왔다.

〈표 2〉 문장의 종류에 따른 다니엘서의 분포

문장종류	동사문장	명사문장	'하바'문장	분사문장	존재문장	합계
빈도수	484	105	14	213	12	828
백분율	58.5%	12.7%	1.7%	25.7%	1.4%	100%

〈표 3〉 문장의 종류에 따른 에스라서의 분포

문장종류	동사문장	명사문장	'하바'문장	분사문장	존재문장	합계
빈도수	122	11	3	34	1	171
백분율	71.3%	6.4%	1.8%	19.9%	0.6%	100%

〈표 2〉와 〈표 3〉에 따르면 에스라서에서는 다니엘서보다 동사문장이 10% 이상 더 많이 나타나고 다니엘서는 에스라서보다 명사문장과 분사문장이 조금 더 빈번하게 사용되는 것으로 나타났다. 이는 에스라서와 다니엘서 본문의 성격 차이 때문으로 짐작된다. 즉 다니엘서는 예언서적인 성격과 묵시적 환상에 대한 내용이 많이 포함되어 있으므로 좀 더 현장감 있고 생생하게 묘사하기 위해 진행상을 나타내는 분사와 대화와 묘사에서 많이 사용되는 명사문장을 선호했으며, 반면 역사적 사건에 기반을 둔 진술이 주된 내용인 에스라서에서는 동사문장을 좀 더 선호한

것으로 보인다.

4.1 동사문장에서의 어순

동사문장의 어순에서는 동사의 종류에 따라서 자동사와 타동사, 주어가 나타나는
경우와 주어가 생략된 경우로 나누어 조사해 보았더니 다음과 같은 결과가 나왔
다.[21] ⟨표 5⟩는 문장에서 주어와 술어와 목적어가 모두 나타나는 경우이며, ⟨표 6⟩
은 주어가 생략되고 술어와 목적어만 있는 경우이다. ⟨표 7⟩은 문장에서 주어가 나
타나든 그렇지 않든 관계 없이 술어와 목적어의 순서만을 고려했을 때의 통계이
다. 즉 VO의 순서에 SVO, VOS, VSO를 포함시켰으며 OV의 순서에 SOV, OSV,
OVS를 포함시킨 수치라 할 수 있다.

⟨표4⟩ 동사문장(자동사)에서 주어와 술어의 어순

어순	SV	VS	합계
빈도수	139	66	205
백분율	67.8%	32.2%	100%

⟨표5⟩ 동사문장(타동사)에서 주어와 술어와 목적어의 어순

어순	SVO	SOV	VOS	VSO	OSV	OVS	합계
빈도수	33	12	3	9	2	5	64
백분율	51.6%	18.8%	4.7%	14.1%	3.1%	7.8%	100%

---

21. 동사문장을 조사할 때 술어의 위치에 주안점을 두었으며, 특히 목적어가 있을 때의 어순에 초점
을 두었기 때문에 전치사구나 부사, 불변사 등과 같이 부사어의 역할을 하는 요소들은 제외했다.

〈표6〉 동사문장(타동사)에서 술어와 목적어만의 어순(주어 생략)[22]

어순	SV	VS	합계
빈도수	88	91	179
백분율	49.2%	50.8%	100%

〈표7〉 타동사가 사용된 동사문장에서 술어와 목적어만의 어순 (표5 + 표6)

어순	SV	VS	합계
빈도수	133	110	243
백분율	54.7%	45.3%	100%

〈표 5〉에서 〈표 7〉까지의 통계를 살펴보았을 때 성서 아람어의 어순은 동사문장에서 매우 특이한 어순을 가진다는 것을 알 수 있다. 언어 유형론적 관점에서 볼 때 현대 언어든, 고대 언어든 특정 유형이 기본 어순으로 나타나는 특징이 있다. 그러한 기본 어순에 따라 대표적인 언어들을 선정하기도 한다.[23] 그러나 성서 아람어는 기본 어순이 나타나지 않고 논리적으로 가능한 6가지 유형의 문장이 모두 발견된다. 그린버그(J. H. Greenberg) 가 제시하는 보편 원리와 언어 유형론자들에 따르면 전치사를 위주로 하는 언어는 목적어가 술어 뒤에 위치하는 것이 특징이다.[24] 그러나 성서 아람어는 전치사만 사용하는 언어임에도 불구하고 목적어가 술어에 선행하는 문장이 매우 많이 나타난다. 목적어가 술어에 선행할 뿐 아니라 주어에 선행하는 문장도 나타난다. 곽새라에 따르면 OSV 어순을 가진 언어는 현재 발견되지 않는다고 하나[25] 임홍빈이 소개하는 드라이어의 언어 분류에 따르면, SOV 언

22. 우리의 통계 자료와 가장 근접한 것은 헤이스(C. E. Hayes)의 통계로, 그는 총 162개 중 OV 순서를 80개, VO 순서를 82개로 제시한다.

23. 김인철, 홍선호, "어순 변화의 영어사적 조명", 45; 곽새라, "페르시아어 어순의 유형론과 통사적 분석", 48.

24. 신용권, "알타이 언어의 영향에 의한 중국어 어순 유형의 변화", 220; 현완송, "SOV 언어로서의 고대영어의 성격", 『언어학연구』 (1999), 18; 곽새라, "페르시아어 어순의 유형론과 통사적 분석", 48.

25. 곽새라, "페르시아어 어순의 유형론과 통사적 분석", 48.

어가 497개, SVO 언어가 435개, VSO 언어가 85개, VOS 언어가 26개, OSV 언어가 9개, OVS 언어가 4개, 지배적 어순을 결한 언어가 172개로 분류되고 있다.[26] 드라이어(M. S. Dryer)의 언어 유형에 따른 분류법에 의하면 성서 아람어는 지배적 어순을 결한 언어에 포함시킬 수 있다. 그러나 지배적 어순을 결한 언어에 속한다고 분류한 172개의 언어 중 상당수는 좀 더 기본적인 어순을 가지고 있을 것으로 보인다.[27] 성서 아람어는 동사문장에서 기본적인 유형을 추측하기 힘든 자유로운 어순을 갖고 있는데 모든 언어에는 기본 어순이 있다고 상정하고 논증을 하는 임홍빈의 접근이 과연 성서 아람어에서도 가능할지는 의문이 든다.[28]

자동사가 사용된 경우 주어가 동사에 선행하는 문장이 주어가 동사 뒤에 위치하는 문장보다 두 배 정도 더 많이 나타난다. 타동사가 사용된 경우 성서 아람어의 어순은 가능한 모든 어순이 다 출현하는 매우 독특한 현상을 보이고 있다. 동사와 목적어만의 위치를 고려했을 때 VO와 OV 어순이 거의 비슷하게 출현한다.

성서 아람어가 동사문장에서 자유 어순을 갖는다는 것을 알 수 있는 부분은 인접한 두 문장에서 VO와 OV 어순이 함께 나타난다는 사실이다. 다음 〈예 1〉을 보라.

〈예 1〉

וְאַף שְׁמָהָתְהֹם שְׁאֵלְנָא לְּהֹם לְהוֹדָעוּתָךְ דִּי נִכְתֻּב שֻׁם־גֻּבְרַיָּא דִּי בְרָאשֵׁיהֹם:

또한 당신께 알리려고 우리가 그들에게 그들의 이름을 물었습니다. 우리가 그들의 지도자들인 그 사람들의 이름을 기록할 것입니다. (스 5:10)

---

26. 임홍빈, "어순에 관한 언어 유형적 접근과 한국어의 기본 어순", 『서강인문논총』 22 (2007), 60.
27. 독일어는 주절에서는 SVO 어순을 가지나 종속절에서는 SOV 어순을 가지므로 지배적 어순을 가지지 않은 언어에 분류되나, 내포절이 보다 더 기원적인 형식을 보존한다고 보기 때문에 보다 기본적인 것은 SOV 어순이라 보는 견해가 유력하다. 임홍빈, "어순에 관한 언어 유형적 접근과 한국어의 기본 어순"; 곽새라, "페르시아어 어순의 유형론과 통사적 분석", 50 참조.
28. 임홍빈, "어순에 관한 언어 유형적 접근과 한국어의 기본 어순", 63-65.

부정사구에서는 거의 동일한 단어를 사용하면서도 서로 다른 어순으로 구성되어 있는 것이 발견된다. 다음 〈예 2〉와 〈예 3〉을 보라.

〈예 2〉

בֵּית־אֱלָהָא דְנָה לִבְּנֵא

이 하나님의 집을 지으려고 (스 5:13)

〈예 3〉

לְמִבְנֵא בֵּית־אֱלָהָא דֵךְ

이 하나님의 집을 지으려고 (스 5:17)

하나의 동사가 전후로 목적어를 갖는 특이한 문장도 발견된다. 다음 〈예 4〉와 〈예 5〉를 보라.

〈예 4〉

וּשְׁאָר חֵיוָתָא הֶעְדִּיו שָׁלְטָנְהוֹן

그들은 그 남은 짐승들의 권력을 빼앗았다. (단 7:12)

〈예 5〉

גֻּבְרַיָּא אִלֵּךְ דִּי הַסִּקוּ לְשַׁדְרַךְ מֵישַׁךְ וַעֲבֵד נְגוֹ קַטִּל הִמּוֹן שְׁבִיבָא דִּי נוּרָא:

불꽃이 사드락과 메삭과 아벳느고를 던진 이 사람들을, 그들을 죽였다. (단 3:22)

동사문장에서 부정어가 동사 앞에서 사용되지 않고 목적어 앞에서 사용되어 '부정어+목적어+동사'의 어순을 갖는 문장이 발견된다. 다음 〈예 6〉을 보라.

〈예 6〉

לָא אֱסָר רְשַׁמְתָּ

당신은 금지법을 정하지 않았습니다. (단 6:13)

성서 아람어의 어순이 독립절과 종속절의 여부에 따라 달라지는지를 파악하기 위해 독립절과 종속절에서의 어순을 비교해 보았더니 다음과 같은 결과가 나타났다.

〈표 8〉 동사문장(타동사)에서 술어와 목적어만의 어순(주어 생략)과 독립절/종속절의 관계

독립절/종속절	어순	VO	OV	합계
독립절	빈도수	64	74	138
	백분율	46.4%	53.6%	100%
종속절	빈도수	24	17	41
	백분율	58.5%	41.5%	100%

〈표 8〉의 통계를 분석한 결과 성서 아람어의 동사문장의 어순은 독립절과 종속절에 따라 어순에 약간의 영향을 미치기는 하지만 큰 영향을 미치지는 않음을 알 수 있었다. 즉 독립절과 종속절에 따라 어순이 크게 달라지지는 않는다는 것이다.

마찬가지 방법으로 어순에 영향을 미치는 요인을 파악하기 위해 동사의 형태, 시제, 서술체와 대화체, 에스라서와 다니엘서 등을 살펴보았더니,[29] 동사의 형태 중 미완료 형태만 어순에 어느 정도 영향을 미치는 것으로 나타났다. 다음 〈표 9〉를 보라.

---

29. 장르가 다른 에스라서와 다니엘서가 어순에 영향을 미치는지를 살펴보기 위해 각각 통계 조사하여 비교 분석해 보았으나 어순에는 영향을 미치지 않았음을 확인했다.

〈표 9〉 동사문장(타동사)에서 술어와 목적어만의 어순(주어 생략)과 동사의 형태와의 관계

구분	어순	VO	OV	합계
완료	빈도수	49	40	89
	백분율	55.1%	44.9%	100%
미완료	빈도수	29	42	71
	백분율	40.8%	59.2%	100%
명령	빈도수	10	9	19
	백분율	52.6%	47.4%	100%

이 모든 통계 자료를 종합 분석해 볼 때 성서 아람어 동사문장의 어순에 영향을 미칠 만한 특별한 변수가 발견되지 않았다.

4.2 명사문장에서의 어순

성서 아람어 명사문장에서의 분석은 주어와 술어의 위치를 중심으로 살펴보았는데 다음과 같은 결과가 나타났다.[30]

〈표 10〉 명사문장에서의 주어와 술어의 어순

두/세 구성소	어순	SP	PS	합계
두 구성소 명사문장	빈도수	87	18	105
	백분율	82.9%	17.1%	100%
세 구성소 명사문장	빈도수	6	1	7
	백분율	85.7%	14.3%	100%

---

30. 주어, 술어 이외에 또 다른 구성성분을 갖는 세 구성소 명사문장에서는 세 번째 구성성분의 위치는 무시하고 주어와 술어의 위치만을 고려하여 살펴보았다.

〈표 11〉 명사문장에서 의미론적 범주에 따른 주어와 술어의 어순[31]

의미론적 범주	어순	SP	PS	합계
'이다'	빈도수	55	11	66
	백분율	83.3%	16.7%	100%
'있다'	빈도수	34	5	39
	백분율	87.2%	12.8%	100%

〈표 12〉 명사문장에서 동질문장/비동질문장과 주어와 술어의 어순

동질/비동질	어순	SP	PS	합계
동질문장	빈도수	9	1	10
	백분율	90%	10%	100%
비동질문장	빈도수	37	9	46
	백분율	80.4%	19.6%	100%

성서 아람어 동사문장의 어순은 매우 자유스러운 반면 명사문장의 어순은 주어-술어의 비율이 술어-주어보다 월등히 높은 것으로 나타났다. 주어-술어의 비율이 높은 것은 의미론적 범주나 동질문장/비동질문장의 여부와도 관계없이 나타나는 현상이다. 또한 독립절과 종속절이나 서술체와 대화체와 관계없이 주어-술어의 비율이 높게 나타난다.[32]

4.3. 분사문장에서의 어순[33]

성서 아람어에서 분사는 한정동사의 감각으로 사용되는 경우가 많으므로 분사문

---

31. 성서 아람어의 명사문장에서는 의미론적 범주 중 '되다'에 해당하는 문장은 하나도 발견되지 않았다. 동질문장/비동질문장을 포함하여 명사문장에서 주어와 술어를 선정하는 기준에 대해서는 본인의 글("성서히브리어 명사문장의 어순에 관한 연구", 170-194)을 보라.

32. 주어-술어의 비율은 독립절에서 82.4%, 종속절에서 85.7%, 서술체에서 92.9%, 대화체에서 81.3% 나타난다.

33. '하바(הוה)문장'의 경우 성서 아람어에 총 17회 나타나는데, 그중 주어와 술어가 함께 나타나는 문장은 11개밖에 되지 않으므로 본 논의에서 제외시켰으며 '하바(הוה)'가 분사와 함께 나타나는 경우가 49회나 나타나서 분사문장의 어순에 대한 조사에서 '하바(הוה)'를 포함하는 분사문장을 다루었다.

장의 비율이 매우 높게 나타난다. 분사문장에서 분사가 타동사의 역할을 할 때 주어의 존재 여부를 무시하고 목적어와 분사의 어순만을 고려하여 살펴보았더니 다음과 같은 결과가 나타났다.

〈표 13〉 분사문장에서 분사와 목적어의 어순

어순	분사-목적어	목적어-분사	합계
빈도수	49	10	59
백분율	83.1%	16.9%	100%

성서 아람어에서 분사는 한정동사의 감각으로 사용되는 경우가 많은데도 불구하고 목적어를 포함하는 문장의 통계는 동사문장과 많은 차이를 보인다. 이것은 성서 아람어에서 분사가 한정동사와 상호교환적으로 사용되는 경우가 있기는 하지만 그 둘은 구분하여 취급해야 할 필요가 있음을 말해주는 것이라 할 수 있다. 그러나 분사문장에서 분사가 자동사로 사용되면서 주어가 나타나는 경우 주어와 분사와의 어순을 비교해 볼 때 타동사로 사용될 때와는 큰 차이가 나타난다. 다음 표를 보라.

〈표 14〉 분사문장에서 분사와 주어의 어순(목적어 제외)

어순	주어-분사	분사-주어	합계
빈도수	55	34	89
백분율	61.8%	38.2%	100%

분사문장에서의 분사와 주어의 어순은 〈표 4〉와 비교해 볼 때 동사문장에 가깝다는 것을 알 수 있다. 이는 성서 히브리어의 분사문장(93% 대 7%)과 많은 차이를 보이는 것이다. 성서 아람어 분사문장은 조동사의 역할을 하는 '하바(הוה)'(to be)와 함께 사용되는 경우도 있는데 그때 분사와 '하바(הוה)'의 순서를 살펴보면 다음과 같다.

〈표 15〉 분사문장에서 분사와 '하바(הוה)'의 어순

어순	하바-분사	분사-하바	합계
빈도수	25	21	46
백분율	54.3%	45.7%	100%

성서 히브리어에서는 '하야(היה)'(to be)가 조동사로 분사와 함께 사용되는 경우 거의 고정적으로 하야가 분사에 선행하는 데 반해 성서 아람어는 이 경우에도 매우 자유스런 어순을 갖고 있음을 볼 수 있다. 다음 〈예 7〉은 인접한 두 문장에서 분사-하바의 어순과 하바-분사의 어순이 함께 사용됨을 보여준다.

〈예 7〉

מִתְעָרְבִין לֶהֱוֺן בִּזְרַע אֲנָשָׁא וְלָא־לֶהֱוֺן דָּבְקִין דְּנָה עִם־דְּנָה

후손들은 섞일 것이며, 서로 연합하지 못할 것입니다. (단 2:43)

5. 성서 아람어 어순의 특이성과 요인

4장에서 분석한 바와 같이 성서 아람어는 동사문장에서 VO 어순과 OV 어순이 약 절반씩 나타난다. 성서 아람어를 최초의 셈어인 아카드어와 성서 아람어가 속한 서북 셈어 및 다른 셈어와 비교해 봄으로써 성서 아람어 어순이 그 언어들과 어떤 차이점과 연관성이 있는지 살펴보고자 한다. 또한 성서 아람어 어순의 특이성에 영향을 미친 요인이 무엇인지 고찰해 보고자 한다.

5.1 성서 히브리어 및 타 셈어와의 비교

언급한 바와 같이 성서 아람어의 어순 분석을 위해 성서 히브리어를 택한 이유는 성서 히브리어가 성서 아람어와 가장 유사한 언어이기 때문이다. 우선 두 언어는 22개의 동일한 알파벳을 사용할 뿐 아니라 음운론 체계가 거의 흡사하다. 형태론

에서 볼 때 명사, 형용사, 동사, 의문사, 인칭대명사, 전치사, 의문불변사, 접속사, 존재를 나타내는 불변사 등 거의 모든 품사에서 문법이 서로 일치한다. 동사에서도 시제의 표지가 아닌 완료, 미완료 두 개의 대조적인 상의 표지인 것, 분사, 부정사, 명령, 유형, 인칭, 성, 수 등 거의 모든 부분에서 일치한다. 어휘의 측면에서 볼 때도 대다수가 동일한 단어나 동일한 어원의 단어를 사용한다. 모든 셈어 학자들과 성서 언어학자들이 성서 아람어와 성서 히브리어를 서로 다른 별개의 언어로 분류하기는 하지만 그 둘은 방언이라 해도 좋을 만큼 서로 유사성을 갖고 있다.

성서 아람어는 성서 히브리어뿐 아니라 서북 셈어에 속하는 우가릿어, 페니키아어, 그리고 남부 셈어에 속하는 아랍어와 비교해 볼 때 가장 큰 차이가 동사문장에서의 어순에서 나타난다. 그 언어들은 동사문장에서 동사가 문두에 오는 것이 기본적인 어순이다.[34] 셈어가 아닌 함족어에 속하는 이집트에서도 기본 어순은 VSO이다.[35] 그러므로 목적어는 동사 뒤에 위치하는 것이 셈어의 기본 어순이라고 할 수 있다.[36] 그러나 성서 아람어는 VO와 OV 어순이 약 절반씩 차지하므로 서북 셈어와 다른 셈어의 기본 어순과는 많은 차이가 있음을 알 수 있다.

---

34. 여기서 기본 어순은 산문체에서의 어순을 말한다. 셈어의 운문체에서는 평행법이 가장 중요한 특징으로 나타나는데 평행법의 한 방법으로 교차대구법이 사용되므로 운문체의 어순은 다양하게 나타나는 특징이 있다. 요제프 트롭퍼(J. Tropper), 『우가릿어 문법』, 주원준 개역 (서울: 한님성서연구소, 2010), 160; D. Sivan, *A Grammar of the Ugaritic Language* (Leiden: Brill, 1997), 210. 최진영("아랍어 기본어순에 대한 현대적 접근")은 아랍어 문장의 기저구조를 VSO가 아닌 SVO로 규정했으나 대부분의 아랍어 문법가들은 아랍어 동사문장의 기본 어순을 VSO로 본다. 오명근, 『아랍어 구문어체 비교론』 (서울: 한국외국어대학교 출판부, 1994), 60; P. F. Abboud, *Elementary Modern Standard Arabic*, Part I (Cambridge: Cambridge University Press, 1989), 157을 보라.
35. S. A. Gardiner, *Egyptian Grammar, Being An Introduction to the Study of Hieroglyphs*, 3rd ed. (Oxford: Ashmolean Museum, 1957), 34.
36. 성서 아람어와 성서 히브리어의 동사문장에 대한 구체적인 비교를 위해 성서 아람어 텍스트가 포함된 동일한 책인 에스라서와 다니엘서에 기록된 성서 히브리어 텍스트를 모두 조사해 보았더니 VO 어순이 155개(에스라 71개, 다니엘 84개) 나타났고 OV 어순이 12개(스 1:2, 4, 11; 9:12[2번]; 10:6[2번]; 단 2:3; 10:3[2번]; 11:31, 41) 나타나 VO 어순이 92.8%나 된다.

5.2 아카드어와 수메르어와의 비교

아카드어는 최초의 셈어이며 동부 셈어에 속한다는 사실에 대해서는 학자들 간에
이견이 없다. 아카드어를 셈어로 분류하는 이유는 명사, 형용사, 인칭대명사, 전치
사, 접속사, 관계대명사, 동사 등 형태론과 음운론에서 서북 셈어와 거의 유사하기
때문이다. 그러나 아카드어는 동사의 어순에 있어서 동사가 문장의 끝에 위치하는
OV 어순을 갖는다는 점에 있어서 아카드어를 제외한 다른 셈어들과는 큰 차이를
보인다. 아카드어의 이러한 현상은 수메르어의 영향을 받았다고 보는 것이 지배적
인 견해이다.[37]

　　기원전 3200년경에 세계 최초의 언어로 불리는 수메르어 문서가 발견됐으나
수메르어는 아직 정확한 계통이 밝혀지지 않았다. 수메르어는 수메르 민족이 사용
했던 언어이며, 수메르 민족은 세계 4대 문명 중 하나이자 가장 빠른 메소포타미
아 문명의 중심지였던 우르(Ur)를 중심으로 기원전 33세기부터 약 1000여 년간
생활했던 민족이다. 수메르어는 교착어로서 여러 형태의 접사나 후치사와 격조사
가 발달했으며 통사론에서 명사, 관형사, 지시사, 수사, 관계절, 의문사, 부사절 등
의 어순이 우리말과 유사하고 SOV를 기본 어순으로 수식절이 아무리 길더라도
문장에서 동사는 항상 문미에 온다. 우리말과 유사하게 동사 앞에 오는 요소들은
상대적으로 자유롭지만 타동사든 자동사든 간에 동사는 항상 고정적으로 문장의
끝에 위치한다.[38] 따라서 수메르어는 셈어, 함어, 인도-유럽어와는 많은 차이가 있
으며, 우리와는 시기적으로나 지리적으로 엄청난 간격이 있지만 형태론과 의미론
과 통사론에 있어서 우리말이 속해 있는 알타이어와 매우 많은 유사점이 발견되

---

37. J. Huehnergard, *A Grammar of Akkadian*, Harvard Semitic Museum Studies 45 (Atlanta: Scholars Press, 1996), XXV; D. O. Edzard *Sumerian Grammar*, Handbook of Oriental Studies (Leiden; Boston: Brill, 2003), 174.

38. J. Hayes, *Sumerian*, Languages of the World / Materials 68 (München; Newcastle: Lincom Europa, 1997), 30; D. O. Edzard, *Sumerian Grammar*, 174; T. Marie-Louise, *The Sumerian Language: An Introduction to its History and Grammatical Structure* (Copenhagen: Akademisk Forlag, 2001), 51.

는 언어이다.[39]

　　남부 메소포타미아 지역에서 수세기 동안 수메르어 화자들과 아카드어 화자들은 함께 생활했다. 따라서 아카드어는 수메르어의 영향을 자연스럽게 받게 됐으며 가장 많은 영향을 받은 것이 바로 동사의 어순이다. 아카드어 서체에는 구두점이 없기 때문에 문장의 끝이 어디인가를 파악하기 위해 동사의 위치는 매우 중요하게 작용했다. 그러므로 성서 아람어의 어순은 OV를 기본 어순으로 가지는 아카드어와도 많은 차이가 있다.

5.3 성서 아람어 어순에 영향을 끼친 요인

살펴본 바와 같이 성서 아람어는 자유로운 어순을 가진 언어이다. 성서 아람어가 자유로운 어순을 갖게 된 요인을 운문체적인 방식을 도입했기 때문으로 볼 수 있는지 고려해 보고자 한다. 같은 서북 셈어에 속한 성서 히브리어나 우가릿어는 산문체에서 VO가 기본 어순이지만 운문체에서는 어순이 자유롭게 나타난다. 이 언어들의 운문체에서 자유로운 어순이 나타나는 가장 중요한 이유는 교차대구법이 많이 사용되기 때문이다. 교차대구법은 서북 셈어 운문체의 가장 중요한 특징인

---

39. 수메르어를 전공하여 예루살렘 히브리대학교에서 10여 년간 강의하기도 했던 조철수는 수메르어가 알타이어에 속할 가능성에 대해 언어적으로 접근했을 뿐 아니라 『고대 메소포타미아에 새겨진 한국신화의 비밀』(서울: 김영사, 2003)이라는 책을 통해 수메르의 신화나 영웅전이 우리나라의 것과 유사함을 잘 보여준다. 지리적으로나 시기적으로 우리와는 많은 차이가 있는 수메르어가 우리말이 속한 알타이어일 가능성에 대해서는 수메르어를 전공한 한국 학자들에 의해 이미 지적됐으며 본 연구자의 저서와 소논문에서도 그와 같은 사실을 밝혔다. 조철수, "수메르어-국어고어 문법범주 대조분석", 『언어학』 19 (1996), 357-374; 박기용, "수메르어 격체계 대조분석", 『언어학』 16 (1994), 81-120; 권성달, "'to be'에 상응하는 우리말과 여러 언어에서의 비교연구", 69-91; Sung-dal Kwon, *"HYH"(=to be) Sentences in Biblical Hebrew* (written in Hebrew) (Jerusalem: Yuval Tal Ltd., 2013) 등 참조. 우리말의 계통과 관련해서는 알타이어족설과 반알타이어족설이 첨예하게 대립되는 것으로 보이는데 김주원("초청논단: 유라시아의 알타이 언어와 한국어의 계통 문제", *e-Eurasia* 15 [2009], 1-5)이 이를 잘 정리했다. 알타이어족설에 대한 반알타이어족설의 반론에 대한 재반론에 대한 합리적인 답이 아직 제시되지 않은 상태이므로 알타이어족이라는 용어를 사용하는 것에 대해서는 큰 문제가 없어 보인다. 고영근, "언어 유형론과 개별 언어의 문법 기술 -민족어 자료를 중심으로-", 147-189을 참조하라.

평행법의 한 방법이다. 앞에서 나온 〈예 7〉과 같은 문장을 교차대구법으로 볼 수도 있으나 그러한 문장은 성서 아람어에서 거의 나타나지 않으며 에스라서와 다니엘서에 기록된 성서 아람어는 대부분 산문체로 되어 있다. 그러므로 성서 아람어에서의 자유로운 어순 현상을 운문체 방식을 사용했기 때문이라고 설명할 수는 없을 것이다.

몇몇 학자들이 성서 아람어 동사문장의 어순에서 기본 어순을 찾으려 시도했으나 서로 다른 어순을 제시하기도 한다. 또한 다양한 어순에 대한 설명을 '화제-초점'(topic-focus) 이론의 관점에서 해결하려는 시도가 있으나 이 또한 적절해 보이지 않는다.[40] 결국 성서 아람어의 특이한 어순 현상에 대한 요인을 언어적인 관점이나 이론에서 찾는 것은 불가능한 것으로 보인다. 언어적 관점에서 찾기 힘들다면 지정학적, 역사적 관점에서 그 요인을 찾을 수밖에 없다고 본다.

일반적으로 아람 민족의 기원을 메소포타미아의 서북쪽 지역으로 본다. 그들이 처음 사용했던 언어는 고대 아람어로 불리며 지리적으로 가까운 서북 셈어와 동일한 VO 어순을 가졌을 것으로 본다. 이후 신아시리아 제국이 아람 민족을 정복한 후 민족이주 정책을 펼침에 따라 아람 민족은 제국 곳곳으로 흩어지게 됐다.[41] 그때부터 아람어는 서부 아람어 방언과 동부 아람어 방언으로 나뉜 것으로 생각된다.[42] 국제어로 사용된 아람어는 동부 아람어 방언으로서 이 방언이 국제어로서 힘을 얻게 된 것은 동부 아람어를 사용하던 지역이 바빌로니아, 페르시아 제국의 중심지였던 메소포타미아의 동부 지역이었기 때문이다. 그래서 국제어로 사용된

---

40. I. Yakubovich, "Information Structure and Word Order in the Aramaic of the Book of Daniel", 373-396. 화제-초점 이론에서는 주어, 술어라는 용어 대신에 알려진 정보인지, 새로운 정보인지의 여부에 따라 화제(알려진 정보)와 초점(새로운 정보)이라는 용어를 사용하며, 어순이 도치된 문장의 경우 초점이 앞으로 이동되어 강조의 역할을 한다고 본다. 이 이론은 기본적인 어순을 가진 언어에서 적용이 가능한 이론이므로 자유로운 어순을 갖는 성서 아람어에 적용시키기에는 무리가 있다.

41. 요제프 트롭퍼(J. Tropper), 『우가릿어 사전』, 주원준 개역 (서울: 한님성서연구소, 2010), 21.

42. 아람어가 서부 아람어와 동부 아람어로 나뉜 것을 후기 시대(기원후 2-3세기)로 보기도 하지만 모스카티(S. Moscati, *An Introduction to the Comparative Grammar of the Semitic Languages* [Wiesbaden: Otto Harrassowitz, 1980], 10)는 고대 아람어가 사용되던 시기일 것으로 본다.

공식 아람어는 서부 아람어 방언보다는 동부 아람어 방언에 가까웠을 것으로 추정해 볼 수 있다. 따라서 바빌로니아에 포로로 잡혀 갔던 유대인들이 성서를 기록할 때는 국제어로 자리매김한 공식 아람어를 사용했을 것으로 본다. 공식 아람어가 국제어로 사용되기 전에는 아카드어가 1000년 이상이나 고대 근동지역에서 국제어로 위상을 떨쳤다. 그러나 아카드어가 수백 개의 음절로 이루어져 있었던 반면 아람어는 간편한 알파벳으로 구성되어 사용하고 습득하기에 훨씬 편한 언어였기 때문에 바빌로니아 제국이 새로운 국제어로 공식 아람어를 채택하게 됐고, 공식 아람어는 문어로서뿐 아니라 구어로서도 오랜 기간 고대 근동 지역에서 편만하게 사용됐다.[43] 따라서 서쪽에서 동쪽으로 이주했던 일부 아람 민족들은 원래 사용하던 VO 어순을 따르다가 점차적으로 아카드어를 사용하던 이들의 영향을 받아 OV 어순도 혼합하여 사용하게 된 것으로 보인다.[44] 이러한 여러 가지 지정학적, 역사적 요인으로 인해 성서 아람어는 VO와 OV 어순 두 가지를 모두 자유롭게 사용하는 양상을 띠게 된 것으로 추정해 볼 수 있다.

6. 결론

성서에 아람어로 기록된 모든 텍스트를 어순을 중심으로 전수조사한 결과 명사문장에서는 기본 어순이 SP로서 주어가 술어에 선행하는 비율이 높게 나타났고, 분

---

43. S. E. Fassberg, "Infinitival Forms in Aramaic", J. C. Salmons, ed., *Historical Linguistics 2005* (Amsterdam: John Benjamins Publishing Company, 2005), 239. 공교롭게도 아람어가 국제어로 사용되기 시작하던 기원전 8세기경에 아람 민족은 세력을 거의 잃게 된다.(F. Skolnik, *Encyclopaedia Judaica*, vol. 2, 338. 참조)

44. 우리는 이미 수메르어의 영향을 받은 아카드어가 형태론이나 다른 통사적인 요소보다는 어느 한 특정 현상(동사가 문미에 위치하는 현상)만 크게 부각되어 작용한 실례를 확인했다. 마찬가지로 성서 아람어가 아카드어의 영향을 받을 때도 문장에서 가장 중요한 역할을 하는 어순을 중심으로 영향을 받았을 가능성을 배제할 수 없다. 슈무엘 파스버그, "아람어 역사와 문법", 303. 파스버그에 의하면 동쪽 지역의 아람어 문헌들과 방언에서는 OV 어순이 나타나고 고대 아람어와 서쪽 방언에서는 VO 어순이 나타난다고 한다.

사문장에서는 기본 어순이 VO로서 술어 분사가 목적어에 선행하는 비율이 높게 나타났으며 분사가 '하바(הוה)'와 함께 사용됐을 때는 그 둘의 순서가 자유롭게 나타났다. 반면, 성서 아람어는 동사문장의 어순에서 가장 큰 차이가 나타났다. 주어, 동사, 목적어가 모두 포함된 문장에서는 가능한 어순, 즉 6개의 어순이 모두 나타났으며 동사와 목적어의 어순만을 비교했을 때 VO와 OV 어순이 거의 절반씩 나타났다. 따라서 성서 아람어 동사문장에서는 기본 어순을 찾아내기 힘들었다. 즉, 자유로운 어순을 가진다고 할 수 있다.

성서 아람어 동사문장이 자유 어순을 갖는 요인을 살펴보기 위해 여러 매개변수를 사용하여 다각도로 조사해 보았으나 언어학적인 측면에서는 요인을 찾을 수 없었으며 지정학적, 역사학적 요인에서 찾아야 함을 알게 됐다. 공식 아람어였던 성서 아람어의 어순 비율이 VO와 OV 어순으로 비슷하게 나타나게 된 것은 신아시리아 제국의 민족이주정책 이후 이주하게 된 아람 민족들이 바빌로니아, 페르시아 제국의 중심지였던 메소포타미아 동부 지역에 거주하면서 이전에 사용했던 고대 아람어와 이주 지역에서 사용했던 아카드어의 영향을 받아 아람어의 어순에 변화가 생겨 두 어순이 자유롭게 사용된 것으로 보인다.

본 연구의 한계점을 지적한다면 충분한 자료 확보에 어려움이 있었다는 점이다. 국내에서 연구할 수 있는 고대 근동 문서 자료가 빈약하여 연구에 많은 제약이 있음으로 인해 고대 아람어 문서에 대한 1차 자료 수집의 문제가 노출됐다. 여건이 허락된다면 성서 아람어 외의 아람어로 된 여러 가지 문서들(고대 아람어, 공식 아람어, 중기 아람어의 문서들)에 대해서도 더욱 정확한 자료를 확보하여 분석한다면 통시적 연구는 물론 공시적 연구를 통해 보다 폭넓고 심도 있는 연구가 이루어질 것이다.

아람어 찬양

아람어로 된 찬양곡을 구하는 데에는 현실적인 어려움이 많아 본서에서는 히브리어 찬

양곡 중 간단한 곡들을 아람어로 바꾸어 보았다. 히브리어 찬양을 들으면서 아람어 가

사로 함께 불러본다면 히브리어와 아람어를 모두 자연스럽게 익힐 수 있을 것이다.

1. 할렐루야 → 샤바후야

여호와를 찬양하라!

שְׁבַחוּיָה

(Capo 3)

1. Sha va chu - yah   sha va chu - yah
2. Hu mal ka - na   hu mal ka - na

1. Sha va chu - yah sha va chu - yah sha va chu - yah (Sha) yah (to vs. 2)
2. Hu me lech mal ka ya   sha va chu - yah (Hu) yah (Fine)

1.

שְׁבַחוּיָה, שְׁבַחוּיָה, שְׁבַחוּיָה, שְׁבַחוּיָה
할렐루야   할렐루야   할렐루야   할렐루야   할렐루야

שְׁבַחוּיָה, שְׁבַחוּיָה, שְׁבַחוּיָה
할렐루야   할렐루야   할렐루야

2.

הוּא מַלְכַּנָא, הוּא מַלְכַּנָא, הוּא מֶלֶךְ מַלְכַיָא
왕들 왕   그는 우리의왕 그는 우리의왕 그는

שְׁבַחוּיָה הוּא מֶלֶךְ מַלְכַיָא שְׁבַחוּיָה
할렐루야   왕들   왕   그는 할렐루야

그는 우리의 왕, 그는 왕 중의 왕이시다. 할렐루야!

2. 헤쎄드 라헴 → 헤쎄드 레혼

인자가 여러분들에게(롬 1:7)

חֶסֶד לְכוֹן וּשְׁלָם

חֶסֶד לְכוֹן וּשְׁלָם מִן אֱלָהָא אֲבוּנָא וּמָרְיָא יֵשׁוּעַ מְשִׁיחָא
그리스도   예수   주   우리아버지 하나님 -부터 평화 너희에게 인자
(롬 1:7)

인자와 평화가 하나님 우리 아버지와 주 예수 그리스도로부터 너희들에게 (있기를!)

3. 예슈아 아니 오헤브 오트하 → 예슈아 아나 라헴 야타흐

예수님, 저는 당신을 사랑합니다

יֵשׁוּעַ אָנָה רָחֵם יָתָך

יֵשׁוּעַ אָנָה רָחֵם יָתָך

당신을　사랑합니다 저는　　예수님

예수님, 저는 당신을 사랑합니다.

4. 바루흐 하바 → 브리흐 아트하

오는 이는 복되도다(시 118:26, 마 21:9)

בְּרִיךְ אַתְהָא

בְּרִיךְ אַתְהָא בְּשֵׁם יְהֹוָה שַׁבְּחוּיָה
할렐루야   여호와 이름으로 오는 이   복되다

(시 118:26, 마 21:9)

오는 이는 여호와의 이름으로 복되다 할렐루야!

5. 슈마 이쓰라엘
들으라 이스라엘아(신 6:4)

שְׁמַע יִשְׂרָאֵל

슈마 이쓰라 엘   아 도 나 이 엘 라 하 나 아 도 나 이 하 드 브

리흐 숌 예 키르 말 후   테   민 알 마   아 드 알 마

שְׁמַע יִשְׂרָאֵל יְהוָה אֱלֹהֵנוּ יְהוָה חַד

한   여호와 우리하나님 여호와 이스라엘아 들으라

בְּרִיךְ שֵׁם יְקָר מַלְכוּתֵהּ מִן-עָלְמָא עַד-עָלְמָא

영원   영원히   그의왕국   영광 이름 복되다

(신 6:4)

들으라 이스라엘아 여호와 우리 하나님은 한 여호와시다

그의 이름이 복되며 그의 왕국은 영원 영원하시다

6. 케아얄 타아로그 → 케아얄 티쓰부르

사슴이 갈망함과 같이(시 42:1)

כְּאַיָּל תַּעֲרֹג

כְּאַיָּל תַּעֲרֹג עַל-אֲפִיקֵי-מָיִם
물   수로를   갈망한다 사슴이

אֱלֹהָא   לְךָ   תַּעֲרֹג   נַפְשִׁי   כֵּן
하나님   당신을향해   갈망합니다   내혼이   그와같이

(시 42:1)

사슴이 물 수로를 갈망하듯이
내 혼이 당신을 향해 그와 같이 갈망하나이다 하나님

7. 호두 라아도나이 키 토브 → 호두 라아도나이 디 타브

여호와께 감사하라 그는 선하시기 때문이다(시 136:1-3)

הוֹדוּ לַאדֹנָי דִי טָב

הוֹדוּ לַאדֹנָי דִי טָב דִי לְעֳלַם חַסְדֵּה

그의인자 영원히   때문 좋은 때문 여호와께 감사하라

הוֹדוּ לֵאלָהֵי אֱלָהַיָּא דִי לְעֳלַם חַסְדֵּה

그의인자 영원히   때문 신들   하나님께 감사하라

הוֹדוּ לְמָרֵי מָרַיָּא דִי לְעֳלַם חַסְדֵּה

그의인자 영원히   때문 주님들   주께 감사하라

(시 136:1-3)

여호와께 감사하라 선하기 때문이다 그의 인자가 영원하기 때문이다

신들 중의 하나님께 감사하라 그의 인자가 영원하기 때문이다

주님들 중의 주님께 감사하라 그의 인자가 영원하기 때문이다

8. 샬롬 라브 → 슐람 라브

많은 평화(시 119:165)

שָׁלֵם רַב

Sh - lam rav le ra ch mei o ra i - tach o ra i -

tach leit leit le hon tik la leit le hon tik la

אוֹרְיָתָךְ לְרָחֲמֵי רַב שָׁלֵם
당신의 계명 사랑하는이들에게 많은 평화

לֵית-לְהוֹן תִּקְלָא
장애물 그들에게 없다

(시 119:165)

당신의 계명을 사랑하는 이들에게 많은 평화가 (있기를!)
그들에게는 장애물이 없으리라

9. 엘레이하 아도나이 → 라흐 아도나이

여호와여 당신께(시 25:1)

לְךָ אֲדֹנָי

la - ch a - do nai a do nai a teil a teil naf shi la

- ch a - do nai a do nai a - teil a teil - naf shi

נַפְשׁ   אֶשָּׂיל   אֲדֹנָי   לְךָ

내목숨   내가들어올립니다   여호와여   당신께

(시 25:1)

여호와여 내가 내 목숨을 당신께 들어 올립니다

10. 키 레하 → 디 라흐
정녕 당신께(마 6:13)

דִּי לָךְ

Di - lach di - la - ch mal chu - ta ve gi v ra - di - lach di - la ch ye ka

ra ve shiv ho ra - le chod lach ye shu a el la hi le chod lach le al mei - al ma ya

דִּי לָךְ דִּי לָךְ מַלְכוּתָא וְגִיבְרָא
권력   나라   당신께 정녕 당신께 정녕

דִּי לָךְ דִּי לָךְ יְקָרָא וְשִׁיבְהוֹרָא
영화   영광   당신께 정녕 당신께 정녕

לְחוֹד לָךְ לִי לַחוֹד לָךְ לְעָלְמֵי-עָלְמַיָּא
영원 영원히 당신께만 오직 나의하나님 예수 당신께만 오직

(마 6:13)

정녕 당신께 나라와 권력과 영광과 영화가
오직 당신께만 예수 나의 하나님 오직 당신께만 영원 영원히

연습문제 풀이

제1과

1. 다음 아람어 문장에서 모음은 무시하고 자음 알파벳 명칭만을 말하라.

רְחוּם בְּעֵל־טְעֵם וְשִׁמְשַׁי סָפְרָא כְּתַבוּ אִגְּרָה חֲדָה עַל־יְרוּשְׁלֶם
לְאַרְתַּחְשַׁשְׂתְּא מַלְכָּא כְּנֵמָא (스 4:8)

סָפְרָא	וְשִׁמְשַׁי	בְּעֵל־טְעֵם	רְחוּם
싸메흐 페이 레쉬 알레프	바브 쉰 멤 쉰 요드	베트 아인 라메드 테트 아인 멤	레쉬 헤트 바브 멤
עַל־יְרוּשְׁלֶם	חֲדָה	אִגְּרָה	כְּתַבוּ
아인 라메드 요드 레쉬 바브 쉰 라메드 멤	헤트 달레트 헤이	알레프 기멜 레쉬 헤이	카프 타브 베트 바브
כְּנֵמָא	מַלְכָּא	לְאַרְתַּחְשַׁשְׂתְּא	
카프 눈 멤 알레프	멤 라메드 카프 알레프	라메드 알레프 레쉬 타브 헤트 쉰 씬 타브 알레프	

כָּל־קֳבֵל דְּנָה מַלְכָּא בְּנַס וּקְצַף שַׂגִּיא וַאֲמַר לְהוֹבָדָה לְכֹל חַכִּימֵי בָבֶל
(단 2:12)

מַלְכָּא	דְּנָה	קֳבֵל	כָּל־
멤 라메드 카프 알레프	달레트 눈 헤이	쿠프 베트 라메드	카프 라메드
וַאֲמַר	שַׂגִּיא	וּקְצַף	בְּנַס
바브 알레프 멤 레쉬	씬 기멜 요드 알레프	바브 쿠프 짜디 페이	베트 눈 싸메흐
בָבֶל	חַכִּימֵי	לְכֹל	לְהוֹבָדָה
베트 베트 라메드	헤트 카프 요드 멤 요드	라메드 카프 라메드	라메드 헤이 바브 베트 달레트 헤이

2. 다음을 읽어보라.

1. שָׁ 샤　2. גַּ 가　3. דְ 다　4. לְ 라

5. מָ 마　6. הֵ 헤　7. תֵּ 테　8. נֶ 네

9. כְ	케	10. בְ	베	11. סֶ	쎄	12. ע	이
13. רִי	리	14. וָ	바	15. זִ	지	16. שׁוֹ	쏘
17. בּוֹ	보	18. לִי	리	19. תֻ	투	20. אוּ	우
21. דּ	도	22. קוֹ	코	23. נֵי	네이	24. חָ	호
25. ס	쏘	26. צַ	짜	27. טֶ	테	28. יַ	야
29. יוֹ	유	30. יוֹ	유	31. יְ	예	32. שֻ	슈
33. עִי	이	34. פֿ	포	35. אֶ	에	36. בָה	바
37. לוֹ	로	38. שֶׁה	쉐	39. רָא	라	40. נֶא	네
41. אַל	알	42. עִם	임	43. כֹל	콜	44. מֶן	민
45. שַׁב	샤브	46. קֹף	코프	47. בוּשׁ	부쉬	48. הֶל	헬
49. כִּין	쿠쯔	50. טֶר	테르	51. אֶל	엘	52. חָח	호흐
53. עַז	아즈	54. הֶשׁ	헤쉬	55. הֲלוֹ	할로	56. אִיתַי	이타이
57. לֵוִי	레비	58. גָּלוּ	갈루	59. בַּיִת	바이트	60. קָדָם	코담

3. 다음 단어들을 읽어보라.

(1) 인명, 지명

יֵשׁוּעַ. כּוֹרֶשׁ. בָּבֶל. אַרְיוֹךְ. חַגַּי. פָּרַס. יְרוּשָׁלֵם. זְרֻבָּבֶל. שְׁאַלְתִּיאֵל.

슈알티엘, 즈루바벨, 예루샬렘, 파라쓰, 하가이, 아리요흐, 바벨, 코레쉬, 예슈아

דָּנִיֵּאל. עֶזְרָא. עִדּוֹא. דָּרְיָוֶשׁ. נְבוּכַדְנֶצַּר. שַׁדְרַךְ. מֵישַׁךְ.

메이샤흐, 샤드라흐, 네부하드네짜르, 다르야베쉬, 이도, 에즈라, 다니엘

עֲבֵד נְגוֹ. בֵּלְשַׁאצַּר. אַרְתַּחְשַׁשְׁתְּא

아르타흐샤쓰테, 벨샤짜르, 네고 아베드

(2) 단어

아람어	음역	뜻	아람어	음역	뜻
אָ◌-	-아	그(정관사)	לָא	라	않다
וְ	베	그리고	הֲוָה	하바	이다, 있다
דִּי	디	관계대명사	אֲמַר	아마르	말하다
לְ	레	에게	דְּנָה	드나	이(것)
בְּ	베	(안)에	אֱדַיִן	에다인	그때
מֶלֶךְ	멜레흐	왕	מַלְכוּ	말후	왕위, 왕국
מִן	민	부터	דָּנִיֵּאל	다니엘	다니엘
כֹּל	콜	모든	יְדַע	야다	알다
עַל	알	위에	בַּיִת	바이트	집
אֱלָהּ	엘라	하나님, 신	קֳדָם	코담	앞에

제2과

1. 다음 문장을 읽으라.

וְהִתְנַבִּי חַגַּי נְבִיָּא וּזְכַרְיָה בַר־עִדּוֹא נְבִיַּאיָא עַל־יְהוּדָיֵא דִּי בִיהוּד
וּבִירוּשְׁלֶם בְּשֻׁם אֱלָהּ יִשְׂרָאֵל עֲלֵיהוֹן (스 5:1):

베히트나비 '하가이 네비야 우즈하르야 바르-이도 네비야야 알-예후다예 디 비후드
우비루슐렘 베슘 엘라 이쓰라엘 알레이혼

2. 다음 전치사구를 해석하라.

(1) לְמַלְכָּא 그 왕에게/그 왕을 위해   (2) קֳדָם אֱלָהּ 하나님 앞에서

(3) עַד בַּיְתָא 그 집까지   (4) מִן־אֲנָשָׁא 그 사람으로부터

(5) עַל־דְּנָה 이것 위에/이것에 대해   (6) בְּבָבֶל 바벨론에서

(7) כְּדַהַב 금처럼

(8) מִן־מַלְכָּא 그 왕으로부터

(9) עַל־יְרוּשְׁלֵם 예루살렘에 대해

(10) לִנְבוּכַדְנֶצַּר 느부갓네살에게

(11) כֶּאֱנָשׁ 사람처럼

(12) בְּבַיְתָא 그 집에서

(13) בֵּאלָהּ 하나님 안에서

(14) עַל־פִּשְׁרָא 그 해석에 대하여

(15) עִם־דָּנִיֵּאל 다니엘과 함께

(16) בִּדְהֲבָא 그 금으로

(17) בְּבֶל עַד 바벨론까지

(18) קֳבֵל אֲנָשָׁא 그 사람 앞에서/때문에

(19) עִם־מַלְכָּא 그 왕과 함께

(20) בִּירוּשְׁלֵם 예루살렘에서

3. 다음 명사문장을 해석하라.

(1) מַן דְּנָה? 이 사람은 누구인가?

(2) מַן מַלְכָּא? 그 왕은 누구인가?

(3) מָה אֵלֶּה? 이것들은 무엇인가?

(4) מַן בְּבַיְתָא? 그 집에는 누가 있는가?

(5) לְמָה הוּא בְּבָבֶל? 왜 그는 바벨론에 있는가?

(6) דְּנָה מֶלֶךְ. 이 사람은 왕이다.

(7) דְּנָה לָא דְהַב. 이것은 금이 아니다.

(8) אֲנָשָׁא רַב. 그 사람은 위대하다.

(9) דָּנִיֵּאל קֳדָם אֱלָהּ. 다니엘은 하나님 앞에 있다.

(10) הַאַנְתְּ מִן־יְרוּשְׁלֵם? 당신은 예루살렘에서 왔는가?

제3과

명사와 형용사의 연습

(1) בַּיְתָא רַבָּא 그 큰 집

(2) עַם קַדִּישׁ 거룩한 백성

(3) שְׁמַיָּא טָבַיָּא 그 좋은 하늘

(4) דַּהֲבָא חַדָא 그 하나의 금

(5) **רַבְרְבִין מַלְכַיָּא** 그 왕들은 위대하다   (6) **אֱלָהָא טָבָא** 좋으신 하나님

(7) **יְרוּשְׁלֶם קַדִּישׁ** 예루살렘은 거룩하다   (8) **יְדָא רַבְּתָא** 그 큰 손

(9) **חֶלְמָא חַד** 그 꿈은 하나이다   (10) **חֵיוָתָא רַבְרְבָתָא** 그 큰 짐승들

(11) **אֱנָשָׁא קַדִּישָׁא** 그 거룩한 사람   (12) **דָּנִיֵּאל קַדִּישׁ** 다니엘은 거룩하다

(13) **צַלְמָא רַבָּא** 그 큰 형상   (14) **יוֹמַיָּא קַדִּישַׁיָּא** 그 거룩한 날들

(15) **רַב אֱנָשָׁא** 그 사람은 위대하다   (16) **חֶלְמַיָּא קַדִּישַׁיָּא** 그 거룩한 꿈들

(17) **אֱלָהַיָּא לָא טָבִין** 그 신들은 좋지 않다 (18) **חֵיוָתָא טָבָה** 그 짐승은 좋다

(19) **בִּידַיִן טָבָן** 좋은 손들 안에   (20) **לְבַיְתָא טָבָא** 그 좋은 집으로

1. 다음 문장을 읽으라.

בֵּאדַיִן קָמוּ זְרֻבָּבֶל בַּר־שְׁאַלְתִּיאֵל וְיֵשׁוּעַ בַּר־יוֹצָדָק וְשָׁרִיו לְמִבְנֵא בֵּית

אֱלָהָא דִּי בִירוּשְׁלֶם וְעִמְּהוֹן נְבִיַּיָּא דִי־אֱלָהָא מְסָעֲדִין לְהוֹן (스 5:2) :

베다인 카무 즈루바벨 바르-슈알티엘 베예슈아 바르-요짜다크 베샤리브 레미브네

베이트 엘라하 디 비루슐렘 베임혼 네비야야 디-엘라하 메싸아딘 레혼

נְבוּכַדְנֶצַּר מַלְכָּא עֲבַד צְלֵם דִּי־דְהַב רוּמֵהּ אַמִּין שִׁתִּין פְּתָיֵהּ אַמִּין שֵׁת

אֲקִימֵהּ בְּבִקְעַת דּוּרָא בִּמְדִינַת בָּבֶל (단 3:1) :

네부하드네짜르 말카 아바드 쫠렘 디-데하브 루메 아민 쉬틴 프타예 아민 쉬트 아

키메 베비크아트 두라 빔디나트 바벨

2. 다음 전치사구들을 해석하라.

(1) **עַד בֵּית אֱלָהָא דְּנָה** 이 하나님의 집까지

(2) **עִם מַלְכָּא דִּי בָבֶל** 바벨론의 왕과 함께

(3) **בְּחֵלֶם מֶלֶךְ דָּרְיָוֶשׁ** 다리오 왕의 꿈에

(4) **מִן יַד בַּר אֱנָשָׁא** 그 사람의 아들의 손에서부터

(5) **לְמַלְכוּת אֱלָהּ שְׁמַיָּא** 하늘의 하나님의 왕국으로(을 위해)

(6) כְּדָנִיֵּאל קַדִּישָׁא 거룩한 다니엘처럼

(7) קֳדָם בֵּית מַלְכָּא דִּי יְרוּשְׁלֶם 예루살렘의 왕의 집 앞에서

(8) קֳבֵל צְלֵם דְּהַב נְבוּכַדְנֶצַּר 느부갓네살의 금 신상 앞에서

(9) עַל כָּל-אַרְעָא טָבְתָּא 그 모든 좋은 땅 위에

(10) עִם בְּנֵי מַלְכָּא רַבָּא 그 위대한 왕의 아들들과 함께

(11) בְּיוֹמַיָּא קַדִּישַׁיָּא 그 거룩한 날들에

(12) לֶאֱנָשׁ קַדִּישׁ דִּי אֱלָהָא רַבָּא 위대하신 하나님의 거룩한 사람에게

3. 다음 명사문장을 해석하라.

(1) הִמּוֹ מַלְכִין טָבִין. 그들은 좋은 왕들이다.

(2) מָה שְׁמֵהּ? 그의 이름이 무엇인가?

(3) עַמֵּהּ דִּי אֱלָהָא טָבָא קַדִּישׁ. 좋으신 하나님의 백성은 거룩하다.

(4) לָא אִיתַי דְּהַב בְּבֵיתִי. 내 집에는 금이 없다.

(5) יַד אֱלָהָא קַדִּישָׁא עִם דָּנִיֵּאל דְּנָה. 거룩하신 하나님의 손은 이 다니엘과 함께 있다.

(6) מַן בְּנֵי מֶלֶךְ בָּבֶל? 바벨론 왕의 아들들은 누구인가?

(7) אֲבוּהִי בְּבֵית מַלְכָּא טָבָא וְרַבָּא. 그의 아버지는 그 좋고 위대하신 왕의 집에 있다.

(8) לְמֶלֶךְ יְרוּשְׁלֶם אִיתַי בַּר חַד. 예루살렘 왕에게 한 명의 아들이 있다.

(9) צְלֵם דִּי דַהֲבָא וּפַרְזְלָא לָא טָב לֵאלָהָא קַדִּישָׁא. 금과 철의 형상은 거룩하신 하나님에게 좋지 않다.

(10) מַלְכוּת אֱלָהָא עִם עַמֵּהּ מִן-עָלְמָא וְעַד-עָלְמָא. 하나님의 나라는 영원부터 영원까지 그의 백성과 함께 있다.

제4과

1. 다음 문장을 읽으라.

בֵּה־זִמְנָא אֲתָא עֲלֵיהוֹן תַּתְּנַי פַּחַת עֲבַר־נַהֲרָה וּשְׁתַר בּוֹזְנַי וּכְנָוָתְהוֹן וְכֵן
אָמְרִין לְהֹם מַן־שָׂם לְכֹם טְעֵם בַּיְתָא דְנָה לִבְּנֵא וְאֻשַּׁרְנָא דְנָה לְשַׁכְלָלָה:

(스 5:3)

베-짐나 아타 알레이혼 타트나이 파하트 아바르-나하라 우슈타르 보즈나이 우흐
나바트혼 베헨 암린 레홈 만-쌈 레홈 테엠 바이타 드나 리브네 베우샤르나 드나 레
샤흘랄라

וּנְבוּכַדְנֶצַּר מַלְכָּא שְׁלַח לְמִכְנַשׁ। לַאֲחַשְׁדַּרְפְּנַיָּא סִגְנַיָּא וּפַחֲוָתָא
אֲדַרְגָּזְרַיָּא גְּדָבְרַיָּא דְּתָבְרַיָּא תִּפְתָּיֵא וְכֹל שִׁלְטֹנֵי מְדִינָתָא לְמֵתֵא לַחֲנֻכַּת
צַלְמָא דִּי הֲקֵים נְבוּכַדְנֶצַּר מַלְכָּא: (단 3:2)

운부하드네짜르 말카 슐라흐 레미흐나쉬 라아하슈다르페나야 씨그나야 우파하바
타 아다르가즈라야 그다브라야 드타브라야 티프타에 베홀 쉴토네이 메디나타 레
메테 라하누카트 짤마 디 하케임 네부하드네짜르 말카

2. 다음 동사들의 기본형 형태를 박스 안에서 찾고 분석해 보라.

הוה	אמר	ידע	קום	חזה	יהב	ענה	עבד	שׂים
이다, 있다	말하다	알다	일어나다	보다	주다	대답하다	행하다	두다
בנה	שכח	אתא	עלל	שלח	בעא	יכל	סגד	רמא
짓다	발견하다	오다	들어가다	보내다	구하다	할 수 있다	엎드리다	던지다

예) כְּתַב   접미동사 3인칭남성단수, 기본형 כתב, 페알, 해석 – 그가 썼다

      כָּתְבִין   분사능동 남성복수, 기본형 כתב, 페알, 해석 – 쓰는 자들

(1) יְהַב 접미동사 3인칭남성단수, 기본형 יהב, 페알, 해석 - 그가 주었다

(2) שְׁלַחְנָא 접미동사 1인칭복수, 기본형 שלח, 페알, 해석 - 우리가 보냈다

(3) אָמַר 분사 남성단수, 기본형 אמר, 페알, 해석 - 말하는 자

(4) הֲוָת 접미동사 3인칭여성단수, 기본형 הוה, 페알, 해석 - 그녀가 있었다

(5) עַבְדֵת 접미동사 1인칭단수, 기본형 עבד, 페알, 해석 - 내가 행했다

(6) חֲזֵיתוֹן 접미동사 2인칭남성복수, 기본형 חזה, 페알, 해석 - 당신들이(남) 보았다

(7) עֲנוֹ 접미동사 3인칭남성복수, 기본형 ענה, 페알, 해석 - 그들이 대답했다

(8) יָכְלִין 분사 남성복수, 기본형 יכל, 페알, 해석 - 할 수 있는 자들

(9) אֲמַרְנָא 접미동사 1인칭복수, 기본형 אמר, 페알, 해석 - 우리가 말했다

(10) יָכְלָה 분사 여성단수, 기본형 יכל, 페알, 해석 - 할 수 있는 자(여)

(11) קָאֵם 분사 남성단수, 기본형 קום, 페알, 해석 - 일어나는 자

(12) רְמֵינָא 접미동사 1인칭복수, 기본형 רמא, 페알, 해석 - 우리가 던졌다

(13) שָׂמְתָּ 접미동사 2인칭남성단수, 기본형 שׂים, 페알, 해석 - 당신이(남) 두었다

(14) חָזַיִן 분사 남성복수, 기본형 חזה, 페알, 해석 - 보는 자들

(15) סָגְדִין 분사 남성복수, 기본형 סגד, 페알, 해석 - 엎드리는 자들

(16) בָּנַיִן 분사 남성복수, 기본형 בנה, 페알, 해석 - 짓는 자들

(17) אֲתוֹ 접미동사 3인칭남성복수, 기본형 אתא, 페알, 해석 - 그들이 왔다

(18) יִדְעֵת 접미동사 1인칭단수, 기본형 ידע, 페알, 해석 - 내가 알았다

(19) יָהֲבִין 분사 남성복수, 기본형 יהב, 페알, 해석 - 주는 자들

(20) אָתֵה 분사 남성단수, 기본형 אתא, 페알, 해석 - 오는 자

(21) עֲנָת 접미동사 3인칭여성단수, 기본형 ענה, 페알, 해석 - 그녀가 대답했다

(22) בְּעֵינָא 접미동사 1인칭복수, 기본형 בעא, 페알, 해석 - 우리가 구했다

(23) הֲוַיְתָ 접미동사 2인칭남성단수, 기본형 הוה, 페알, 해석 - 당신이(남) 있었다

(24) בְּעָא 접미동사 3인칭남성단수, 기본형 בעא, 페알, 해석 - 그가 구했다

(25) קָמוּ 접미동사 3인칭남성복수, 기본형 קום, 페알, 해석 - 그들이 일어났다

(26) שָׂמֵת 접미동사 1인칭단수, 기본형 שִׂים, 페알, 해석 – 내가 두었다

(27) חֲזָה 접미동사 3인칭남성단수, 기본형 חֲזָה, 페알, 해석 – 그가 보았다

(28) עָבְדָה 분사 여성단수, 기본형 עֲבַד, 페알, 해석 – 행하는 자(여)

(29) שְׁלַחְתּוּן 접미동사 2인칭남성복수, 기본형 שְׁלַח, 페알, 해석 – 당신들이(남) 보냈다

(30) רְמוֹ 접미동사 3인칭남성복수, 기본형 רְמָא, 페알, 해석 – 그들이 던졌다

3. 다음 문장을 읽고 해석하라.

(1) מַלְכִין תַּקִּיפִין הֲווֹ עַל־יְרוּשְׁלֵם (스 4:20)

강한 왕들이 예루살렘 위에 있었다.

(2) עֲנֵה מַלְכָּא וְאָמַר לְדָנִיֵּאל דִּי שְׁמֵהּ בֵּלְטְשַׁאצַּר (단 2:26)

그 왕이 그의 이름이 벨드사살인 다니엘에게 대답하여 말했다.

(3) אֲנָה יִדְעֵת דִּי רוּחַ אֱלָהִין קַדִּישִׁין בָּךְ (단 4:6)

하나님의 거룩한 영이 네게 있음을 내가 알았다.

(4) בֵּאדַיִן קָמוּ זְרֻבָּבֶל בַּר־שְׁאַלְתִּיאֵל וְיֵשׁוּעַ בַּר־יוֹצָדָק (스 5:2)

그때에 스알디엘의 아들 스룹바벨과 요사닥의 아들 예수아가 일어났다.

(5) חָזֵה הֲוֵית וְקַרְנָא דִכֵּן עָבְדָה קְרָב עִם־קַדִּישִׁין (단 7:21)

내가 보고 있었다. 그 뿔이 성도들과 함께 전쟁을 행하고 있었다.

(6) אֱדַיִן שֵׁשְׁבַּצַּר דֵּךְ אֲתָא יְהַב אֻשַּׁיָּא דִּי־בֵית אֱלָהָא דִּי בִּירוּשְׁלֵם (스 5:16)

그때에 그 세스바살이 왔다. 그가 예루살렘에 있는 하나님의 집의 토대를 주었다.

(7) עֲנֵה מַלְכָּא וְאָמַר הֲלָא דָא־הִיא בָּבֶל רַבְּתָא (단 4:27)

그 왕이 대답하여 말했다. 정녕 이것이 위대한 바벨론이 아니냐?

(8) בִּשְׁנַת חֲדָה לְכוֹרֶשׁ מַלְכָּא כּוֹרֶשׁ מַלְכָּא שָׂם טְעֵם (스 6:3)

고레스 왕 1년에 고레스 왕은 명령을 두었다.

(9) אֱדַיִן כְּנֵמָא אֲמַרְנָא לְהֹם מַן־אִנּוּן שְׁמָהָת גֻּבְרַיָּא דִּי־דְנָה בִנְיָנָא בָּנַיִן׃
(스 5:4)

그때에 우리는 이렇게 그들에게 말했다. 이 건물을 지은 남자들의 이름들이 무엇인가?

(10) הֲלָא גֻבְרִין תְּלָתָא רְמֵינָא לְגוֹא־נוּרָא (단 3:24)

우리가 그 불 가운데로 세 남자들을 던지지 않았느냐?

제5과

1. 다음 문장을 읽으라.

אֱדַיִן כְּנֵמָא אֲמַרְנָא לְהֹם מַן־אִנּוּן שְׁמָהָת גֻּבְרַיָּא דִּי־דְנָה בִנְיָנָא בָּנַיִן׃
וְעֵין אֱלָהֲהֹם הֲוָת עַל־שָׂבֵי יְהוּדָיֵא וְלָא־בַטִּלוּ הִמּוֹ עַד־טַעְמָא לְדָרְיָוֶשׁ
יְהָךְ וֶאֱדַיִן יְתִיבוּן נִשְׁתְּוָנָא עַל־דְּנָה׃ (스 5:4-5)

에다인 케네마 아마르나 레홈 만-이눈 슈마하트 구브라야 디-드나 빈야나 바나인 베에인 엘라하홈 하바트 알-싸베이 예후다예 벨라-바틸루 히모 아드-타마 레다르야베쉬 예하흐 베에다인 예티분 니슈테바나 알-드나

בֵּאדַיִן מִתְכַּנְּשִׁין אֲחַשְׁדַּרְפְּנַיָּא סִגְנַיָּא וּפַחֲוָתָא אֲדַרְגָּזְרַיָּא גְדָבְרַיָּא
דְּתָבְרַיָּא תִּפְתָּיֵא וְכֹל שִׁלְטֹנֵי מְדִינָתָא לַחֲנֻכַּת צַלְמָא דִּי הֲקֵים נְבוּכַדְנֶצַּר
מַלְכָּא (וְקָאֲמִין) [וְקָיְמִין] לָקֳבֵל צַלְמָא דִּי הֲקֵים נְבוּכַדְנֶצַּר׃ (단 3:3)

베다인 미트칸쉰 아하슈다르페나야 씨그나야 우파하바타 아다르가즈라야 그다브라야 드타브라야 티프타예 베홀 쉴토네이 메디나타 라하누카트 짤마 디 하케임 네부하드네짜르 말카 (베카아민) [베카이민] 라코벨 짤마 디 하케임 네부하드네짜르

2. 다음 동사들의 기본형 형태를 박스 안에서 찾고 분석해 보라. (접미동사는 과거로, 접두동사는 미래로, 그리고 분사는 '-하는 자[것]'로, 부정사는 '-하는'으로 해석하라.)

שִׂים	עֲבַד	עֲנָה	יְהַב	חֲזָה	קוּם	יְדַע	אֲמַר	הֲוָה
두다	행하다	대답하다	주다	보다	일어나다	알다	말하다	이다, 있다

רְמָא	סְגִד	יְכִל	בְּעָא	שְׁלַח	עֲלַל	אֲתָא	שְׁכַח	בְּנָה
던지다	엎드리다	할 수 있다	구하다	보내다	들어가다	오다	발견하다	짓다

예) אֶכְתֻּב 접두동사 1인칭단수, 기본형 כתב, 페알, 해석 – 내가 쓸 것이다

　　הִשְׁתְּכַח 접미동사 3인칭남성단수, 기본형 שכח, 히트페엘, 해석 – 그가 발견됐다

(1) יוּכַל　접두동사 3인칭남성단수, 기본형 יכל, 페알, 해석 – 그가 할 수 있을 것이다

(2) יְקוּם 접두동사 3인칭남성단수, 기본형 קום, 페알, 해석 – 그가 일어날 것이다

(3) לֶהֱוֵא 접두동사 3인칭남성단수, 기본형 הוה, 페알, 해석 – 그가 있을 것이다

(4) יִשְׁלַח　접두동사 3인칭남성단수, 기본형 שלח, 페알, 해석 – 그가 보낼 것이다

(5) מִתְבְּנֵא　분사 남성단수, 기본형 בנה, 히트페엘, 해석 – 지어지는 것

(6) יֵאמַר 접두동사 3인칭남성단수, 기본형 אמר, 페알, 해석 – 그가 말할 것이다

(7) לְמֶחֱזֵא 부정사, 기본형 חזה, 페알, 해석 – 보는

(8) יִבְעוֹן　접두동사 3인칭남성복수, 기본형 בעא, 페알, 해석 – 그들이 구할 것이다

(9) תִּסְגְּדוּן　접두동사 2인칭남성복수, 기본형 סגד, 페알, 해석 – 너희가(남) 엎드릴 것이다

(10) הִשְׁתְּכַחַת 접미동사 2인칭남성단수, 기본형 שכח, 히트페엘, 해석 – 당신이(남) 발견됐다

(11) תִּנְדַּע 접두동사 2인칭남성단수/3인칭여성단수, 기본형 ידע, 페알, 해석 – 당신이(남)/그녀가 알 것이다

(12) לְמֵתֵא　부정사, 기본형 אתא, 페알, 해석 – 오는

(13) הַב 명령 2인칭남성단수, 기본형 יהב, 페알, 해석 – 당신이(남) 주라

(14) יִתְעֲבֵד 접두동사 3인칭남성단수, 기본형 עבד, 히트페엘, 해석 – 그것이 행해질 것이다

(15) לֶהֱוֹן 접두동사 3인칭남성복수, 기본형 הוה, 페알, 해석 – 그들이 있을 것이다

(16) יִתְבְּנֵא 접두동사 3인칭남성단수, 기본형 בנה, 히트페엘, 해석 – 그것이 지어질 것이다

(17) יִסְגְּדוּן 접두동사 3인칭남성복수, 기본형 סגד, 페알, 해석 – 그들이 엎드릴 것이다

(18) נֵאמַר 접두동사 1인칭복수, 기본형 אמר, 페알, 해석 – 우리가 말할 것이다

(19) לְמִבְעֵא 부정사, 기본형 בעא, 페알, 해석 – 구하는

(20) הֱווֹ 명령 2인칭남성복수, 기본형 הוה, 페알, 해석 – 당신들은(남) 되어라

(21) יְקוּמוּן 접두동사 3인칭남성복수, 기본형 קום, 페알, 해석 – 그들이 일어날 것이다

(22) יִתְרְמֵא 접두동사 3인칭남성단수, 기본형 רמא, 히트페엘, 해석 – 그가 던져질 것이다

(23) תַּעַבְדוּן 접두동사 2인칭남성복수, 기본형 עבד, 페알, 해석 – 너희가(남) 행할 것이다

(24) מִתְיְהֵב 분사 남성단수, 기본형 יהב, 히트페엘, 해석 – 주어지는 것

(25) נִסְגֻּד 접두동사 1인칭복수, 기본형 סגד, 페알, 해석 – 우리가 엎드릴 것이다

(26) אִנְדַּע 접두동사 1인칭단수, 기본형 ידע, 페알, 해석 – 내가 알 것이다

(27) דַּע 명령 2인칭남성단수, 기본형 ידע, 페알, 해석 – 당신은(남) 알라

(28) לְמִבְנֵא 부정사, 기본형 בנה, 페알, 해석 – 짓는

(29) אֶבְעֵא 접두동사 1인칭단수, 기본형 בעא, 페알, 해석 – 내가 구할 것이다

(30) לְמִרְמֵא 부정사, 기본형 רמא, 페알, 해석 – 던지는

3. 다음 문장을 읽고 해석하라.

(1) לְמָה לֶהֱוֵא קְצַף עַל־מַלְכוּת מַלְכָּא וּבְנוֹהִי : (스 7:23)

왜 진노가 왕의 나라와 그의 자손들 위에 있을 것인가?

(2) דְּנָה חֶלְמָא וּפִשְׁרֵהּ נֵאמַר קֳדָם־מַלְכָּא : (단 2:36)

이 꿈과 그 해석을 우리가 왕 앞에서 말씀드리겠습니다.

(3) אַרְבְּעָה מַלְכִין יְקוּמוּן מִן־אַרְעָא : (단 7:17)

네 왕들이 땅에서부터 일어날 것이다.

(4) כּוֹרֶשׁ מַלְכָּא שָׂם טְעֵם בֵּית־אֱלָהָא דְנָה לִבְּנֵא : (스 5:13)

고레스 왕이 이 하나님의 집을 지으라는 칙령을 두었다.

(5) חָכְמָה כְּחָכְמַת־אֱלָהִין הִשְׁתְּכַחַת בֵּהּ (단 5:11)

신들의 지혜와 같은 지혜가 그에게 발견됐다.

(6) בֵּאדַיִן מִן־קֳדָמוֹהִי שְׁלִיַח פַּסָּא דִי־יְדָא (단 5:24)

그때 그의 앞에서 손바닥이 보내어졌다.

(7) יַצִּיבָא אֶבְעֵא מִנֵּהּ עַל־כָּל־דְּנָה (단 7:16)

나는 이 모든 것에 대해 그로부터 진실을 구할 것이다.

(8) מַן־דִּי־לָא יִפֵּל וְיִסְגֵּד יִתְרְמֵא לְגוֹא־אַתּוּן (단 3:6)

떨어져 엎드리지 않는 자는 화로 가운데로 던져질 것이다.

(9) בְּהִתְבְּהָלָה לְגֻבָּא דִי־אַרְיָוָתָא אֲזַל : (단 6:20)

그는 놀라움으로 사자 굴로 갔다.

(10) כִּדְנָה תֵּאמְרוּן לְהוֹם אֱלָהַיָּא דִּי־שְׁמַיָּא וְאַרְקָא לָא עֲבַדוּ יֵאבַדוּ מֵאַרְעָא

וּמִן־תְּחוֹת שְׁמַיָּא אֵלֶּה : (렘 10:11)

너희는(남) 그들에게 이렇게 말할 것이다. "하늘과 땅을 만들지 않는 신들은 땅과 이 하늘 아래서 멸망할 것이다."

제6과

1. 다음 문장을 읽으라.

פַּרְשֶׁגֶן אִגַּרְתָּא דִּי־שְׁלַ֫ח תַּתְּנַי ׀ פַּחַת עֲבַר־נַהֲרָה וּשְׁתַר בּוֹזְנַי֙ וּכְנָוָתֵ֔הּ

אֲפַרְסְכָיֵ֔א דִּי בַּעֲבַר נַהֲרָה עַל־דָּרְיָ֫וֶשׁ מַלְכָּא: פִּתְגָמָא שְׁלַ֫חוּ עֲלוֹהִי

וְכִדְנָה כְּתִיב בְּגַוֵּ֑הּ לְדָרְיָ֫וֶשׁ מַלְכָּא שְׁלָמָא כֹֽלָּא: (스 5:6-7)

파르쉐겐 이가르타 디-슐라흐 타트나이 파하트 아바르-나하라 우슈타르 보즈나이

우흐나바테 아파르쎄하예 디 바아바르 나하라 알-다르야베쉬 말카 피트가마 슐라

후 알로히 베히드나 크티브 베가베 레다르야베쉬 말카 슐라마 홀라

וְכָרוֹזָא קָרֵ֣א בְחָ֑יִל לְכוֹן֙ אָֽמְרִ֔ין עַֽמְמַיָּ֗א אֻמַּיָּ֖א וְלִשָּׁנַיָּֽא: (단 3:4)

베하로자 카레 베하일 레혼 암린 암마야 우마야 벨리샤나야

2. 다음 동사들의 기본형 형태를 박스 안에서 찾고 분석해 보라. (접미동사는 과거로, 접두
동사는 미래로, 그리고 분사는 '–하는 자[것]'로, 부정사는 '–하는'으로 해석하라.)

מנה	ברך	קום	בקר	טעם	נדב	קבל	בהל
임명하다	복을 주다	일어나다	찾다	먹이다	자원하다	받다	놀라게 하다
שכח	אתא	עלל	בטל	שנא	צבע	חוה	שבח
발견하다	오다	들어가다	저지하다	변경하다	적시다	선포하다	찬양하다

(1) יְבַקַּר 접두동사 3인칭남성단수, 기본형 בקר, 파엘, 해석 – 그가 찾을 것이다

(2) לְבַטָּלָא 부정사, 기본형 בטל, 파엘, 해석 – 저지하는

(3) תְּקַבְּלוּן 접두동사 2인칭남성복수, 기본형 קבל, 파엘, 해석 – 당신들이(남) 받
을 것이다

(4) מַנִּי 접미동사 3인칭남성단수, 기본형 מנה, 파엘, 해석 – 그가 임명했다

(5) בַּטִּ֫לוּ 접미동사 3인칭남성복수, 기본형 בטל, 파엘, 해석 – 그들이 저지했다

(6) יְשַׁנּוֹן 접두동사 3인칭남성복수, 기본형 שנא, 파엘, 해석 – 그들이 변경시킬 것이다

(7) שַׁבַּחוּ 접미동사 3인칭남성복수, 기본형 שבח, 파엘, 해석 – 그들이 찬양했다

(8) מִתְנַדְּבִין 분사 남성복수, 기본형 נדב, 히트파알, 해석 – 자원하는 자들

(9) יְטַעֲמוּן 접두동사 3인칭남성복수, 기본형 טעם, 파엘, 해석 – 그들이 먹일 것이다

(10) מַנִּיתָ 접미동사 2인칭남성단수, 기본형 מנה, 파엘, 해석 – 당신이(남) 임명했다

(11) שַׁבַּחְתָּ 접미동사 2인칭남성단수, 기본형 שבח, 파엘, 해석 – 당신이(남) 찬양했다

(12) יְקַבְּלוּן 접두동사 3인칭남성복수, 기본형 קבל, 파엘, 해석 – 그들이 받을 것이다

(13) אַחַוֵּא 접두동사 1인칭단수, 기본형 חוה, 파엘, 해석 – 내가 선포할 것이다

(14) בָּרְכֵת 접미동사 1인칭단수, 기본형 ברך, 파엘, 해석 – 내가 복을 주었다

(15) מְשַׁבַּח 분사 남성단수, 기본형 שבח, 파엘, 해석 – 찬양하는 자

(16) יִתְבְּקַר 접두동사 3인칭남성단수, 기본형 בקר, 히트파알, 해석 – 그것이 발견될 것이다

(17) שַׁבְּחֵת 접미동사 1인칭단수, 기본형 שבח, 파엘, 해석 – 내가 찬양했다

(18) מְצַבְּעִין 분사 남성복수, 기본형 צבע, 파엘, 해석 – 적시는 자들

(19) יְבַהֲלוּן 접두동사 3인칭남성복수, 기본형 בהל, 파엘, 해석 – 그들이 놀라게 할 것이다

(20) קַבֵּל 접두동사 3인칭남성단수, 기본형 קבל, 파엘, 해석 – 그가 받을 것이다

3. 다음 문장을 읽고 해석하라.

(1) אֱדַיִן מַלְכָּא בֵּלְשַׁאצַּר שַׂגִּיא מִתְבָּהַל (단 5:9)

그때 벨사살 왕이 매우 놀랐다.

(2) שַׁבַּ֣חוּ לֵֽאלָהֵ֞י דַּהֲבָ֧א וְכַסְפָּ֛א נְחָשָׁ֥א פַרְזְלָ֖א אָעָ֥א וְאַבְנָֽא : (단 5:4)

그들은 금과 은, 청동과 철, 나무와 돌로 된 신들을 찬양했다.

(3) אֱדַ֙יִן֙ דָּֽנִיֵּ֔אל עִם־מַלְכָּ֖א מַלִּ֑ל מַלְכָּ֖א לְעָלְמִ֥ין חֱיִֽי : (단 6:22)

그때 다니엘은 그 왕에게 말했다. 왕이시여, 영원히 사십시오.

(4) כְּעַן֩ שִׂ֙ימוּ טְּעֵ֜ם לְבַטָּלָ֣א גֻּבְרַיָּ֣א אִלֵּ֗ךְ (스 4:21)

이제 당신들은 이 사람들이 그치도록 칙령을 내리라.

(5) בֵּאדַ֛יִן דָּרְיָ֥וֶשׁ מַלְכָּ֖א שָׂ֣ם טְעֵ֑ם וּבַקַּ֣רוּ׀ בְּבֵ֣ית סִפְרַיָּ֗א (스 6:1)

그때 다리오 왕이 칙령을 두었다. 그는 문서실에서 조사했다.

(6) עָנֵ֤ה דָֽנִיֵּאל֙ וְאָמַ֔ר לֶהֱוֵ֨א שְׁמֵ֤הּ דִּֽי־אֱלָהָא֙ מְבָרַ֔ךְ מִן־עָלְמָ֖א וְעַד־עָלְמָ֑א
(단 2:20)

다니엘이 응답하여 말했다. 영원부터 영원까지 하나님의 이름이 찬양받기를
원합니다.

(7) וְהִ֣יא מְשַׁנְּיָ֗ה מִן־כָּל־חֵֽיוָתָא֙ דִּ֣י קָֽדָמַ֔יהּ (단 7:7)

그것은 그전의 모든 짐승들과는 다른 것이었다.

(8) כְּעַ֜ן אֲנָ֣ה נְבוּכַדְנֶצַּ֗ר מְשַׁבַּ֨ח וּמְרוֹמֵ֤ם וּמְהַדַּר֙ לְמֶ֣לֶךְ שְׁמַיָּ֔א (단 4:34)

이제 나 느부갓네살은 하늘의 왕을 찬양하고 높이며 영광을 돌린다.

(9) וְאַ֣נְתְּ עֶזְרָ֗א כְּחָכְמַ֤ת אֱלָהָךְ֙ דִּֽי־בִידָ֔ךְ מֶ֣נִּי שָֽׁפְטִ֞ין וְדַיָּנִ֗ין (스 7:25)

에스라야, 너는 네 손에 있는 너의(남) 하나님의 지혜를 따라 재판관들과 법관
들을 임명하라.

(10) בֵּאדַ֗יִן בְּטֵלַת֙ עֲבִידַ֣ת בֵּית־אֱלָהָ֔א דִּ֖י בִּירֽוּשְׁלֶ֑ם (스 4:24)

그때 예루살렘에 있는 하나님의 집의 일이 중단됐다.

제7과

1. 다음 문장을 읽으라.

יְדִיעַ לֶהֱוֵא לְמַלְכָּא דִּי־אֲזַלְנָא לִיהוּד מְדִינְתָּא לְבֵית אֱלָהָא רַבָּא וְהוּא
מִתְבְּנֵא אֶבֶן גְּלָל וְאָע מִתְּשָׂם בְּכֻתְלַיָּא וַעֲבִידְתָּא דָךְ אָסְפַּרְנָא מִתְעַבְדָא
וּמַצְלַח בְּיֶדְהֹם : (스 5:8)

예디아 레헤베 레말카 디-아잘나 리후드 메딘타 레베이트 엘라하 라바 베후 미트
베네 에벤 글랄 베아 미트쌈 베후틀라야 베아비드타 다흐 아쓰파르나 미트아브다
우마쯜라흐 베예드홈

בְּעִדָּנָא דִּי־תִשְׁמְעוּן קָל קַרְנָא מַשְׁרוֹקִיתָא (קִיתָרֹוס) [קַתְרֹוס] סַבְּכָא
פְסַנְתֵּרִין סוּמְפֹּנְיָה וְכֹל זְנֵי זְמָרָא תִּפְּלוּן וְתִסְגְּדוּן לְצֶלֶם דַּהֲבָא דִּי הֲקֵים
נְבוּכַדְנֶצַּר מַלְכָּא : (단 3:5)

베이다나 디-티슈메운 칼 카르나 마슈로키타 (키타로쓰) [카트로쓰] 싸브하 프싼
테린 쑴폰야 베홀 즈네이 즈마라 티플룬 베티쓰게둔 레쩰렘 다하바 디 하케임 네
부하드네짜르 말카

2. 다음 동사들의 기본형 형태를 박스 안에서 찾고 분석해 보라.(접미동사는 과거로, 접두
동사는 미래로, 그리고 분사는 '-하는 자[것]'로, 부정사는 '-하는'으로 해석하라.)

נפק	נחת	קום	בקר	טעם	נדב	קבל	יסף
꺼내다	내려가다	일어나다	찾다	먹이다	자원하다	받다	더하다
שכח	אתא	עלל	ידע	שנא	צבע	חוה	תוב
발견하다	오다	들어가다	알다	변경하다	적시다	선포하다	돌아가다

(1) תְהַשְׁכַּח 접두동사 2인칭남성단수/3인칭여성단수, 기본형 שכח, 하펠, 해석
   – 당신이(남)/그녀가 발견할 것이다

(2) מְהוֹדְעִין　분사 남성복수, 기본형 **ידע**, 하펠, 해석 – 알리는 자들

(3) הַנְפֵּק　접미동사 3인칭남성단수, 기본형 **נפק**, 하펠, 해석 – 그가 꺼냈다

(4) יְהַשְׁנֵא　접두동사 3인칭남성단수, 기본형 **שנא**, 하펠, 해석 – 그가 변경했다

(5) הֲקִימוּ　접미동사 3인칭남성복수, 기본형 **קום**, 하펠, 해석 – 그들이 세웠다

(6) הֶעָלוּ　접미동사 3인칭남성복수, 기본형 **עלל**, 호팔, 해석 – 그들이 들어가게 됐다

(7) מְהַחֲתִין　분사 남성복수, 기본형 **נחת**, 하펠, 해석 – 내려가게 하는 자들

(8) יְהוֹדְעוּן　접두동사 3인칭남성복수, 기본형 **ידע**, 하펠, 해석 – 그들이 알릴 것이다

(9) הוּסְפַת　접미동사 3인칭여성단수, 기본형 **יסף**, 호팔, 해석 – 그것이 더하여졌다

(10) הַשְׁכַּחוּ　접미동사 3인칭남성복수, 기본형 **שכח**, 하펠, 해석 – 그들이 발견했다

(11) הֲקֵימְתָּ　접미동사 2인칭남성단수, 기본형 **קום**, 하펠, 해석 – 당신이(남) 세웠다

(12) נְהַשְׁכַּח　접두동사 1인칭복수, 기본형 **שכח**, 하펠, 해석 – 우리가 발견할 것이다

(13) תְּהוֹדְעוּן　접두동사 2인칭남성복수, 기본형 **ידע**, 하펠, 해석 – 당신들이(남) 알릴 것이다

(14) הֻעַל　접미동사 3인칭남성단수, 기본형 **עלל**, 호팔, 해석 – 그가 들어가게 됐다

(15) לְהַשְׁנָיָה　부정사, 기본형 **שנא**, 하펠, 해석 – 변경하는

(16) הֲתִיב　접미동사 3인칭남성단수, 기본형 **תוב**, 하펠, 해석 – 그가 돌려주었다

(17) הֲקִימֵת　접미동사 1인칭단수, 기본형 **קום**, 하펠, 해석 – 내가 세웠다

(18) הֲקִימַת　접미동사 3인칭여성단수, 기본형 **קום**, 호팔, 해석 – 그것이 세워졌다

(19) הוֹדַע　접미동사 3인칭남성단수, 기본형 **ידע**, 하펠, 해석 – 그가 알렸다

(20) מְהַשְׁנֵא　분사 남성단수, 기본형 **שנא**, 하펠, 해석 – 변경하는 자

3. 다음 문장을 읽고 해석하라.

(1) עַל־דְּנָה שְׁלַחְנָא וְהוֹדַעְנָא לְמַלְכָּא : (스 4:14)

　그래서 우리는 보냈으며 왕에게 알렸습니다.

(2) מִנִּי שִׂים טְעֵם דִּי כָל־אֱנָשׁ דִּי יְהַשְׁנֵא פִּתְגָמָא דְנָה יִתְנְסַח אָע מִן־בַּיְתֵהּ

(스 6:11)

이 칙명을 변경하는 모든 사람은 그의 집에서 나무가 뽑힐 것이라는 칙령이 나로부터 내려졌다.

(3) (단 3:30) בֵּאדַ֣יִן מַלְכָּ֗א הַצְלַ֤ח לְשַׁדְרַ֤ךְ מֵישַׁךְ֙ וַעֲבֵ֣ד נְג֔וֹ בִּמְדִינַ֖ת בָּבֶֽל :

그때 그 왕은 사드락과 메삭과 아벳느고를 바벨론 지방에서 번창시켰다.

(4) (단 2:23) כְּעַ֣ן הֽוֹדַעְתַּ֗נִי דִּֽי־בְעֵ֣ינָא מִנָּ֑ךְ דִּֽי־מִלַּ֥ת מַלְכָּ֖א הוֹדַעְתֶּֽנָא :

이제 우리가 당신께 구한 것을 당신께서 나에게 알리셨습니다. 당신께서 그 왕의 일을 우리에게 알리셨습니다.

(5) מָֽאנַיָּ֗א דִּֽי־מִתְיַהֲבִ֣ין לָ֔ךְ לְפָלְחָ֖ן בֵּ֣ית אֱלָהָ֑ךְ הַשְׁלֵ֕ם קֳדָ֖ם אֱלָ֥הּ יְרוּשְׁלֶֽם :
(스 7:19)

너는 너의 하나님의 집에서 제사를 하기 위하여 네게 주어진 기구들을 예루살렘의 하나님 앞에 돌려주라.

(6) (단 5:13) בֵּאדַ֙יִן֙ דָּֽנִיֵּ֔אל הֻעַ֖ל קֳדָ֣ם מַלְכָּ֑א עָנֵ֤ה מַלְכָּא֙ וְאָמַ֣ר לְדָֽנִיֵּ֔אל

그때 다니엘은 그 왕 앞에 데려가졌다. 그 왕이 다니엘에게 응답하여 말했다.

(7) בֵּאדַ֣יִן מַלְכָּ֣א אֲמַ֗ר וְהַיְתִיו֙ לְדָ֣נִיֵּ֔אל וּרְמ֕וֹ לְגֻבָּ֖א דִּ֥י אַרְיָוָתָֽא (단 6:17)

그때 그 왕은 말했다. 그들은 다니엘을 데려와 사자들의 굴로 던졌다.

(8) מִנִּי֮ שִׂ֣ים טְעֵם֒ וּבַקַּ֣רוּ וְהַשְׁכַּ֔חוּ דִּ֚י קִרְיְתָ֣א דָ֔ךְ מִן־יוֹמָת֙ עָֽלְמָ֔א עַל־מַלְכִ֖ין
מִֽתְנַשְּׂאָֽה (스 4:19)

나로부터 칙령이 내려졌다. 그들이 조사하여 이 성읍이 옛날부터 왕들에 대하여 반기를 들었음을 발견했다.

(9) כָּל־קֳבֵ֣ל דְּנָ֗ה דָּֽנִיֵּ֙אל֙ עַ֣ל עַל־אַרְי֔וֹךְ דִּ֚י מַנִּ֣י מַלְכָּ֔א לְהוֹבָדָ֖ה לְחַכִּימֵ֣י
בָּבֶֽל (단 2:24)

그래서 다니엘은 왕이 바벨론의 지혜자들을 멸망시키라고 임명한 아리옥에게 들어갔다.

(10) בֵּאדַ֣יִן גֻּבְרַיָּ֣א אִלֵּ֗ךְ הֵיתָ֖יו קֳדָ֥ם מַלְכָּֽא : (단 3:13)

그때 이 사람들은 그 왕 앞에 데려감을 당했다.

동사 변화표

접미동사

	페알	페일	히트페엘	파엘	히트파알	하펠
1단	כִּתְבֵת	כְּתִיבֵת	הִתְכַּתְבֵת	כַּתְּבֵת	הִתְכַּתַּבֵת	הַכְתְּבֵת
2남단	כְּתַבְתְּ(תָ)	כְּתִיבְתְּ(ה)	הִתְכַּתְבְתְּ	כַּתֵּבְתְּ	הִתְכַּתַּבְתְּ	הַכְתֵּבְתְּ
2여단	(כְּתַבְתִּי)	(כְּתִיבְתִּי)	(הִתְכַּתְבְתִּי)	(כַּתֵּבְתִּי)	(הִתְכַּתַּבְתִּי)	(הַכְתֵּבְתִּי)
3남단	כְּתַב	כְּתִיב	הִתְכַּתֵב	כַּתֵּב	הִתְכַּתַּב	הַכְתֵּב
3여단	כִּתְבַת	כְּתִיבַת	הִתְכַּתְבַת	כַּתְּבַת	הִתְכַּתַּבַת	הַכְתְּבַת
1복	כְּתַבְנָא	כְּתִיבְנָא	הִתְכַּתְבְנָא	כַּתֵּבְנָא	הִתְכַּתַּבְנָא	הַכְתֵּבְנָא
2남복	כְּתַבְתּוּן	כְּתִיבְתּוּן	הִתְכַּתְבְתּוּן	כַּתֵּבְתּוּן	הִתְכַּתַּבְתּוּן	הַכְתֵּבְתּוּן
2여복	(כְּתַבְתֵּן)	(כְּתִיבְתֵּן)	(הִתְכַּתְבְתֵּן)	(כַּתֵּבְתֵּן)	(הִתְכַּתַּבְתֵּן)	(הַכְתֵּבְתֵּן)
3남복	כְּתַבוּ	כְּתִיבוּ	הִתְכַּתְבוּ	כַּתִּבוּ	הִתְכַּתַּבוּ	הַכְתְּבוּ
3여복	כְּתַבָה	כְּתִיבָה	הִתְכַּתְבָה	כַּתִּבָה	הִתְכַּתַּבָה	הַכְתְּבָה

접두동사

	페알	히트페엘	파엘	히트파알	하펠
1단	אֶכְתֻּב	אֶתְכְּתֵב	אֲכַתֵּב	אֶתְכַּתַּב	אֲהַכְתֵּב
2남단	תִּכְתֻּב	תִּתְכְּתֵב	תְּכַתֵּב	תִּתְכַּתַּב	תְּהַכְתֵּב
2여단	(תִּכְתְּבִין)	(תִּתְכַּתְבִין)	(תְּכַתְּבִין)	(תִּתְכַּתְּבִין)	(תְּהַכְתְּבִין)
3남단	יִכְתֻּב	יִתְכְּתֵב	יְכַתֵּב	יִתְכַּתַּב	יְהַכְתֵּב
3여단	תִּכְתֻּב	תִּתְכְּתֵב	תְּכַתֵּב	תִּתְכַּתַּב	תְּהַכְתֵּב
1복	נִכְתֻּב	נִתְכְּתֵב	נְכַתֵּב	נִתְכַּתַּב	נְהַכְתֵּב
2남복	תִּכְתְּבוּן	תִּתְכַּתְבוּן	תְּכַתְּבוּן	תִּתְכַּתְּבוּן	תְּהַכְתְּבוּן
2여복	(תִּכְתְּבָן)	(תִּתְכַּתְבָן)	(תְּכַתְּבָן)	(תִּתְכַּתְּבָן)	(תְּהַכְתְּבָן)
3남복	יִכְתְּבוּן	יִתְכַּתְבוּן	יְכַתְּבוּן	יִתְכַּתְּבוּן	יְהַכְתְּבוּן
3여복	יִכְתְּבָן	יִתְכַּתְבָן	יְכַתְּבָן	יִתְכַּתְּבָן	יְהַכְתְּבָן

기타 형태들

		페알	히트페엘	파엘	히트파알	하펠
부정사	-	(ל)מִכְתַּב	(ל)הִתְכְּתָבָה	(ל)כַּתָּבָה	(ל)הִתְכַּתָּבָה	(ל)הַכְתָּבָה
명령	남단	כְּתֻב		כַּתֵּב		הַכְתֵּב
	여단	כְּתֻבִי		(כַּתֵּבִי)		הַכְתֵּבִי
	남복	כְּתֻבוּ		כַּתֵּבוּ		הַכְתֵּבוּ
분사 능동	남단	כָּתֵב	מִתְכְּתֵב	מְכַתֵּב	מִתְכַּתַּב	מְהַכְתֵּב
	여단	כָּתְבָה	מִתְכָּתְבָה	מְכַתְּבָה	מִתְכַּתְּבָה	מְהַכְתְּבָה
	남복	כָּתְבִין	מִתְכָּתְבִין	מְכַתְּבִין	מִתְכַּתְּבִין	מְהַכְתְּבִין
	여복	כָּתְבָן	מִתְכָּתְבָן	מְכַתְּבָן	מִתְכַּתְּבָן	מְהַכְתְּבָן
분사 수동	남단	כְּתִיב		מְכַתַּב		
	여단	כְּתִיבָה		מְכַתְּבָה		
	남복	כְּתִיבִין		מְכַתְּבִין		
	여복	כְּתִיבָן		מְכַתְּבָן		

단어

1. 아람어-히브리어-한글

아람어	히브리어	한글	위치
א			
אֲ-	הַ-	그(정관사)	1과
אַב	אַב	아버지	6과
אֲבַד	אָבַד	멸망하다	5과 연습, 7과
אֶבֶן	אֶבֶן	돌	6과
אֱדַיִן	אָז	그때	1과
אֲזַל	אָזַל	가다, 떠나다	5과 연습, 7과
אָחֳרָן	אַחֵר	다른	5과
אֲחַשְׁדַּרְפַּן		총독	6과
אִיתַי	יֵשׁ	있다	3과
אֲכַל	אָכַל	먹다	7과
אֱלָהּ	אֱלֹהִים	하나님, 신	1과
אֻמָּה	אֻמָּה	민족, 백성	6과
אֲמַר	אָמַר	말하다	1과
אֱנָשׁ	אִישׁ	사람, 남자	2과
אֲסְפַּרְנָא		세심하게	7과
אֱסָר	אָסַר	금령	7과
אָע	עֵץ	나무	6과 연습
אַרְיֵה	אַרְיֵה	사자	5과
אֲרַע	אֶרֶץ	땅	3과
אֹשׁ	אֶשֶׁשׁ	토대, 기초	4과 연습
אֲתָא	אָתָה	오다	4과
אַתּוּן		화로	5과

아람어	히브리어	한글	위치
אַתּוּן		용광로	5과
אֲתַר		장소	6과

בּ

아람어	히브리어	한글	위치
בְּ	בְּ	-에	1과
בָּבֶל	בָּבֶל	바벨론	2과
בהל	בהל	놀라다	5과
		놀라게 하다	6과 연습
בטל	בטל	중단하다	6과 연습
בַּיִת	בַּיִת	집	1과
בנה	בנה	짓다	2과
בִּנְיָן	בִּנְיָן	건물	4과 연습
בעא	בעה	찾다, 구하다	4과
בקר	בקר	조사하다	6과 연습
בַּר	בֵּן	아들	3과
בַּר	בַּר	밭	6과
בַּר	בַּר	들판	6과
ברך	ברך	찬양하다	6과 연습

ג

아람어	히브리어	한글	위치
גֹּב	גֶּבֶא	굴, 구덩이	5과
גְּבַר	גֶּבֶר	남자	3과
גּוֹ	גֵּו	중앙, 가운데	4과
גלא	גלה	드러내다	6과

아람어	히브리어	한글	위치
ד			
דְּהַב	זָהָב	금	2과
דוּר	דוּר	살다	7과
דְחַל	זָחַל	두려워하다	7과
דִּי	אֲשֶׁר / -שֶׁ	관계대명사	1과
דַּיָּן	דַּיָּן	법관	6과 연습
דְּנָה	זֶה	이(것)	1과
דָּנִיֵּאל	דָּנִיֵּאל	다니엘	1과
דְּקַק	דָּקַק	부수다	5과
דָּרְיָוֶשׁ	דָּרְיָוֶשׁ	다리오	3과
דָּת	דָּת	법, 명령	3과
ה			
הֲדַר	הָדַר	존경하다	6과 연습
הֲוָה	הָיָה	이다, 있다	1과
הֵיכַל	הֵיכָל	궁전, 성전	4과
הֲלַךְ	הָלַךְ	가다	7과
הֵן	הֵן	만일	4과
ו			
וְ	וְ	그리고	1과
ז			
זְמָן	זְמָן	시간, 때	5과

아람어	히브리어	한글	위치
ח			
חַד	אֶחָד	하나의	3과
חֲוָה	חוה	선포하다	5과
חֲזָה	חזה	보다	2과
חֱזוּ	חָזוֹן	이상, 환상	4과
חַי	חַי	살아있는	7과
חָיָא	חיה	살다	6과 연습
חֵיוָא	חַיָּה	짐승	3과
חַיִל	חַיִל	힘	7과
חַכִּים	חָכָם	현인	4과
חָכְמָה	חָכְמָה	지혜	5과 연습, 6과
חֵלֶם	חֲלוֹם	꿈	3과
חֲסַף		진흙, 토기	5과
ט			
טְעֵם	טַעַם	칙령, 맛	2과
י			
יַד	יָד	손	3과
ידע	ידע	알다	1과
יהב	יהב	주다	2과
יְהוּדָי	יְהוּדִי	유대인	5과
יוֹם	יוֹם	날	3과
יכל	יכל	할 수 있다	4과
יַצִּיב	יצב	견고한, 진실한	5과 연습

아람어	히브리어	한글	위치
יְקַד	יְקַד	불타다	6과
יְרוּשְׁלֵם	יְרוּשָׁלַם	예루살렘	2과
יַתִּיר	יֶתֶר	대단한	6과

כ

כְּ	כְּ	처럼	2과
כָּהֵן	כֹּהֵן	제사장	7과
כֹּל	כֹּל	모든	1과
כְלַל	כָלַל	완성하다	7과
כֵּן	כֵּן	이렇게	7과
כְּסַף	כֶּסֶף	은, 돈	4과
כְּעַן	עֵת	이제, 지금	4과
כְּתַב	כָּתַב	쓰다	7과
כְּתָב	כְּתָב	문서, 기록	4과

ל

לְ	לְ	에게	1과
לָא	לֹא	않다	1과
לְבַב	לֵבָב	마음	7과

מ

מְאָה	מֵאָה	백(100)	7과
מָאן		기구	7과 연습
מְדִינָה	מְדִינָה	지방, 나라	5과
מְטָא	מָצָא	뻗다	7과

아람어	히브리어	한글	위치
מִלָּה	מִלָּה	낱말, 말	2과
מִלָּה	מִלָּה	것	2과
מֶלֶךְ	מֶלֶךְ	왕	1과
מַלְכוּ	מַלְכוּת	왕위, 왕국	1과
מְלַל	מלל	말하다	6과 연습
מִן	מִן	부터	1과
מנה	מנה	임명하다	6과 연습

נ

נְבוּכַדְנֶצַּר	נְבוּכַדְנֶצַּר	느부갓네살	2과
נְהַר	נָהָר	강	3과
נוּר	נְהָרָה	불	3과
נְחָשׁ	נְחֹשֶׁת	청동	6과
נסח	נסח	뽑아내다	7과 연습
נפל	נפל	떨어지다	5과
נפק		나가다	5과
נשא	נשא	들어 올리다	7과 연습

ס

סגד	סגד	엎드리다	4과
סלק		올라가다	7과
סְפַר	סֵפֶר	책, 문서	6과 연습

ע

עבד	עבד / עשׂה	행하다, 만들다	2과

아람어	히브리어	한글	위치
עֲבִידָא	עֲבוֹדָה	일	6과 연습
עֲבַר	עֵבֶר	건너편	4과
עַד	עַד	까지	2과
עדה	עדה	사라지다	6과
עִדָּן	עַד	시간, 때	4과
עַל	עַל	위에	1과
עִלִּי	עֶלְיוֹן	지극히 높으신 자	5과
עלל		들어가다	4과
עָלַם	עוֹלָם	영원	3과
עַם	עַם	백성	3과
ענה	ענה	대답하다	2과

פ

פֶּחָה	פֶּחָה	총독	6과
פֶּחָה	פֶּחָה	통치자	6과
פלח		섬기다, 일하다	5과
פֻּלְחָן		제사	7과 연습
פַּס		손바닥	5과 연습
פַּרְזֶל	בַּרְזֶל	철, 쇠	3과
פְּשַׁר	פִּתְרוֹן	해석, 설명	2과
פִּתְגָּם	פִּתְגָּם	말	7과 연습

צ

צבא	צבה	원하다	6과
צלח	צלח	번영하다	7과 연습

아람어	히브리어	한글	위치
צֶלֶם	צֶלֶם	형상, 상	3과
ק			
קֳבֵל	קָבֵל	앞에, 때문에	2과
קַדִּישׁ	קָדוֹשׁ	거룩한	3과
קֳדָם	קֶדֶם	앞에	1과
קוּם	קוּם	일어나다	2과
קְצַף	קֶצֶף	분노	5과 연습
קְרָא	קרא	부르다	5과
קְרָא	קרא	읽다	5과
קְרֵב	קרב	가까이 가다	6과
קְרָב	קְרָב	전쟁, 싸움	4과 연습
קִרְיָא	קִרְיָה	성읍	6과
ר			
רֵאשׁ	רֹאשׁ	머리	4과
רַב	רַב	큰, 위대한	2과
רַבְרְבָן	רַב	귀족	7과
רוּחַ	רוּחַ	영, 바람	4과
רוּם	רוּם	높다	6과 연습
רָז		비밀	6과
רְמָא	רמה	던지다	5과
שׂ			
שְׁאָר	שְׁאָר	남은, 나머지	5과

아람어	히브리어	한글	위치
שְׁבַח	שָׁבַח	찬양하다	6과 연습
שַׂגִּיא	שַׂגִּיא	큰, 대단히	5과
שֵׁיזִב	עָזַב	구출하다	6과
שִׂים	שִׂים	두다	2과
שְׁכַח	שָׁכַח	발견하다	3과
שְׁלַח	שָׁלַח	보내다	4과
שָׁלְטָן	שִׁלְטוֹן	권력, 주권	4과
שַׁלִּיט	שַׁלִּיט	군주, 권세 있는	6과
שְׁלַם	שָׁלַם	돌려주다	7과 연습
שֻׁם	שֵׁם	이름	5과
שְׁמַיִן	שָׁמַיִם	하늘	2과
שְׁמַע	שָׁמַע	듣다	6과
שְׁנָא	שָׁנָה	바꾸다	3과
שְׁנָה	שָׁנָה	해, 년	4과 연습

ת

תּוּב	שׁוּב	돌아가다	7과
תְּחוֹת	תַּחַת	아래	5과 연습
תְּלָת	שָׁלֹשׁ	셋	4과 연습
תַּקִּיף	תַּקִּיף	강한	4과 연습

2. 한글-아람어-히브리어

한글	아람어	히브리어	위치
가			
가까이 가다	קְרֵב	קָרַב	6과
가다	אֲזַל	אָזַל	5과 연습
가다	הֲלַךְ	הָלַךְ	7과
가운데	גַּו	גֵּו	4과
강	נְהַר	נָהָר	3과
강한	תַּקִּיף	תַּקִּיף	4과 연습
거룩한	קַדִּישׁ	קָדוֹשׁ	3과
건너편	עֲבַר	עֵבֶר	4과
건물	בִּנְיָן	בִּנְיָן	4과 연습
것	מִלָּה	מִלָּה	2과
견고한	יַצִּיב	יצב	5과 연습
관계대명사	דִּי	שֶׁ- / אֲשֶׁר	1과
구덩이	גֹּב	גֶּבֶא	5과
구출하다	שֵׁיזִב	עזב	6과
구하다	בְּעָא	בעה	4과
군주	שַׁלִּיט	שַׁלִּיט	6과
굴	גֹּב	גֶּבֶא	5과
궁전	הֵיכַל	הֵיכָל	4과
권력	שָׁלְטָן	שִׁלְטוֹן	4과
권세 있는	שַׁלִּיט	שַׁלִּיט	6과
귀족	רַבְרְבָן	רַב	7과
그(정관사)	א-	-הַ	1과

한글	아람어	히브리어	위치
그리고	וְ	וְ	1과
금	דְּהַב	זָהָב	2과
금령	אֱסָר	אסר	7과
기구	מָאן		7과 연습
기록	כְּתָב	כְּתָב	4과
기초	אֹשׁ	אֹשֶׁשׁ	4과 연습
까지	עַד	עַד	2과
꿈	חֵלֶם	חֲלוֹם	3과

나

한글	아람어	히브리어	위치
나가다	נפק		5과
나라	מְדִינָה	מְדִינָה	5과
나머지	שְׁאָר	שְׁאָר	5과
나무	אָע	עֵץ	6과 연습
날	יוֹם	יוֹם	3과
남은	שְׁאָר	שְׁאָר	5과
남자	אֱנָשׁ	אִישׁ	2과
남자	גְּבַר	גֶּבֶר	3과
낱말	מִלָּה	מִלָּה	2과
년	שְׁנָה	שָׁנָה	4과 연습
놀라게 하다	בהל	בהל	6과 연습
놀라다	בהל	בהל	5과
높다	רום	רום	6과 연습
느부갓네살	נְבוּכַדְנֶצַּר	נְבוּכַדְנֶצַּר	2과

한글	아람어	히브리어	위치
다			
다니엘	דָּנִיֵּאל	דָּנִיֵּאל	1과
다른	אָחֳרָן	אַחֵר	5과
다리오	דָּרְיָוֶשׁ	דָּרְיָוֶשׁ	3과
대단한	יַתִּיר	יֶתֶר	6과
대단히	שַׂגִּיא	שַׂגִּיא	5과
대답하다	ענה	ענה	2과
던지다	רמא	רמה	5과
돈	כְּסַף	כֶּסֶף	4과
돌	אֶבֶן	אֶבֶן	6과
돌려주다	שלם	שלם	7과 연습
돌아가다	תוב	שוב	7과
두다	רמא	רמה	5과
두다	שִׂים	שִׂים	2과
두려워하다	דחל	זחל	7과
드러내다	גלא	גלה	6과
듣다	שמע	שמע	6과
들어 올리다	נשא	נשא	7과 연습
들어가다	עלל		4과
들판	בַּר	בַּר	6과
땅	אֲרַע	אֶרֶץ	3과
때	זְמָן	זְמָן	5과
때	עִדָּן	עַד	4과
때문에	קֳבֵל	קֳבֵל	2과
떠나다	אזל	אזל	7과

한글	아람어	히브리어	위치
떨어지다	נְפַל	נָפַל	5과

마

한글	아람어	히브리어	위치
마음	לְבַב	לֵבָב	7과
만들다	עֲבַד	עֲבַד / עָשָׂה	2과
만일	הֵן	הֵן	4과
말	מִלָּה	מִלָּה	2과
말	פִּתְגָם	פִּתְגָם	7과 연습
말하다	אֲמַר	אָמַר	1과
말하다	מַלִל	מָלַל	6과 연습
맛	טְעֵם	טַעַם	2과
머리	רֵאשׁ	רֹאשׁ	4과
먹다	אֲכַל	אָכַל	7과
멸망하다	אֲבַד	אָבַד	5과 연습, 7과
명령	דָּת	דָּת	3과
모든	כֹּל	כֹּל	1과
문서	כְּתָב	כְּתָב	4과
문서	סְפַר	סֵפֶר	6과 연습
민족	אֻמָּה	אֻמָּה	6과

바

한글	아람어	히브리어	위치
바꾸다	שְׁנָא	שָׁנָה	3과
바람	רוּחַ	רוּחַ	4과
바벨론	בָּבֶל	בָּבֶל	2과
발견하다	שְׁכַח	שָׁכַח	3과

한글	아람어	히브리어	위치
밭	בַּר	בַּר	6과
백(100)	מְאָה	מֵאָה	7과
백성	אֻמָּה	אֻמָּה	6과
백성	עַם	עַם	3과
번영하다	צְלַח	צָלַח	7과 연습
법	דָּת	דָּת	3과
법관	דַּיָּן	דַּיָּן	6과 연습
보내다	שְׁלַח	שָׁלַח	4과
보다	חֲזָה	חָזָה	2과
부르다	קְרָא	קָרָא	5과
부수다	דְּקַק	דָּקַק	5과
부터	מִן	מִן	1과
분노	קְצַף	קֶצֶף	5과 연습
불	נוּר	נְהָרָה	3과
불타다	יְקַד	יָקַד	6과
비밀	רָז		6과
뻗다	מְטָא	מָצָא	7과
뽑아내다	נְסַח	נָסַח	7과 연습
뿔	קֶרֶן	קֶרֶן	4과

사

사라지다	עֲדָה	עָדָה	6과
사람	אֱנָשׁ	אִישׁ	2과
사자	אַרְיֵה	אַרְיֵה	5과
살다	דּוּר	דּוּר	7과

한글	아람어	히브리어	위치
살다	חֵיא	חיה	6과 연습
살아있는	חַי	חַי	7과
상	צֶלֵם	צֶלֵם	3과
선포하다	חוה	חוה	5과
설명	פְּשַׁר	פִּתְרֹן	2과
섬기다	פלח		5과
성읍	קִרְיָא	קִרְיָה	6과
성전	הֵיכַל	הֵיכָל	4과
세심하게	אָסְפַּרְנָא		7과
셋	תְּלָת	שָׁלֹשׁ	4과 연습
손	יַד	יָד	3과
손바닥	פַּס		5과 연습
쇠	פַּרְזֶל	בַּרְזֶל	3과
시간	זְמָן	זְמָן	5과
시간	עִדָּן	עַד	4과
신	אֱלָהּ	אֱלֹהִים	1과
싸움	קְרָב	קְרָב	4과 연습
쓰다	כתב	כתב	7과

아

한글	아람어	히브리어	위치
아들	בַּר	בֵּן	3과
아래	תְּחוֹת	תַּחַת	5과 연습
아버지	אַב	אַב	6과
않다	לָא	לֹא	1과
알다	ידע	ידע	1과

한글	아람어	히브리어	위치
앞에	קֳבֵל	קְבֹל	2과
앞에	קֳדָם	קֶדֶם	1과
엎드리다	סְגִד	סָגַד	4과
에	בְּ	בְּ	1과
에게	לְ	לְ	1과
영	רוּחַ	רוּחַ	4과
영원	עָלַם	עוֹלָם	3과
예루살렘	יְרוּשְׁלֵם	יְרוּשָׁלַם	2과
오다	אֲתָא	אתה	4과
올라가다	סְלֵק		7과
완성하다	כְּלַל	כָּלַל	7과
왕	מֶלֶךְ	מֶלֶךְ	1과
왕국	מַלְכוּ	מַלְכוּת	1과
왕위	מַלְכוּ	מַלְכוּת	1과
용광로	אַתּוּן		5과
원하다	צְבָא	צָבָה	6과
위대한	רַב	רַב	2과
위에	עַל	עַל	1과
유대인	יְהוּדִי	יְהוּדִי	5과
은	כְּסַף	כֶּסֶף	4과
이(것)	דְּנָה	זֶה	1과
이다	הֲוָה	היה	1과
이렇게	כֵּן	כֵּן	7과
이름	שֻׁם	שֵׁם	5과
이상	חֱזוּ	חָזוֹן	4과

한글	아람어	히브리어	위치
이제	כְּעַן	עֵת	4과
일	עֲבִידָא	עֲבוֹדָה	6과 연습
일어나다	קוּם	קוּם	2과
일하다	פלח		5과
읽다	קרא	קרא	5과
임명하다	מנה	מנה	6과 연습
있다	אִיתַי	יֵשׁ	3과
있다	הוה	היה	1과

자

한글	아람어	히브리어	위치
장소	אֲתַר		6과
재판하다	שפט	שׁפט	6과 연습
전쟁	קְרָב	קְרָב	4과 연습
제사	פֻּלְחָן		7과 연습
제사장	כָּהֵן	כֹּהֵן	7과
조사하다	בקר	בקר	6과 연습
존경하다	הדר	הדר	6과 연습
주권	שָׁלְטָן	שִׁלְטוֹן	4과
주다	יהב	יהב	2과
중단하다	בטל	בטל	6과 연습
중앙	גַּו	גֵּו	4과
지극히 높으신 자	עִלָּי	עֶלְיוֹן	5과
지금	כְּעַן	עֵת	4과
지방	מְדִינָה	מְדִינָה	5과
지혜	חָכְמָה	חָכְמָה	5과 연습

한글	아람어	히브리어	위치
지혜	חָכְמָה	חָכְמָה	6과
진실한	יַצִּיב	יצב	5과 연습
진흙	חֲסַף		5과
짐승	חֵיוָא	חַיָּה	3과
집	בַּיִת	בַּיִת	1과
짓다	בנה	בנה	2과

차

찬양하다	ברך	ברך	6과 연습
찬양하다	שׁבח	שׁבח	6과 연습
찾다	בעא	בעה	4과
책	סְפַר	סֵפֶר	6과 연습
처럼	כְּ	כְּ	2과
철	פַּרְזֶל	בַּרְזֶל	3과
청동	נְחָשׁ	נְחֹשֶׁת	6과
총독	אֲחַשְׁדַּרְפַּן		6과
총독	פֶּחָה	פֶּחָה	6과
칙령	טְעֵם	טַעַם	2과
칙명	פִּתְגָם	פִּתְגָם	7과 연습

카

큰	שַׂגִּיא	שַׂגִּיא	5과
큰	רַב	רַב	2과

한글	아람어	히브리어	위치

타

한글	아람어	히브리어	위치
토기	חֲסַף		5과
토대	אֹשׁ	אֹשֶׁשׁ	4과 연습
통치자	פֶּחָה	פֶּחָה	6과

하

한글	아람어	히브리어	위치
하나님	אֱלָהּ	אֱלֹהִים	1과
하나의	חַד	אֶחָד	3과
하늘	שְׁמַיִן	שָׁמַיִם	2과
할 수 있다	יְכֵל	יכל	4과
해	שְׁנָה	שָׁנָה	4과 연습
해석	פְּשַׁר	פִּתְרֹן	2과
행하다	עבד	עבד / עשׂה	2과
현인	חַכִּים	חָכָם	4과
형상	צְלֵם	צֶלֶם	3과
화로	אַתּוּן		5과
환상	חֱזוּ	חָזוֹן	4과
힘	חַיִל	חַיִל	7과

참고 문헌

국외 저작

Blau, Joshua, *A Grammar of Biblical Hebrew*, Wiesbaden: Otto Harrassowitz, 1976.

Buth, Randall, *Living Biblical Hebrew*, Biblical Language Center, Jerusalem, 2005.

Gesenius-Kautsch-Cowley, *Gesenius' Hebrew Grammar*, as Edited and Enlarged by the Late E. Kautzsch etc. (Revised by A.E. Cowley), Oxford, 1910.

Joüon, P.- Muraoka, T., *A Grammar of Biblical Hebrew*, Reprint of First Edition with Corrections, Rome 1991.

Lambdin, T. O., *Introduction to Biblical Hebrew*, Charles Scribner's Sons, New York, 1971.

McFall L. *The Enigma of the Hebrew Verbal System*, The Almond Press, 1982.

Merwe, C.H.J. van der, Jackie A. Naudé and Jan H. Kroeze, A Biblical Hebrew Reference Grammar, Sheffield Academic Press, 1999.

Miles V. Van Pelt, *Basics of Biblical Aramaic*, Zondervan, 2011.

Seow, C. L., *A Grammar for Biblical Hebrew*, Abingdon, 1987.

Waltke, B. K. - O'Connor, M., *An Introduction to Biblical Hebrew Syntax*, Eisenbrauns, 1990.

Alger F. Johns, 『성서 아람어 문법』, 김이곤 역, 한신대학교출판부, 2002.

Lambdin T. O., Huehnergard J., 『타르굼 아람어 문법』, 배철현 역, 한님성서연구

소, 2001.

Qimron Elisha, *Biblical Aramaic*, Ben-Gurion University Press, Israel, 1993 (히
브리어, **אלישע קימרון, ארמית מקראית**).

Ross A. P., 『로스 성서 히브리어』, 최명덕, 정길호 공역, 도서출판 미스바, 2007.

The Bible Society in Israel, *Sefer Habritot* (**ספר הבריתות**), Jerusalem, 2010.

국내 저작

김구원, 『성서 아람어 문법』, 비블리카 아카데미아, 2012.

김영진, 『성경 히브리어』, 개정증보판, 올람하타낙, 2005.

박미섭, 『성경 히브리어 문법』, 한국성서학연구소, 2021.

신득일, 『구약 히브리어』, 기독교문서선교회, 2007.

찬양집

Zimrat Ha'aretz L'Yeshua, *Songbook for Messianic Worship*, 3rd ed., Peniel
Fellowship, Tiberias, Israel, 2002.

컴퓨터 소프트웨어

Accordance 10

BibleWorks 9.0